GUOJIFA GAILUN

# 国际法概论

段 燕 主编

西北工業大學出版社

**【内容简介】** 本书主要讲述国际法的基本理论和相关国际公约。内容包括国际法概述、国家、国际法上的个人、国际组织、国家领土、海洋法、国际航空法、外层空间法、国际环境法、外交关系法与领事关系法、条约法、国家责任、国际争端的解决和战争法等。

本书可供本科生及初学国际法者了解学习国际法知识时使用。

**图书在版编目（CIP）数据**

国际法概论/段燕主编. —西安：西北工业大学出版社，2015.6
ISBN 978-7-5612-4423-4

Ⅰ.①国… Ⅱ.①段… Ⅲ.①国际法—高等学校—教材 Ⅳ.①D99

中国版本图书馆CIP数据核字（2015）第136122号

**出版发行**：西北工业大学出版社
**通信地址**：西安市友谊西路127号 **邮编**：710072
**电　　话**：（029）88493844 88491757
**网　　址**：www.nwpup.com
**印 刷 者**：虎彩印艺股份有限公司
**开　　本**：727 mm×960 mm 1/16
**印　　张**：15.75
**字　　数**：225千字
**版　　次**：2015年6月第1版 2015年6月第1次印刷
**定　　价**：36.00元

# 前　言

2014年10月，中国共产党第十八届中央委员会第四次全体会议审议通过了《中共中央关于全面推进依法治国若干重大问题的决定》（以下简称《决定》），这是中国共产党成立93年以来首次以“依法治国”为主题召开的一次中央委员会全体会议。这份规划执政党依法治国路线图的纲领性文件提出：全面推进依法治国的总目标是“建设中国特色社会主义法治体系，建设社会主义法治国家”。同时，《决定》把依法治军从严治军纳入依法治国总体布局，作出战略部署，明确了深入推进依法治军从严治军的根本原则、总体目标、主要任务和重大举措，是新形势下深入推进依法治军从严治军的行动纲领。而深入学习、准确把握、坚决贯彻《决定》精神，深入推进依法治军从严治军，全面提高国防和军队建设法治化水平，必须要具备一定的法律基础知识，才能为建设巩固国防和强大军队提供有力的法治保障。

在国际形势迅速发展变化的今天，要正确判断和评价国际性问题和现象，有效地维护国家的合法权益，就应当具备一定的国际法知识。而国际法知识较为晦涩，其体系严谨，内容丰富、复杂。为了便于初学者对国际法知识的学习把握，并结合非法学类院校教学的实际情况，我们编写了这本《国际法概论》。本书以“讲”的形式来涵盖国际法最主要的理论范畴，在每讲的开篇都有本讲的内容摘要，在每讲的结尾都有课后思考题。之所以这样编写，一是为了保持国际法内容的理论性、系统性和完整性，按照国际法的总体介绍，国际法中的主体，国际具体法律，各国之间交往须遵守的条约及战时国际法的思路，构建严密的逻辑体系；二是为了使初学者在学习国际法知识的过程中，在掌握国际法的基本理论和基础知识的同时，对国际法知识的整体体系结构也有个大体的认识和了解，从而对国际法的基本问题和各个分支能比较全面地、系统地、准确地把握和理解。

本书的形成，凝聚着全体成员的心血和汗水，全书由段燕担任主编，高攀、赵璐璐担任副主编。参加撰稿的人有段燕、高攀、赵璐璐、李国俊。各讲撰写分工如下：第一讲由段燕、李国俊编写；第二至五讲、第十四讲由段燕编写；第六至九讲由高攀编写；第十至十三讲由赵璐璐编写。全书由段燕统稿。

在本书编写过程中，参考了大量的文献资料，在此向有关作者一并表示衷心的感谢。

由于水平有限，书中难免有不妥之处，敬请读者批评指正。

编　者

2015年5月

# 目　　录

## 第一讲　国际法概述



## 第二讲　国　　家



## 第三讲　国际法上的个人

## 第四讲　国 际 组 织



## 第五讲　国 家 领 土



## 第六讲　海　洋　法



## 第七讲　国际航空法

## 第十二讲　国 家 责 任



## 第十三讲　国际争端的解决



## 第十四讲　战　争　法

# 第一讲　国际法概述

## 内容摘要

本讲主要涉及国际法的概念和特点、国际法的渊源、国际法与国内法的关系及国际法的基本原则。

## 一、国际法的概念与特点

### （一）国际法的概念

国际法是对国家在它们彼此来往中有法律拘束力的规则的总体。（《奥本海国际法》）

国际法（international law），或称国际公法（public international law），是指调整国际法主体之间、主要是国家之间关系的，有法律拘束力的原则、规则和制度的总体。（邵津主编的《国际法》）

总体来说，国际法主要是调整国家和国家之间关系的法律规范的总称。

### （二）国际法的特点

国际法与一般的法律相比较，既有共性，又有其特殊性，体现在国际法与国内法的比较上，具有下述特点。

（1）国际法的主体主要是国家。国内法的主体主要是自然人和法人。

（2）国际法调整的对象是国际关系，主要是国家之间的关系。国内法主要是调整自然人、法人之间的权利义务关系。

（3）国际法是国家之间通过协议来共同制定的，没有专门的立法机关。国际法的规则只能由国家之间在平等的基础上以协议的方式共同制定，这种协议可以是成文的，也可以是不成文的、以习惯法的形式表现出来的。国内法是凌驾于国内社会之上的国家立法机关依一定的程序制定出来的。国际社会没有也不应有凌驾于国家之上的国际立法机构来制定规则，当然更不能由任何一个国家单独制定国际法。

（4）在强制实施方面，国际法与国内法不同。国际社会没有超国家之上的强制机构，国际法的强制力是通过国家本身的单独或集体的行动来实现的。国内法的强制力是由超越个体之上的有组织的国家强制机关来保障和实施的。

## 二、国际法的渊源

国际法的渊源是指国际法律规范的最初表现形式，主要是国际条约和国际习惯。《国际法院规约》第38条被认为是对国际法渊源的权威说明。该条规定如下：

“一、法院对于陈诉各项争端，应依国际法裁判之，裁判时应适用：

（子）不论普通或特别国际协约，确立诉讼当事国明白承认之规条者（international conventions, whether general or particular, establishing rules espressly recognized by the contesting parties）。

（丑）国际习惯，作为通例之证明而经接受为法律者（international custom, as evidence of a general practice accepted as law）。

（寅）一般法律原则（general principles of law）为文明各国所承认者。

（卯）在第59条规定之下，司法判例及各国权威最高之公法学家学说，作为确定法律原则之补助资料者（as subsidiary means for the determination of rules of law）。

二、前项规定不妨碍法院经当事国同意本‘公允及善良’（ex aequo et

bono）原则裁判案件之权。”

因此，国际法的主要渊源为国际条约、国际习惯和一般法律原则，而其他各项是确立法律原则时的辅助资料。

（一）国际条约

国际条约是现代国际法主要的法律渊源，是当代国际法规则的主要表现形式。国际条约是两个或两个以上国际法主体之间缔结的、以国际法为准的、规定当事方权利义务的协议。从渊源的角度看，有人将条约分为契约性条约和造法性条约。契约性条约一般是双边或少数国家参加，旨在规定缔约国之间的特定事项的权利义务的条约，如贸易交通等事项的条约。而造法性条约则由多国参加，目的和内容是确立或修改某些国际法原则、规则和制度。从确立国际社会一般法律规则的角度看，多数国家参加的造法性条约，无疑具有更重要和普遍的意义。但是，由于所谓“契约性”和“造法性”条约在实践中往往很难区分开，并且任何条约都为当事国创立法律上的权利义务，因此从对缔约国具有法律拘束力的角度看，二者没有本质区别。

（二）国际习惯

国际习惯是指在国际交往中由各国前后一致不断重复所形成，并被广泛接受为有法律拘束力的行为规则或制度。国际习惯是不成文的，它是国际法最古老、最原始的渊源。国际习惯的最重要的意义在于它的普遍性和基础性。虽然现在许多的国际习惯被编纂进条约，但是从效力的普遍性上讲，条约并不能替代被其编纂的国际习惯。同时，条约不可能包罗完国家实践中所有方面的规则，新的习惯规则仍不断产生。在这些意义上，国际习惯被认为是国际法重要的渊源之一。

国际习惯的构成要素有两个：一是物质要素或客观要素，即存在各国反复一致地从事某种行为的实践；二是心理要素或主观要素，它要求上述的重复一致的行为模式被各国认为具有法律拘束力，即存在所谓法律确信。一项国际习惯必须同时具备这两个要素，特别是心理要素。历史上一项国际习惯的形成过程往往需要很长时间，而现代由于技术的发展和交往的迅捷，一项国际习惯可以在较短的时间迅速形成。

证明一项国际习惯是否确立和存在，必须提供相关的证据。由于无论是物质要素或法律确信都是在实践中表现出来的，因此证明一项国际习惯的存在，必须从国际法主体的实践中寻找证据。一般地应特别注意以下三方面：第一，国家间的各种文书和外交实践；第二，国际组织和机构的各种文件，包括决议、判决等；第三，国家的国内立法、司法、行政实践和有关文件。

在国际法中“习惯”一词是意义明确的法律用语，其表明具备了两个构成要素的、具有法律拘束力的规则。而“惯例”一词，目前存在几种不同的用法。一是所谓广义的用法：“惯例”一词包括了具有法律拘束力的习惯，也包括没有法律拘束力的一般通例。二是所谓狭义的用法，其下又分为不同的两种：一种是使用“惯例”一词与“习惯”同义，专指有法律拘束力的规则或制度，这种用法目前已不多见；另一种用法恰恰相反，“惯例”一词被用来专指没有法律拘束力的一般实践或通例。对这些用法应注意加以区分，以便正确理解和使用。

（三）一般法律原则

对于“一般法律原则”的含义以及其是否构成独立的国际法渊源，存在不同看法。较为广泛接受的观点认为，“一般法律原则”是指各国法律体系所共有的一些原则，如善意、禁止反言等。“一般法律原则”的作用是填补法院审理案件时可能出现的由于没有相关的条约和习惯可以适用而产生的法律空白。它在国际司法实践中处于补充和辅助地位，很少被单独适用。《国际法院规约》第38条第2款中提到的“公允及善良”原则在广义上也被理解为一项“一般法律原则”。

（四）确立国际法原则的辅助资料

按照《国际法院规约》第38条的规定，司法判例、国际法学说被列为确立法律原则的辅助资料。也就是说，它们本身不是国际法的渊源，而是在辨认证明国际法原则时的辅助方法。

1. 司法判例

司法判例首先是国际法院的判例，同时包括其他国际司法机构和仲裁机构的判例，还包括各国国内的司法判例。对于国际法院的判例，《国际法院规约》第59条规定："法院之裁决，除对当事国及本案外，无拘束力。"所以，国际法院判例不是法律的渊源之一，而只能作为确立法律规则的辅助材料或证据。由于国际法院是当今唯一的全球性、普遍性的国际司法机构，该法院的法官都是各国的法学权威，代表世界各大法系，因此国际法院的判决在国际实践中得到相当重视和尊重，其本身虽然不是法律渊源，但对于相关国际法原则的证明和确立有重要的意义和影响。

2. 各国国际法权威学者的学说

各国权威国际法学者的学说也是作为确立国际法原则的辅助资料。历史上，权威国际法学家的著作和学说，如格劳秀斯（也称格老秀斯）的著作，曾对确立和阐明某些国际法规则帮助很大。尽管现在由于国际法材料丰富易得，对国际法学家著作的依赖有所减少，但是国际法学家的学说对于国际法的影响依然存在，仍然是确证国际法原则的有力方法和证据。

3. 国际组织的决议

随着国际关系的发展，国际组织大量出现并对国际法产生重大影响。实践表明，即使那些本身对成员国没有拘束力的决议，如联合国大会的一般决议或宣言，对于有关国际法规则的认识和建立也具有重要的意义和作用。因为《国际法院规约》第38条本身并不是对国际法渊源和辅助方法的穷尽列举，所以一般认为国际组织的决议，特别是联合国大会的决议，可以和司法判例以及国际法学家的著作一起被列为确立国际法原则的辅助资料，并且其作用和地位高于学者学说。

## 三、国际法与国内法的关系

国际法与国内法的关系问题是国际法基础理论中的重要问题，主要涉及以下两方面的问题：一是国际法与国内法是属于一个体系还是属于两个体系的问题；二是国际法在各国的法律效力问题。对第一个问题的回答产生了一元论、二元论等不同学说。对第二个问题的回答则需考察和总结各国的实践。

（一）国际法与国内法关系的理论

国际法与国内法是属于一个体系还是两个体系，有“一元论”和“二元论”之说。

1. 一元论

一元论的学说认为，国际法和国内法同属于一个法律体系，但又包括两个学派，即国内法优先说和国际法优先说两大学派。

一元论的国内法优先说认为国际法的效力和权威源自国内法，国际法是低一级的法律，是国内法的一个部门，或称为“涉外公法”。这实际上导致从根本上取消国际法，因此现在完全支持这种理论的人很少。

一元论的国际法优先说认为国际法位于各国的国内法之上，各国国内法的效力是由国际法赋予的，而国际法的效力则来自一个最高的规范“约定必守”或整个人类社会的“法律良知”。该学派强调法律体系是以个人关系为调整对象和基本出发点的。这种理论忽视了各国意志在国际法和国内法制定中的作用，并且可能导致对国家主权的全面否定，以世界法代替国际法和国内法，从而脱离了国际社会的现实。这种理论在第一次世界大战后兴起并得到发展，至今影响仍然很大。

2. 二元论

二元论学说认为，国际法和国内法分属于两个不同的法律体系，且是两个互相不同、各自独立、平行运作的法律体系。

二元论或“平行说”（即在二者效力关系上主张国际法与国内法平行说的观点）认为国际法和国内法分别是两个不同的法律体系，各自有其不同的性质、效力根据、调整对象和适用范围，二者互不隶属，各自独立。无论国际法整体还是其分支都不能当然地成为国内法的一部分，反之亦然。这种理论目前也有许多学者支持。

另外，还有一些学者对一元论和二元论的观点都不完全赞同，他们试图在其间进行调和以避免上述学说之间的对立。中国的部分学者处于这种状态。他们认为由于在调整对象、制定方式、法律渊源、强制措施等方面的不同，国际法与国内法是各自独立的法律体系，但是传统的二元论理论据此将国际法与国内法割裂起来，过分强调了二者的对立，忽视了二者内在的联系。中国学者认为：由于国内法的制定者和国际法的参加者都是国家，因此从理论上，国际法与国内法两个体系之间有着密切的联系。二者不是截然对立，而是彼此互相渗透、互相依赖、互相补充、互相制约的关系。

（二）国际法与国内法关系的实践

1. 国际法与国内法的实践

目前国际法中尚没有关于国内法与国际法关系的具体、统一、完整的规则。从国际实践看，在国际层面，国内立法不能改变国际法的原则、规则；国家不得以其国内法规定来对抗其承担的国际义务或以国内法规定作为违背国际义务的理由来逃避其国际责任。同时，国际法不干预一国国内法的制定，除非该国承担了相关的特殊义务。

比较复杂的是在国内层面，主要问题是国际法在国内法律秩序中的地位问题，包括国际法规则在国内法律框架中的适用以及国际法规则与国内法冲突时的解决。从各国实践中可以概括出以下主要内容。

（1）除了牵扯到由此产生的因违背国际法义务而承担国家责任的情况以外，国际法并没有在这个问题上加以具体要求。因此，原则上如何处理这个问题是一国国内法的事项。各国法律传统和法律制度不同，使这个问题在实践上不统一。有些国家在成文宪法中对此作出规定；有些国家在其他法律中进行规定；有些国家没有明确的规定；有些国家的规定比较原则；而有些国家的规定比较具体。各国司法实践的情况就更为复杂。

（2）国际法包括成文的条约，也包括不成文的国际习惯。各国对于国际法的两种不同的渊源形式在国内法中地位的处理也不尽相同。同时，国际法规则的不断发展变化也增加了国内处理的复杂性。对于习惯法规则在国内法律制度中的地位和适用，不同国家在具体做法上也存在差异。如，一些国家把习惯法作为本国法的一部分而直接适用，但一般要求该习惯法规则不能与现存的国内成文法相抵触。

（3）条约一般只对缔约国具有拘束力，并且有不同的种类和内容，因而各国对于条约在国内适用的实践复杂多样。由于条约是当代国际法的主要渊源，这个问题在实践中无疑显得更加重要和紧迫。

一些学者基于二元论模式，从国际社会的实践中归纳出两种极端的或典型的条约在国内适用的方式：一是采纳，二是转化。所谓的“采纳”或称“并入”是指，国家在原则上认为，该国缔结的所有条约都可以在其国内具有国内法的地位。采用“并入”方式的国家，一般是在其宪法中做出这种一揽子规定。所谓“转化”，是指采取这种方式的国家，要求所有条约内容都必须逐个经过相应的国内立法程序转化成为国内法，才能在国内适用。

其实，“转化”和“并入”的区分只是学术上的简化，在国际实践中，情况要复杂得多。绝对单一地采取上述某一种方式的国家很少，许多国家是两种方式兼用。虽然各国的具体做法有所不同，但从结果上看，各国家都保留了适当选择权、解释权和适用弹性。因此，各国的具体情况和做法需要查阅和研究该国的国内法及相关实践。

（4）关于国际法与国内法冲突的解决，也包括习惯和条约两个方面。各国的做法也不一致，大体有以下几种：①推定为不冲突；②修改国内法；③优先适用国际法；④优先适用国内法；⑤以后法优于先法原则处理。从国际法的角度看，如果一国在国际法与国内法发生冲突时，由于优先适用其国内法造成其对国际法的违背，该国应对此承担相应的国家责任。

国际条约。①通过国内立法使国际条约在国内具有法律效力。②条约是国内法的一部分，有国内法的效力，不必经过特别立法程序。③条约与国内法相抵触时，各国做法并不一致。有的采用国内法优先，有的则采用国际条约优先。

国际习惯。①习惯法规则在国内的适用。第一，宪法中规定，把公认的习惯国际法规则（如果不与现行的国内法相抵触）作为国内法律的组成部分，由法院加以适用，而不必经过特别的纳入措施。第二，必须经立法纳入。②习惯法规则与国内法相抵触时。第一，习惯法优于国内法。第二，国内法优先。

2. 中国关于国际法与国内法关系的实践

在我国目前的宪法中，将坚持和遵守作为国际法的基本原则核心的和平共处五项原则写入其中。这一做法表明从最基本的原则上，中国尊重和遵守国际法的体系，履行自己的国际义务。在国际实践中，我国政府一贯坚定地维护自己的合法权利并忠实地履行自己承担的国际义务，恪守法律与正义，在国际上享有崇高的声誉。在处理国际法与国内法关系问题时，原则上，我国在参与制定国际法规则时要根据和考虑本国国内法的规定和立场；而在制定国内法时，又要充分考虑和尊重所承担的国际法义务，力争使二者协调互补、有机配合。

（1）国际条约。对于条约在国内的适用和地位，目前我国宪法没有做出统一明确的规定。从一些涉及条约适用的国内立法看，条约的直接适用、条约与相关国内法并行适用、条约须经国内立法转化才能适用，几种情况都有存在。同时也有相当一部分法律对于条约事项未作出任何规定。

我国法律做出有关条约可以直接适用规定的情况，如1991年民事诉讼法第239条：对于享有外交特权与豁免的外国人、外国组织或者国际组织提起的民事诉讼，应当依照中华人民共和国有关法律和中华人民共和国缔结或参加的国际条约的规定办理；第238条：中华人民共和国缔结或参加的国际条约与本法有不同规定的，适用该国际条约的规定，但中华人民共和国声明保留的条款除外；以及1980年中外合资企业所得税法第16条第（2）项：中华人民共和国政府和外国政府之间订有避免双重征税协定的，所得税的抵免应当依照各该协定的规定办理。

条约和相关法律同时适用的情况，如1961年《维也纳外交关系公约》（我国1975年加入），1963年《维也纳领事关系公约》（我国1979年加入），1986年《中华人民共和国外交特权与豁免权条例》，1990年《中华人民共和国领事特权与豁免权条例》。

规定需要经过国内法转化才能适用的情况，如1996年《中华人民共和国香港特别行政区基本法》第39条：《公民权利和政治权利国际公约》《经济社会文化权利国际公约》和国际劳工公约适用于香港的有关规定仍然有效，通过香港特别行政区的法律予以实施。

目前一般认为，在民商事范围内，中国缔结的条约与国内法有不同规定的部分，在国内可以直接适用。其法律概括除了上面民事诉讼法第238条的规定外，最基础的依据是民法通则第142条第2款：中华人民共和国缔结或参加的国际条约同中华人民共和国民事法律有不同规定的，适用国际条约的规定，但中华人民共和国声明保留的条款除外。其他一些民商事法律中也有类似的规定。民商事条约的这种直接适用也得到了大多数司法实践的支持。

在民商事法律范围以外，条约在国内的地位和适用问题，有人比较我国宪法、立法法、缔结条约程序法等法律中有关立法权和缔结权的规定，以及比较国内立法程序和条约缔结程序的规定，认为条约在国内的地位相当于相应国内法的地位，条约在国内的直接适用已经确立或即将成为一项一般的原则。但是，由于对此缺乏宪法或基本法的依据，同时也存在着不一致的实践和不同方面的认识，所以尚不能简单笼统地认为，条约的直接适用已经或必将作为任何条约在中国适用的唯一方式。因此较为稳妥的结论是，民商事以外的条约能否在中国国内直接适用，需要根据与该条约相关的法律规定，结合条约本身的情况进行具体考察才能做出恰当的结论。另外，注意到条约在香港、澳门特别行政区的适用情况，乃至台湾地区的相关情况，条约在中国适用的情况就更加复杂了。

关于条约与国内法的冲突解决，上述民法通则和民事诉讼法中的规定很典型，其他有些法律中也有类似的规定。因此，在民商事范围内，条约与国内法冲突时，条约可以优先适用。与条约的适用问题相似，在整个法律范围内，条约与国内法冲突时的优先适用问题，也还没有统一全面的明确规定。上述的解决条约冲突的方法，在我国也都可以找到类似的实践。所以，在实际问题上也要根据有关条约和我国相关法律的具体情况来判断。

（2）国际习惯。关于国际习惯在国内法中的地位，我国宪法没有规定。典型的规定是民法通则第142条第3款：中华人民共和国法律和中华人民共和国缔结或者参加的国际条约没有规定的可以适用国际惯例。第150

条：依照本章规定适用外国法律或者国际惯例的，不得违背中华人民共和国的社会公共利益。这里使用了惯例一词，可以认为它包括有拘束力的国际习惯和本身没有法律拘束力的惯例。从该款规定看，民事范围的国际习惯和惯例在国内适用时没有作区分，它们的适用次序排在国内法和条约之后，作为对国内法和条约的一种补充，并且对适用惯例做出了公共利益的限制和保留。

应当注意，在国际法与国内法关系问题上，我国的实践正在发展中。2002年8月27日《最高人民法院关于审理国际贸易行政案件若干问题的规定》是在这个方面的最新实践。该司法解释是在中国加入世界贸易组织后，针对有关WTO协议在国内的适用所涉问题做出的。一般认为，该文件的规定，是从WTO协议的复杂性和中国目前的司法实际出发，排除了WTO协议文件在中国法院的直接适用性。在此之后，另外两个被认为是与WTO协议规则具有密切联系的司法解释，即2002年11月21日公布的《最高人民法院关于审理反倾销行政案件应用法律若干问题的规定》《最高人民法院关于审理反补贴行政案件应用法律若干问题的规定》，也遵循了这种思路。这表明在WTO协议在国内的实施方面，我国将倾向于主要采取“转化”的方式。

## 四、国际法的基本原则

### （一）国际法基本原则的概述

1. 国际法基本原则的概念

国际法基本原则是指国际法庞大规则体系中最核心和基础的规范。

2. 国际法基本原则的特点

（1）各国公认。国际法基本原则首先是被各个国际社会普遍接受的原则，不能仅为部分国家或地区所承认。

（2）适用于国际法律关系的所有领域。它贯穿国际法的各个方面，在国际法的一切领域都发生作用。

（3）构成国际法体系的基础。第一，国际法基本原则构成国际法其他具体原则的效力基础，它是判断具体原则是否有效的依据和标准。第二，基本原则是具体原则产生的基础，国际法的具体原则、规则都可由基本原则派生和导出。第三，国际法基本原则是国际法体系存在的基础，如果基本原则被破坏，则将破坏和动摇整个国际法体系存在的前提和基础。

（4）具有强行法性质。强行法或国际法强行规则，是指在国际社会中公认为必须绝对遵守和严格执行的法律规范，它不得被任意选择、违背或更改。强行法在《维也纳条约法公约》中被称为“一般国际法强制规律”。按照该公约规定，它“是指国家之国际社会全体接受，并公认为不许损抑，且仅有以后具有同等性质之一般国际法规律始得更改之规律”。国际法基本原则具有强行法性质，但是并不是所有的强行法规则都是国际法基本原则，作为国际法基本原则还必须符合上述其他特点。

### （二）国际法基本原则的主要内容

在国际法中，国际法的基本原则的形成和发展经历了一个较长的历史发展时期。传统的国际法中已经提出了一些基本原则，但国际法的基本原则的重要发展时间是在第二次世界大战之后。主要体现在1945年以后的《联合国宪章》《国际法原则宣言》《各国经济权利义务宪章》等国际法律文件及其他重要国际条约或文件中。其主要内容是以下几项原则。

1. 互相尊重主权原则

国家主权或主权，是国家的根本属性，是指国家独立自主地处理其内外事务的统治权力。主权具有不可分割、不从属于外来意志和神圣不可侵犯的性质。主权不是国际法赋予国家的，而是国家固有的。国际法中的主权原则只是对国家这种最基本属性的一种宣示和确认。

主权体现在三方面：第一，对内最高权。国家在国内行使最高统治权，包括立法、行政、司法各个方面，也包括国家的属地优越权和属人优越权。第二，对外独立权。国家在对他国的交往和国际关系中，不受凭借外国意志的左右，独立自主地处理自己的内外事务，包括选择社会制度、确定国家形式和法律、制定对外政策等。第三，自保权（国防权、自卫权）。其包括国家在遭受外来侵略和武力攻击时进行单独或集体反击的自卫权，以及为防止侵略和武装攻击而建设国防的权利。

尊重主权原则的中心思想是各国主权平等。即任何国家都拥有主权，各国都有义务相互尊重主权。在主权国家组成的国际社会中，各国都具有平等的国际人格，各国在国际法层面处于平等地位。基于主权的性质，任何国家都有权自由选择并发展其政治、社会、经济及文化制度。各国在国际关系中要相互尊重对方的主权，在行使自己主权的同时不能侵害别国主权。每个国家都应与他国和睦相处，忠实地履行其国际义务。换句话说，国家拥有主权，并不是可以为所欲为。在国际法看来，国家在国际社会要受到被自身接受或公认的国际法规则的拘束。这是主权国家组成的国际社会的一个特征，也是相互尊重主权的必然要求。

2. 互相尊重领土完整原则

领土完整是国家主权的重要方面。所谓的领土完整，是指凡属国家的领土，一寸也不得被肢解、分割或侵犯。领土是一国赖以生存和发展的物质基础，同时也是国家行使主权的地域或空间，没有领土或领土完整得不到保障，国家就不称其为国际法上的主权国家。因此维护和捍卫国家的领土完整是一国主权的重要体现。另外，尊重别国主权首先要尊重别国的领土完整，侵占、肢解别国领土构成对该国主权的严重侵犯。

3. 互不干涉内政原则

不干涉内政原则的主要内容：第一，任何国家或国际组织，在国际关系中，不得以任何借口或任何方式直接或间接地干涉本质上属于任何国家国内管辖的事件，即一国内政；也不得以任何手段强迫他国接受自己的意志，维持或改变被干涉国社会制度和意识形态。第二，国际法允许国家在平等和自愿的基础上，根据国际条约或国际义务，对他国进行援助；也承认各国对他国违背国际法义务的行为有权采取相应的单独或集体的行动，但这些行动必须具有公认的法律根据并且应严格在国际法律框架中进行。以所谓“人道主义”“人权保护”等为借口，按照某个或某些国家自己的价值判断，为了其自身的私利而对他国进行干涉活动，是没有国际法根据的，因而是非法的。

4. 互不侵犯原则

互不侵犯原则是由尊重国家主权和领土完整原则引申来的，作为一项国际法的基本原则，是两次世界大战后以《联合国宪章》《国际法原则宣言》为代表的一系列国际法律文件中进一步明确规定了互不侵犯原则的具体内容。

互不侵犯原则的基本要求是在国家关系上禁止以违反国际法的任何方式使用武力及武力相威胁，禁止以战争作为解决国际争端的手段；要求国家在国际关系中，不得以任何借口使用威胁或武力或使用与联合国宪章宗旨不符合的任何其他方式侵犯别国主权、领土完整和政治独立，不以威胁或武力解决国际争端。

互不侵犯原则坚决反对国家间的侵略行为。但在当代国际关系中，国际法主体在下列三种情况下可以使用武力：第一，殖民地半殖民地人民为反抗民族压迫和摆脱殖民统治而进行的民族解放战争。第二，在遭受外来侵略时进行的单独或集体的自卫。第三，依联合国安理会决议为实施国际法而采取的集体制裁措施。

5. 不使用武力或以武力威胁原则

不得使用武力或以武力威胁原则指各国在其国际关系上不得以武力或武力威胁，侵害任何国家的政治独立和领土完整；不得以任何与联合国宪章或其他国际法原则所不符的方式使用武力。

（1）不得使用武力原则首先禁止侵略行为。1974年联合国大会通过的《关于侵略定义的决议》中，非穷尽地列举了7项侵略行为：第一，武装部队侵入或攻击他国领土，由侵入或攻击造成的军事占领，或使用武力吞并别国的任何领土或其一部分；第二，以另一国的领土为对象使用任何武器；第三，封锁另一国的港口或海岸；第四，武装部队攻击他国的陆海空军、商船或民航机；第五，一国违反协定使用在别国驻扎的军队或违约延期驻扎；第六，提供领土由他国使用进行侵略行为；第七，以国家名义派遣武装团体、非正规军或雇佣军等。该定义同时规定，一国违反《联合国宪章》首先使用武力，即构成侵略行为的明显证据，但联合国安理会可以根据情节及后果确定是否构成了侵略行为。该定义还规定，侵略战争是破坏国际和平的罪行，不得以任何理由为侵略行为辩护，侵略行为引起国家责任。虽然联合国大会决议本身一般没有拘束力，该定义本身也存在一些缺陷，但它对于相关国际法规的形成、确认或判定具有重要的证据意义，因而对于各国的行为产生了相当的影响。

（2）不得使用威胁或武力不仅包括禁止非法进行武装攻击，还包括禁止从事武力威胁和进行侵略战争的宣传。同时，不得使用威胁或武力原则并不是禁止一切武力的使用，凡是符合《联合国宪章》和国际法规则的武力使用是被允许的，包括国家对侵略行为进行的自卫行动和联合国集体安全制度下的武力使用。

6. 民族自决原则

民族自决原则是指在帝国主义殖民统治和奴役下的被压迫民族有权自主决定自己的命运，摆脱殖民统治，建立民族独立国家的权利。在这个原则的推动下，殖民主义体系已经崩溃瓦解，所有殖民地的政治独立已基本完成，正在努力实现经济文化等方面的真正平等。

《联合国宪章》规定，所有民族都有平等的权利，自由地表达自己的意志，决定自己的命运，参与和从事政治、经济、文化等各项事务，各国均有义务尊重和促进这种平等权利的实现。必须注意对于国内各民族的平等与自由的权利，各国是通过其国内法及各项措施来增进和实现的。

民族自决原则中独立权的范围只严格适用于殖民地民族的独立。对于一国国内的民族分离主义活动，民族自决原则没有为其提供任何国际法根据。这个问题在国际法和国际实践中被认为是一国的内部事务，是一国国内法的问题，应该尊重国家主权及其全体人民的选择。国际法明确严格禁止任何国家假借民族自决名义，制造、煽动或支持民族分裂，破坏他国国家统一和领土完整的任何行动。

7. 和平共处原则

和平共处原则是指世界各国之间，不论社会制度有何不同，在国际关系中均应和睦相处，保持和平友好关系。

和平共处原则为国际法的基本原则，是由中国首次提出的，是中国等发展中国家对国际法基本原则的创造性发展和巨大的贡献。它的意义在于：第一，它与《联合国宪章》等重要国际法文件中所载的国际法基本原则内容是一致的；第二，它科学地反映了现代国际法基本原则的体系。第三，它准确地概括了国际关系的本质特征；第四，它具有极强的实践性。

和平共处原则的内容：第一，国与国之间应当和平相处，尊重各国的主权及政治、经济社会制度，制止侵略和武装冲突；第二，国际社会成员之间应当建立友好合作关系，加强相互交往，促进经济合作；第三，应以和平方式解决国际争端，避免从事促使争端激化以致危及国际和平与安全的行动。

8. 国际合作原则

20世纪以前的国际合作基本上是双边或区域性，未能成为一项基本法律原则。第一次世界大战后，国际合作开始具有全球性。第二次世界大战后，国际合作迅速上升为当代国际法的一般性义务，并发展成为具有普遍意义的国际法基本原则。

国际合作原则的基本含义是要求各国不论在政治、经济及社会制度上存在何种差异，都有义务在经济、文化和科学技术等方面相互交流合作，以求共同发展。

国际合作原则的具体要求：第一，各国间应合作维持国际和平与安全；第二，各国间应合作促进对于一切人民之人权及基本自由的普遍尊重与遵行；第三，各国间应合作保护和改善全球环境；第四，各国间应以国家主权平等和不干涉内政原则为基础合作促进经济、社会、文化、技术及贸易等方面的关系；第五，各国应合作促进全球特别是发展中国家的经济增长；第六，联合国会员国均有义务依照宪章有关规定采取共同及个别行动与联合国进行合作。

9. 诚实履行国际义务原则

善意地履行国际义务是指国家对于由公认的国际法原则和规则产生的义务，应真诚善意全面地履行。同时国家对于其作为缔约国参加的条约而产生的义务，也同样应善意履行。善意履行国际义务要求国家尊重和遵守国际法的规则，即所谓“约定必守”。由于国际社会的特殊性，自觉善意履行国际法义务尤为重要。

国际法是国家间通过平等的协议制定的，国家的善意履行是国际法有效性和国际法律关系稳定性的根本基础。因此，“约定必守”是国际法最基础的规范之一。对于联合国的成员国，《联合国宪章》特别规定了宪章中的义务优先于其参加的其他国际条约中的义务。

随着国家之间交往和依赖的日益增加，在全球性或国际社会共同利益的问题上，根据国家承担的有关义务进行国际合作已变得愈来愈重要。这就更要求国家增强作为国际社会成员的法律观念，忠实履行自己承担的国际义务。

10. 和平解决国际争端原则

和平解决国际争端原则是指国家间在发生争端时，各国都必须采取和平方式予以解决，禁止将武力或武力威胁的方式付诸任何争端的解决过程。

和平解决国际争端的方法有多种，有关国家可以根据主权平等原则自由选择。国际争端的当事国及其他国家应避免任何使争端或情势恶化的措施或行动。和平解决国际争端原则是与废除战争作为国家政策的工具相联系的。“诉诸战争权”曾是传统国际法中国家的一项合法权利。1899年和1907年的两次海牙和会及以后的国际联盟都对国家的战争权进行了某种限制。1928年的《巴黎非战公约》首次规定全面废弃战争作为实行国家政策工具，禁止使用战争作为解决争端的方式。以后，和平解决国际争端被广泛接受为国际法的基本原则之一。

## 思考题

1. 在国家的国内法院诉讼中，国际法处于什么地位？国际法是否可以在国内法院中直接适用？

2. 如何理解国际法的特点？

3. 如何理解国际法的基本原则？

# 第二讲　国　　家

## 内容摘要


国家的构成必须具备四个要素：一是有定居的居民；二是有确定的领土；三是有代表国家进行对内统治和对外交往的政府；四是国家主权。国家的构成要素及国家的基本权利是本讲的主要内容。


## 一、国家的构成要素及其类型

国家是国际法的基本主体。在国际关系中，国家始终处于最主要的地位并起着最重要的作用。国家拥有完全的法律行为能力和权利能力，可以独立自主地对外交往，行使国际法的权利，而国际法调整的主要对象也正是国与国之间的关系，因此，国家是国际法的基本主体。

（一）国家的构成要素

作为拥有国际人格的国家，必须具有定居的居民、确定的领土、一定的政权组织（即政府）和主权四个要素。

（1）定居的居民。定居的居民是构成国家的基本条件。只有存在居民才能构成社会进而形成国家，而不论居民的数量和成分。

（2）确定的领土。领土是形成国家的物质基础，是国家行使主权的空间。构成国家必须有确定的领土，不论领土的大小及边界是否完全划定。

（3）政府。政府即代表国家进行对内统治和对外交往的机构，不论其名称、组成和形式。

（4）主权。主权即对内的最高权和对外的独立权。主权作为国家固有的根本属性，是国家区别于其他实体的根本标志。

正常情况下，任何国家都必须具备以上四个要素，也只有具备了这四个要素，才能构成国家，从而成为国际法的主体。但是，在特殊情况下，也存在某一要素仅维持在极弱的程度，但不会影响到其国际人格，也不会影响其作为国家而存在。

### （二）国家的类型

国家的种类很多，可按不同的标准做出不同的分类。按国家的结构形式可分为单一国和复合国；按照国家享有主权的程度可以分为独立国和附属国。

1. 单一国和复合国

根据国家构成体制和国际交往的职能，国家可以分为单一国和复合国。

（1）单一国。单一国是由若干行政区域组成的统一的主权国家。它实行统一的中央集权，全国只有一个立法机关和一个中央政府，并有一个统一的宪法，其国民拥有单一的国籍。单一国由其中央政府统一处理国家的内外事务，各个行政区域都作为国家的地方单位接受中央政府的领导。单一制国家是一个国际法主体，由中央政府代表国家参与国际关系，各地方区域都没有国际法主体地位。

中国是单一制国家。根据中国宪法和相关法律，中国的对内对外权力由中央行使。在此原则下，地方行政单位在法律许可的范围内行使自治权，包括不同程度地处理对内对外事务的权力。中国的香港和澳门两个特别行政区依法享有某些对外权，但是它们本身都不是国际法的主体，台湾作为中国领土不可分割的一部分也不具有国际法主体地位。

（2）复合国。复合国是两个或两个以上的国家组成的国家或国家联合体，目前有联邦和邦联两种形式。

联邦国家是指由两个或两个以上的邦（或州）根据联邦宪法组成的国家，是复合国最典型的形式。联邦国家有统一的宪法，并设立联邦立法、司法和行政机构。政府与各组成成员之间的职权范围由宪法规定。联邦国家的对外权力主要由联邦政府行使，联邦国家的人民拥有统一的联邦国籍。联邦国家本身是国际法主体，其各成员单位没有独立的国际法主体地位。

邦联是两个或两个以上主权国家为一定的政治、经济目的根据条约组成的国家联合体。它与联邦不同，邦联没有统一的对内权力机关和行政机关，也没有统一的立法、军队和财政预算，其人民也没有统一的国籍。在对外关系上，邦联按条约规定的范围代表全体成员对外进行交往，但邦联本身不是国际法主体。邦联的成员是独立的主权国家，是国际法的主体。

2. 独立国与附属国

按照国家享有主权的程度，国家可以分为独立国和附属国。

独立国是指在对外关系上具有完全的权利能力和行为能力，独立行使全部主权的国家，既可以是单一国也可以是复合国。

附属国是指由于历史原因而形成外来强制影响，主权受到他国限制而处于从属地位的国家，主要有附庸国和被保护国两类。附庸国是指隶属于他国宗主权下的国家，控制着附庸国对外关系的国家称为宗主国。宗主国与附庸国的关系由宗主国的国内法规定，根据具体情况而有所不同：有的附庸国完全被剥夺了对外关系的权力，如1914年被英国宣布置于其保护之下的埃及完全被剥夺了对外关系的权力；有的附庸国则有一定的对外关系权，如19世纪中后期处于土耳其宗主权之下的附庸国保加利亚曾独立参加了1899年和1907年的两次海牙和平会议并在所达成的各项公约上签字。附庸国现已成为历史的陈迹。

被保护国是指依据国际条约将其重要的对外事务交由一个强国处理而处于该国保护下的国家。该强国被称为保护国，保护国和被保护国间保护关系的形成以有关条约为依据，与宗主国和附属国之间的宗主权关系有所不同：被保护国作为一个国家，在一定限度内保有其国际地位，仍然是国际法的主体，而不能被看作保护国的一部分；被保护国的国家元首在国外仍享有完全的外交豁免和礼仪，被保护国公民依旧具有本国国籍；保护国的战争不一定是被保护国的战争，保护国所签订的条约也不必然适用于被保护国。被保护国是西方国家实行帝国主义、殖民主义侵略和国际强权政治的产物，历史上典型的被保护国有法国对突尼斯的保护（1881年）和对摩洛哥的保护（1912年），英国对埃及的保护（1914年），日本对朝鲜的保护（1905年）等。以上被保护国现都已获得了国家的独立，当前世界上既存的被保护国只有受西班牙和法国共同保护的安道尔共和国。

3. 永久中立国

永久中立国也称为中立化国家，是指根据国际承认或国际条约在对外关系上承担永久中立义务，除行使自卫外永远不与他国作战，不卷入战争或从事任何可能使其直接或间接地卷入战争的行为的国家。永久中立国必须具备两个要件：一是自愿承担永久中立义务，如不对他国进行战争和不加入战争联盟等。二是其永久中立地位由其他国家通过签订国际条约加以承诺保证。在国家形式上，永久中立国可以是单一国，也可以是复合国。

永久中立国承担的永久中立义务主要包括以下几个方面。

（1）不得对他国进行战争或参加他国的战争，不得为他国提供准备、发动和进行战争的任何条件，不得参加战争宣传，但有权对来自外国的侵略进行自卫。

（2）不得缔结或参加任何与其中立地位相抵触，可能使其卷入战争的条约或协定如军事同盟条约、保障协定、共同防御协定等，不得参加任何军事集团或联盟。

（3）不得采取任何可能使其卷入战争的行动或在相关方面承担任何义务，如不得允许在其领土内建立军事基地和组织军队；不得允许外国军队过境；不得参加对他国的经济抵制和经济封锁；不得接受附有任何政治条件以致损害自己中立地位的援助等。

永久中立国承担永久中立义务的结果，是永久中立国在与战争有关的权利方面受到一定限制，但是不能因此而否定永久中立国的国际法主体地位。因为：①永久中立国由于承担永久中立义务而放弃的权利是有限的，而不是放弃所有的国家主权；②这种放弃是自愿的，是行使主权的一种表现。

永久中立国不同于战时中立、中立主义和不结盟：战时中立是在战争中非交战国选择的不偏袒任何一交战国的一项临时政策，通过单方声明或事实上遵守中立义务的方式宣告，可以随时终止；中立主义和不结盟只是国家单方面实行的对他国间争端和冲突不予介入的对外政策，并无国际条约的约束和保证。

永久中立制度始于19世纪初。1815年3月20日，英、俄、法、奥、普鲁士、葡萄牙、西班牙、瑞典等国在维也纳公会上签订《维也纳公会宣言》，承认并集体保障瑞士的永久中立。瑞士接受了这个宣言，又经《维也纳公会决议书》《巴黎和约》等公约的确认，首先成为永久中立国。虽经两次世界大战，其中立地位一直没有改变。由于《联合国宪章》第七章对于威胁和破坏和平及侵略行为的应付办法的规定，为保持中立，瑞士虽然已是许多联合国专门机构的成员国和《国际法院规约》的当事国，却一直没有加入联合国。但在瑞士国内关于加入联合国的公决通过之后，不少学者和政治家认为，若瑞士逐步调整中立的外交政策而成为欧盟、北约成员国，其永久中立地位将遭到破坏。

目前国际社会中的永久中立国还有奥地利。第二次世界大战之后，奥地利作为战败国由苏联、美国、英国、法国四国分区占领。1955年5月，上述四国与奥地利签订了《重建独立和民主的奥地利国家条约》（即《对奥和约》），规定奥地利此后不得同德国结成任何形式的政治、经济同盟。同年10月26日奥地利宣布永久中立，并照会当时与奥建交的各国政府。各国政府先后复照予以承认，从此奥地利的永久中立国地位得以确立。在奥地利成为欧盟成员国之后，不少学者认为其永久中立地位已受到严重影响。

历史上比利时根据1831年《伦敦议定书》、卢森堡根据1867年《伦敦协约》、老挝根据1962年《中立声明》和同年《关于老挝中立的宣言》也都曾成为永久中立国，但是其永久中立地位都因他国入侵而先后遭到破坏。1991年柬埔寨四方代表和出席柬埔寨问题巴黎国际会议的19国外长共同签署了统称为“柬埔寨和平协定”的四个文件，其中《关于柬埔寨主权、独立、领土完整及其不可侵犯、中立和国家统一的协定》涉及柬埔寨的永久中立地位问题，但未得到其他签字国对保障柬埔寨永久中立地位的专门承诺。因此，柬埔寨的永久中立地位目前则尚未确立。

4. 微型国家

微型国家是指国际社会中的一些领土面积很小，人口很少，资源也非常缺乏的国家。基于主权平等原则，所有国家不分大小一律平等，微型国家也应与其他国家一样享有国际法上的权利和承担国际法上的义务。但在国际交往的现实中，有意见认为由于微型国家无法与普通国家一样具有履行国际法上义务的能力，因此应对微型国家所享有的国际法权利也予以一定限制。

## 二、国家的基本权利

国家的基本权利指国家作为国际法主体所固有的、根本性的权利。对国家的基本权利一般都承认以下四项。

（一）独立权

独立权指国家依照自己的意志处理内外事务并不受他国控制和干涉的权利。独立权是国家主权在对外关系中的集中体现，它包含自主性和排他性两重含义。独立权意味着国家可以自由选择国内制度，制定政策，采取各种措施管理国家、促进发展；在不违背其承担的国际法义务的前提下，国家根据自己的意志独立地参与国际关系，自由地决定与其他国家建交、缔约、使节、结盟及其他往来。

（二）平等权

平等权指国家在参与国际法律关系时，具有平等的地位和资格，平等地享有国际法上的权利和承担国际法上的义务。国家的平等权主要表现在：

（1）国家在国际组织或国际会议中平等地享有代表权和投票权。

（2）国家平等地享有缔约权，国家不受非其缔结的条约拘束。

（3）国家平等地享有荣誉权，国家元首、国家代表及国家标志应受到尊重。

（4）国家之间没有管辖权，除非国际法特别规定或得到国家同意。

（5）外交位次或礼仪上的平等权。

（三）自保权

自保权指国家保卫自己存在和独立的权利。它分为国防权和自卫权两个方面。国防权是国家有制定国防政策，建设国防力量，防止外来侵略的权利。自卫权是当国家遭受外国武力攻击时，有权采取单独和集体的武力反击措施。根据《联合国宪章》的规定，自卫的前提必须是遭到武装攻击，同时武力自卫还应符合必要性和相称性的要求。

（四）管辖权

管辖权指国家基于主权的行使而采取立法、行政、司法等方式，对于特定的人、物和事件进行处置的权利。管辖权是国家主权在法律方面的物化，是国家主权的重要体现。一般来说，管辖权包括属地管辖、属人管辖、保护性管辖和普遍管辖四方面。

1. 属地管辖

国家的属地管辖也称为属地优越权或领域管辖权，是指国家对其领域内的一切人和物以及所发生的事件有权行使管辖。属地管辖的行使以国家的领土主权为依据，是国家管辖权行使的最重要、最基本的内容，当发生国家属地管辖权与其他国家的其他管辖权如属人管辖权的管辖冲突时，一般应以属地管辖权优先。但国家属地管辖权的行使也不是绝对的，应受一定的限制。

2. 属人管辖

国家的属人管辖也称属人优越权或国籍管辖权，是指国家对一切在国内和国外的具有本国国籍的人，有权行使管辖。明确属人管辖的主要意义在于明确国籍国有权对本国领域外的本国公民实行管辖，而当一国公民处于本国领土之内时，国家属人管辖的行使被包含于属地管辖之中。

3. 保护性管辖

保护性管辖是指国家对外国人在本国领域之外所犯的侵害本国国家或公民重大利益的犯罪行为行使管辖的权利。

4. 普遍性管辖

普遍性管辖是指根据国际法的规定对于严重地危害国际和平与安全以及全人类普遍利益的某些特定国际犯罪行为不论罪行发生于何地、罪犯为何国国籍以及何国直接受害，各国均有权实行管辖。

## 三、国家承认与继承

### （一）国际法上的承认

1. 国际法上承认的概述

（1）国际法上承认的概念及特征。国际法上的承认一般是指既存国家对于新国家、新政府或其他事态的出现，以一定的方式表示接受或同时表明愿意与其发展正常关系的单方面行为。国际法上承认的特征：第一，现代国际法中承认的主体除现存国家之外还包括现存的政府间国际组织；承认的对象除了新国家和新政府外，还可以包括交战团体和叛乱团体。第二，承认是承认者对被承认者出现这一事实做出的单方面行为，它表明对事实的接受而不改变被承认者的性质。第三，承认是一项政治法律行为。在符合其他国际法规则的条件下，承认是承认者的自主行为，而不是一项法律义务。因此，它也被视为主要是一种政治行为。但同时，承认一经做出，将产生一定的法律效果，直接影响承认者和被承认者间的权利义务关系，从这个意义上，它又是一种法律行为。

（2）国际法上承认的方式。无论是对国家还是对政府承认，其方式均可分为以下两类：

第一类是明示承认和默示承认。明示承认是指承认者以明白的语言文字直接表达承认的意思。它包括通过正式通知、函电、照会、声明等单方面表述。也包括在缔结的条约或其他正式国际文件中进行明确表述；默示承认是指承认者不是通过明白的语言文字，而是通过与承认对象有关的行为表现出承认的意思。其主要包括：与承认对象建立正式外交关系；与承认对象缔结正式的政治性条约；正式接受领事或正式投票支持参加政府间国际组织的行为一般也被认为是一种默示承认。

但是，除非明确表示，共同参加多边国际会议或国际条约；建立非官方或非完全外交性质的某种机构；某些级别和范围的官员接触等，一般不认为构成默示承认。

第二类是法律上的承认和事实上的承认。法律承认是认定被承认者作为法律的正式人格的存在，表明承认者愿意与被承认者发展全面正常的关系，带来全面而广泛的法律效果。这种承认是正式和不可撤销的。我们通常所说的承认都是指法律承认。事实承认主要存在于英美的外交实践中，它是为了处理既需要与某个对象进行某种交往又不愿或不宜与其进行全面正式交往的情况，产生的一种权宜做法。事实承认被认为是不完全、非正式和暂时性的。它比较模糊并可以随时撤销。

（3）承认的效果。法律上的承认将产生全面的法律效果，主要有以下几个方面：①承认国与被承认国或政府之间关系正常化，双方可以建立正式外交关系和领事关系；②承认国与被承认国可以缔结政治、经济、文化等各方面的条约；③互相承认各自法律法令的效力和司法、行政管辖权；④互相承认在对方国内法院进行诉讼的权利及国家行为和财产的司法豁免权。

事实上的承认的法律效果相对于法律上的承认较窄，主要有：①承认被承认国的国内立法、司法权力和行政措施的有效性；②被承认的国家在承认国法院享有司法豁免权；③双方可以建立经济贸易关系，缔结通商、科技文化等非政治性双边条约，相互接受领事和商务代表等。但在事实承认的场合，承认国与被承认国一般并不建立外交关系。

2. 国家承认

（1）国家承认的概念及性质。国家承认是指一个既存国家或国际组织以一定的方式确认某一地区的居民已组成为一个国家并具有国际法上的人格，同时表示愿意视其为一个国家而交往的一种政治行为和法律行为。国家承认的性质：国际法学界对于国家承认的性质历来有着构成说和宣告说两种不同主张。构成说认为，新国家只有经过承认才能成为国际法主体。一个新国家，即使完全符合国际法主体的条件，如果未经承认，仍不能成为国际法主体。宣告说认为新国家的成立及其取得国际法主体资格并不依赖于任何国家的承认，凡具备了各项基本要素的新国家即具有国际法主体资格。承认仅是一种对新国家已经存在这一既成事实的宣告，只是一种宣示性行为。

（2）发生国家承认的情形。新国家产生主要有以下四种情况：①独立。指殖民地独立而建立起自己的新国家；②合并。指两个或两个以上国家合并为新国家；③分立。指一国分解为两个或几个新国家，原来的国家不复存在；④分离。指一国的一部分从该国分离出去而成立一个新国家，母国仍然存在。

（3）承认的法律效果。对国家承认的法律效果主要有：①为双方建立正式外交及领事关系及发展全面正常国家关系奠定基础；②双方可以缔结政治、经济、军事等各个方面的条约或协定；③承认国尊重新国家作为国际法主体享有的一切权利，特别包括尊重其法律法令的效力及其行政和司法管辖的有效性，承认新国家及其财产享有的管辖豁免权。

3. 政府承认

对新政府的承认是承认者对他国新政府出现所做出的一种单方面行为，表示愿意把该新政府作为其国家的代表，从而与其建立或保持正常关系。

关于政府承认本身，国际法并没有专门的要求或明确的规定。实践中，一般认为对于新政府的承认应遵循“有效统治原则”，即新政府应有效控制本国领土并行使国家权利。因为这样其才能现实地代表其国家，贯彻和实施其国家承担的国际法上的权利和义务。新政府承认常常是国际关系中一个更加政治化的敏感问题，各国自主做出的判定和抉择有时会大相径庭。但是，各国行为都不能违背国际法的其他原则和规则，特别是不干涉内政等原则。

对新政府的承认意味着对旧政府承认的撤销。承认者必须尊重新政府拥有的作为国家合法代表的一切资格和权利，包括在无论位于国内外的其国家财产上的权利，在国际组织或国际会议中的代表权等。

关于中华人民共和国政府的承认问题是对新政府的承认。1949年10月，国民党政府在中国的内战中被推翻，共产党领导的新政府宣告成立，并将中国的国名由中华民国改为中华人民共和国。这涉及国际法中政府承认的问题。虽然代表国家行使权利的政府发生了更迭，但中国国家作为主权者没有变化，中国作为国际法主体的地位也没有任何改变。中国政府及国际社会以后的实践都证明了这一点。

（二）国际法上的继承

1. 国际法上继承的概述

（1）国际法上继承的概念及特征。国际法上的继承是指在某些特定情况下，国际法上的权利义务由一个承受者转移给另一个承受者所发生的法律关系。国际法上继承的特征：①继承的主体可以是国家或代表国家的政府，也可以是国际组织，但不是个人。②继承的对象是国际法上的权利和义务，而不是个人的权利和义务。③继承的发生是由于国家领土的变动以及政府的变更或国际组织的变更，而不是自然人的死亡。④继承的性质是一种法律关系的变化。

（2）国际法上继承的种类。国际法上的继承包括国家继承、政府继承和国际组织的继承，其中最重要和最基本的是国家的继承。

2. 国家继承

（1）国家继承概念和原因。国家继承是指由于领土变更的事实，导致国际法上的权利义务在相关国家之间发生转移而发生的法律关系。国家继承的原因：从国际实践中看，引起国家继承的原因主要有合并、分立、分离、独立以及部分领土转移五种。

（2）国家继承。领土变更是发生国家继承的前提。国家继承的对象是国家在国际法上的权利义务，涉及问题十分复杂，一般分为两大类：关于条约方面的继承和非条约事项的继承。

条约的继承。条约继承的实质是在领土发生变更时，被继承国的条约对于继承国是否继续有效的问题。一般地，与领土有关的“非人身性条约”，如有关领土边界、河流交通、水利灌溉等条约，属于继承的范围；而与国际法主体人格有关的所谓“人身性条约”以及政治性的条约，如和平友好、同盟互助、共同防御等条约，一般不予继承。但这并不排除有关国家通过达成协议或根据《条约法公约》的规定来决定或解决条约的继承问题。

不同的领土变更情况下，条约继承的情况也不尽相同：①国家合并时，对于任一被合并国有效的条约，对于继承国继续有效，但原则上只适用于继承发生时其有效的那部分领土范围。②分离或分立的情况下，不论被继承国是否存在，原来对被继承国全部领土有效的条约，对于所有继承国继续有效；原来对于被继承国部分领土有效的条约，仍只对与该部分领土有关的继承国的相应部分有效。③对于领土部分转移的情况，出让国的条约对该部分领土失效而受让国的条约对所涉领土发生效力。④由殖民地独立而成的新国家的条约继承，采取特殊的规则，即其对被继承国的条约是否继承，原则上可以自主地决定。

非条约事项的继承，即对于条约以外事项的继承。

①国家财产的继承。国家财产是指在继承发生时，按照被继承国的国内法为该国国家所拥有的财产权利和利益。国家财产继承的效果是被继承国对该财产权利的灭失和继承国权利的产生。国家财产继承不涉及第三国的财产和利益。

国家财产继承的基本标准是被继承的财产应与领土有关联。由此引申出两项规则：一是财产一般随领土一并转移而转属或分别转属继承国；二是所涉领土的实际生存原则。前者主要是针对继承发生时位于所涉领土内的被继承国财产而言，特别是针对不动产；后者主要是针对位于所涉领土以外的财产而言，主要是针对动产。凡是与所涉领土生存或活动有关的国家动产，不论其所处地理位置，都应转属继承国。第一，在国家合并的情况下，继承比较简单，被继承国的国家财产都转属继承国。第二，在国家分离或分立的情况下，除非另有协议，位于所涉领土内的被继承国不动产应转属继承国，与所涉领土活动有关的被继承国的动产应转属或分别转属继承国，其他的国家财产应按照公平的比例转属继承国。第三，在国家解体时，位于被继承国领土之外的国家不动产，应按照公平比例转属继承国。此外，当事方还应遵照公平比例和公平补偿原则解决相关问题。第四，对于新独立国家的财产继承，有一些特殊规则，包括财产的继承可以不以与被继承国之间的协议为前提；关于动产的继承，除了遵循上述其他场合相同的规则外，还有下述特别规则：对位于所涉及领土之外的被继承国动产或不动产，如果该财产原属所涉领土或所涉领土曾为其创造作出贡献，则应转属继承国或按照贡献比例转属继承国。

②国家档案的继承。这里的国家档案是指继承发生时，由被继承国作为国家档案收藏的一切文件。国家档案作为国家的重要财富，它需要保持完整性，一般不可分割。但国家档案可以复制以供使用。在国际实践中，关于国家档案的继承，除了新独立国家的情况外，通常通过有关国家间协议来解决。如没有协议，一般将所涉领土有关的档案转属继承国。对于新独立国家，原属于所涉领土的档案，在领土附属其间被作为被继承国国家档案的应转属继承国；被继承国国家档案中与所涉及领土有关的部分的转属或复制，应由被继承国和继承国通过协议来解决。

③国家债务的继承。国家债务是指一国对他国、国际组织或其他国际法主体所负担的任何财政义务。国家实践中，国家继承的债务包括国家整体所负的债务或称国债，也包括以国家的名义承担而事实上仅用于国内某个地方的债务或称地方化债务。国家对外国法人或自然人所负之债，不在国家继承的范围。另外，所谓的“恶债”，即违反国际法基本原则或违背继承国根本利益所负之债，如征服债务或战争债务等，原则上也不予继承。

在国家合并的情况下，国家的债务应转属继承国，在分离、分立或领土转让的情况下，债务继承首先应通过协议解决；若无协议，则应按照公平的比例转属继承国，并且特别考虑到这些债务有关的转属继承国的财产、权利和利益。新独立国家对债务可不予继承，除非另有协议，并且这种协议不能违背有关国际法原则，协议的执行也不应破坏新独立国家经济的基本均衡。

3. 政府继承

（1）政府继承的概念和特点。政府继承是指由于革命或政变导致国家政权更迭，代表该国的旧政权在国际法上的权利和义务转移给新政权而发生的法律关系。

政府继承不同于国家继承：一是发生继承的原因不同，国家继承是由于领土变更的事实而引起，而政府继承则是由于革命或政变而导致政权更迭而引起，不涉及领土变更。二是参加继承关系的主体不同，国家继承关系的参加者是两个不同的国际法主体，而政府继承是在同一个国际法主体继续存在的情况下的新政权和旧政府之间的关系，即旧政权的国际权利和义务为新政权所取代。三是继承的范围不同，政府继承一般都是全部继承，即凡符合国际法的权利和义务应由新政府完全予以接受，而国家继承则是根据领土变更情况的不同有全部继承与部分继承之分。

（2）政府继承的原因。政权更迭是引发政府继承的原因，但按照宪法程序而进行的政权更迭适用国家连续原则，一般不发生政府继承。即使是由于政变而引起的政权更迭，只要政变后成立的新政府声明尊重前政府的国际条约义务，也不发生政府继承问题。政府的更迭如果是由于社会革命而引起，因新政权在政权性质与社会结构上不同于旧政权，对于国际事务采取不同的观点和政策，一般都发生政府的继承问题。经过社会革命建立的革命政府，由于政治原则、经济制度、社会结构都发生了根本变化，有权根据自身的利益和政策对与新政府所代表的国家利益根本对立的条约和债务等做出改变和调整，决定具体的继承内容。

中华人民共和国政府于1949年建立后根据国家社会制度与性质的变化而采取的继承实践，是当代政府继承的典型范例。

关于条约的继承。中华人民共和国政府对旧政府对外所签订的条约采取了区别对待原则，既不承认一切旧条约继续有效，也不认为一切旧条约当然失效，而是根据条约的内容和性质分别审查和处理。1949年《中国人民政府协商会议共同纲领》第55条规定：“对于国民党政府与外国政府所订立的各项条约由中华人民共和国中央人民政府加以审查，按其内容分别予以承认，或废除，或修订，或重订。”根据这一规定，中华人民共和国政府对旧政府所签订的有关领土和边界条约，一般都予以尊重，并在此基础上经过与有关邻国谈判进行修正或重订。对于旧政府所签订的有利于国际和平与发展和有益于中国国家利益的其他国际条约如《万国邮政公约》《日内瓦公约》等，中华人民共和国政府都予以承认。

关于财产的继承。中华人民共和国政府根据公认的国际法原则，自成立之日起，对于解放前中国位于境外的一切财产，无论是动产还是不动产，无论财产所在地的国家是否承认了中华人民共和国政府，均享有合法的继承权。

关于债务的继承。中华人民共和国政府对于旧中国的国家债务同样根据债务的性质和情况采取了区别对待原则：对于“恶意债务”即旧政府为维护其统治进行内战、镇压革命或从事其他违反中国人民利益而对外的举债，如湖广铁路债券，中华人民共和国政府不予继承。对于旧政府在平等的基础上所负的合法债务，中华人民共和国政府采取与有关国家友好协商的办法进行清理，公平合理地予以解决。如中美、中英、中加之间通过签订双边协议对历史遗留资产问题的处理。

关于国际组织代表资格的继承。中华人民共和国政府作为中国的唯一合法政府，当然有权继承旧政府通过缔结或参加国际条约而取得的有关国际组织会员国的代表资格。中华人民共和国政府成立后，专门致电联合国大会、安理会及秘书长、联合国各专门机构和其他国际组织表达有关立场，要求取代旧政府的代表权，并宣布已丧失代表中国及中国人民资格的国民党政府退出有关专门性国际组织的决定为“非法”和“无效”。1971年10月25日，第26届联合国大会通过决议，决定恢复中华人民共和国在联合国组织中的一切权利，并把“台湾当局”的代表从联合国及其所属的一切机构中驱逐出去。之后，中华人民共和国正式恢复了在联合国及其专门机构中的代表中国的权利。

## 思考题

1. 国家具有哪些构成要素？
2. 国家有哪些基本权利？
3. 结合实践谈谈国家继承。

# 第三讲　国际法上的个人

## 内容摘要

每个自然人都不是孤立的存在，而是生活在一个国家中，而居民是国家的要素之一，国际法上是以国籍为标准对居民进行划分的。自然人的国籍及其冲突、外国人的法律地位、引渡与庇护、国际人权法是本讲的内容。

个人在国际上的地位非常特殊，尚未被普遍接受为国际法的主体。但是，个人及其活动在国家关系中具有重要的作用，对国家行为产生巨大影响，因而成为国际法中的一个重要领域。国际法所关注的个人的问题，首先是从居民展开的。居民一般是在一国境内生活的所有自然人的总称。居民是构成国家的基本要素之一。对于居住在一国境内的人可以根据不同的标准做不同的分类。国际法上是以国籍来对居民做出最基本的法律划分，从而确定他们与该国之间的法律关系，以及他们在该国所处的相应法律地位。

## 一、国籍

### （一）国籍的概念

1. 国籍的概念

国籍是指一个人属于某一个国家的公民或国民的法律资格。国籍在个人与国家之间建立了一种稳定的法律联系。基于这种联系，国家和个人之间存在一系列的权利义务关系。国家基于此联系对个人进行有关的管辖和保护，个人基于这种联系对国家享有特定的权利并承担相应的义务。

拥有一国国籍的人，称为该国的公民或国民，因此国籍也被称为公民资格。有些国家的国内法对公民或国民做出某些区分，规定其在国内法中权利地位有所差别，但由于他们都拥有该国国籍，国际法对此并不加以区别而都将其作为该国人。

位于一国境内并拥有该国国籍的人，称为本国人；位于一国境内没有该国国籍但拥有其他国家国籍的人称为外国人；在一国境内而没有任何国家国籍的人称为无国籍人，一般情况下这部分人很少，因此一般国家在管理时，往往也将他们包括在广义的外国人中。

给予哪些人国籍，即认定哪些人是其公民，是国家自身的权利。国家对此一般通过有关的国内法作出规定。但是，由于各国法律规定不同，会出现国籍冲突的问题，这需要国家间合作，通过国际法加以调整。

有些法律文件中，出现了法人国籍、船舶国籍、航空器国籍等用语，这是一种借代用法。法人和物的国籍在其含义以及取得方式上与这里所说的国籍都是不相同的，法人或物的国籍只是与自然人国籍的某个方面属性的类比或类推说法。

2. 国籍的意义

（1）国籍是一个国家确定某人为其国民或公民的根据。

（2）国籍是确定一个人的法律地位的重要依据。国籍是区别本国人和外国人的依据，具有本国国籍的人就处于本国公民的地位，享有本国公民的权利，包括外国人不能享有的选举权和被选举权，承担本国公民的义务，包括外国人不能承担的服兵役义务，国家对侨居在外国的本国人有权予以外交保护，并且有义务接纳其回国。不具有本国国籍的外国人或无国籍人，就处于外国人地位，外国人享有的权利和承担的义务和本国人是有区别的，国家对于外国人，既无权予以外交保护，也无义务接纳其入境。

（3）国籍对于国家行使管辖权具有重要意义。国家的管辖权包括领域管辖、国籍管辖、保护性管辖和普遍管辖四个方面。行使前三种管辖权，都必须根据国籍区分外国人和本国人。

（二）国籍的取得与丧失

1. 国籍的取得

国籍的取得是一个人获得某一特定国家的公民或国民的资格。根据各国国籍立法及相关条约实践，国籍的取得方式可以分为两类：因出生取得和因加入取得。

（1）因出生取得。因出生而取得国籍称为原始取得，它是最基本的国籍获得方式。在因出生取得国籍方面，各国的立法中采取的原则有血统主义、出生地主义和混合制原则三种。

血统主义是指一个人出生时获得国籍仅取决于其父母的国籍，而不问其出生在何地。血统主义又分为仅以父亲国籍决定的单系血统主义和以双亲任何一方国籍决定的双系血统主义。出于男女平等的原则，目前采用血统主义时，倾向于采用双系血统主义。

出生地主义是指一个人出生时获得国籍仅取决于其出生地，而不管其父母国籍情况如何。

混合制原则是指由出生获得国籍时，兼采血统主义和出生地主义。混合制又可分为血统主义为主、出生地主义为主和均衡两者三种实践。目前世界上绝大多数国家在国籍立法中采用混合制原则。

（2）因加入取得。因加入取得国籍是指由于本人意愿或某种事实，根据一国国籍法的规定而获得该国的国籍。这种国籍也称为继有国籍或转承国籍。因加入取得国籍又可以分为两种情况，自愿申请入籍和由于一些法律事实发生而引起获得国籍的法律后果。

申请入籍，也称为归化，是指经过自愿申请并经过国籍国的相关程序的审查批准而获得国籍。对此，国家一般在年龄、职业、文化程度、财产状况、行为能力等方面，都规定入籍所必须具备的一定条件。

由于法定事实获得国籍是指由于某种事实的发生，根据所涉国家的法律而获得该国国籍，包括因跨国婚姻、收养、取得住所、领土转移等各种情况获得国籍。对于这些情况各国的立法相差很大。如一些国家规定，跨国婚姻或收养不必然带来当事人国籍状态的变化，一方面当事人可以自主做出选择，另一方面，婚姻或收养可作为获得国籍的有利条件之一，但获得国籍可能还需满足其他条件。

因加入取得国籍的方法、条件及程序，取决于有关国家的国内法的规定，是一国自由决定的事项，但该国行使权利时，不得违背其根据条约或国际习惯法承担的义务。

2. 国籍的丧失

国籍的丧失是指由于某种原因一个人失去其拥有的某个国家的国籍。各国立法中对于国籍丧失有各自不同的规定，一般可以分为自愿丧失和非自愿丧失两种。

（1）自愿丧失是指基于个人意愿做出申请或选择而放弃其拥有的国籍。自愿丧失包括自愿退籍和自愿选择放弃两种做法。自愿退籍是某人依据其原国籍国立法规定主动申请退出该国国籍，如得到批准即丧失该国籍。自愿选择放弃是自愿选择某一国家的国籍，如交换领土的情形下，交换地区的居民选择了对方国籍，即丧失本国国籍。

（2）非自愿丧失国籍是指由于法定原因或者某种事实由本人非自愿丧失本国国籍。常见的情形有：由于婚姻、收养、认领、国籍被剥夺等原因而丧失原有国籍。因被剥夺而丧失原有国籍，可以说是非自愿丧失国籍的典型，它指在规定有剥夺国籍制度的国家中，因当事人构成了某种特定行为而由主管机关依法剥夺其国籍。关于剥夺国籍的理由，各国法律规定不尽相同。关于剥夺国籍在国际法的效力问题，国际法学界大多反对剥夺国籍，但国内法院的判决中，对于外国剥夺其本国国民国籍的法令的效力一般是肯定的。

### （三）国籍的冲突

国籍的冲突是指一个人在同一时间内同时具有两个或者两个以上的国籍，或者不具有任何国籍的法律状态。国籍的冲突有两种情况：积极的国籍冲突和消极的国籍冲突。

1. 国籍的积极冲突

国籍的积极冲突是指一个人同时具有两个或者两个以上的国家的国籍，即双重国籍和多重国籍。双重国籍的现象主要是由于各国的国籍法关于国籍的取得和丧失的原则不同而产生的。双重国籍产生的原因是由于出生、婚姻、收养、加入等。

（1）由于出生。由于各国对因出生而赋予国籍所采取的原则不同就产生双重国籍。

（2）由于婚姻。由于各国对女子与外国人结婚是否影响其国籍的问题采取不同的立法原则，妇女就可能由于婚姻取得双重国籍。

（3）由于收养。由于收养产生双重国籍，也是由于各国对收养外国人是否影响该外国人的国籍问题采取不同的立法原则的结果。

（4）由于入籍。由于各国对入籍的规定不同，也可能产生双重国籍。

（5）由于认领，也可能产生双重国籍。

双重国籍是一种不正常的国籍现象，有时会造成以下严重后果。

（1）对双重国籍人来说，双重国籍使个人陷入困难境地。因为双重国籍人与两个国籍国都有固定的法律联系，他可以享受两个国籍国赋予的权利，但他应同时效忠于两个国籍国，同时承担两个国籍国法律规定的义务。

（2）从国家之间的关系来看，双重国籍问题往往引起国家间的纠纷。

（3）对第三国来说，双重国籍给第三国对外国人的管理带来不便。

由此可见，双重国籍问题无论对个人，还是对国籍国和第三国，都会产生严重的后果，因此必须认真加以解决。

解决双重国籍的问题，主要是消除已经存在的个人双重国籍的问题，以及防止今后产生双重国籍的问题。主要有下述途径。

（1）国内立法。这是防止和减少双重国籍产生的有效办法。各国在制定国籍法时，应避免制定可能产生双重国籍的条款，或从积极方面制定避免产生双重国籍的条款。

（2）双边条约。就是有关国家在平等的基础上，通过协商达成协议，签订双边条约，以解决两国间存在的双重国籍问题。

（3）国际公约。为了解决双重国籍问题，国际上签订了一些国际公约。这些规定对于防止和减少双重国籍问题起到一定作用。

2. 国籍的消极冲突

国籍的消极冲突，是指一个人不具有任何国家的国籍，又称无国籍。

无国籍产生的原因，也是由于各国国籍法的不同规定。具体说，主要有以下原因。

（1）由于出生。一对无国籍的夫妇在采取纯血统主义的国家所生的子女，或者一对采取出生地主义国家的夫妇在采取纯血统主义国家所生的子女，就是无国籍人。

（2）由于婚姻。一个采取婚姻影响国籍原则的国家的女子与一个采取婚姻不影响国籍原则的国家的男子结婚，就会产生无国籍人。

（3）由于收养。一个采取收养影响国籍原则的国家的被收养人为一个采取收养不影响国籍原则的国家的收养人所收养，就产生无国籍人。

（4）由于剥夺。某些国家的国籍法和有关法律规定有剥夺国籍的条款。如果一个人由于某种原因被剥夺了国籍，在未取得新国籍之前，他就是一个无国籍人。

无国籍人不具有任何国家的国籍，现在多数国家对无国籍人通常给予一般外国人的待遇。但当他的利益遭到侵害时，他不能请求任何国家给予外交保护，而任何国家也不会给予外交保护。无国籍人是不能享受根据互惠原则给予某些特定国家的公民的优惠待遇的。解决无国籍问题，通常采取国内立法和签订国际公约两种方法。

### （四）《中华人民共和国国籍法》

1980年9月10日，中华人民共和国第五届全国人民代表大会第三次会议通过，并于同日公布施行的《中华人民共和国国籍法》是新中国建立以来颁布的第一部国籍法。

《中华人民共和国国籍法》的基本原则有以下五项。

（1）各族人民平等地具有中国国籍原则。这项原则包含两方面的意义：其一，是说我国境内各民族的人民都具有中国国籍。其二，是说我国各族人民所具有的国籍，是统一的中华人民共和国的国籍。这一原则，既反对了歧视少数民族的大民族主义，也反对了少数民族中的分裂主义。

（2）不承认中国公民具有双重国籍原则。根据这一原则，我国国籍法作了下述规定。

定居外国的中国公民，自愿加入或取得外国国籍的，即自动丧失中国国籍。

父母双方或一方定居在外国的中国公民，本人出生在外国，具有中国国籍，但本人出生时即具有外国国籍的，不具有中国国籍。

中国公民申请退出中国国籍获得批准的，即丧失中国国籍。

外国人申请加入中国国籍获得批准的，即取得中国国籍，但不得再保留外国国籍。

曾经有过中国国籍的外国人被批准恢复中国国籍的，不得再保留外国国籍。

（3）在赋予原始国籍上采取血统主义和出生地主义相结合原则。国籍法规定：

父母双方或一方为中国公民，本人出生在中国，具有中国国籍。

父母双方或一方为中国公民，本人出生在外国，具有中国国籍；但父母双方或一方为中国公民并定居在外国，本人出生时即具有外国国籍的，不具有中国国籍。

父母无国籍或国籍不明，定居在中国，本人出生在中国，具有中国国籍。

因此，我国采取的血统主义和出生地主义相结合原则，是以血统主义为主，以出生地主义为辅的。

（4）男女国籍平等原则。这是指男女国籍具有同等的法律效力，不因性别不同而有所差异。主要表现在以下两方面。

在赋予原始国籍上，否定歧视妇女的父系血统主义，采取体现男女平等的双系血统主义。父母双方或一方为中国公民，不论出生在国内或国外，具有中国国籍。

在对待婚姻是否影响国籍的问题上，否定妻随夫籍的原则，采取妇女国籍独立的原则。

（5）国籍的加入、退出和恢复采取自愿申请和审批相结合的原则。中国国籍的取得、丧失和恢复，除因为出生而取得中国国籍外，必须办理申请手续，未满18周岁的人，可由其父母或其他法定代理人代为办理申请。加入、退出和恢复中国国籍的申请，由中华人民共和国公安部审批，经批准后，由公安部发给证书。

## 二、外国人的法律地位

### （一）外国人法律地位概念

外国人是指在一国境内，不具有居留国国籍而具有其他国籍的人。为了便于管理，无国籍的人也往往归入外国人的范畴。

双重国籍人，如果他所具有的两个国籍都不是居留国的国籍，属于外国人；如果他具有的国籍中有一个是居留国的国籍，居留国一般不把他作为外国人看待。

一国规定给予外国人何种法律地位，这是一国的主权范围之事，别国无权干涉，但是居留国在规定外国人的法律地位时，必须顾及：①关于外国人法律地位的国内法不能与本国承担的国际义务相违背。②不能违反国际法的基本原则和国际习惯法规则。③还应顾及外国人本国的属人管辖权。

外国人处于居留国的属地管辖之下，他必须遵守居留国的法律和法令。由于外国人同时处于国籍国的属人管辖之下，他仍然负有效忠本国的义务，当他的合法权益受到侵害而用尽当地救济方法未获解决时，可以获得本国的外交保护。

### （二）对外国人入境、居留和出境的管理

#### 1. 入境

根据国家主权原则，国家有权准许或拒绝外国人入境。在现代国际社会里，各国在互惠的基础上都允许外国人为合法的目的而入境的，但一般都

要求持有护照和经过签证。也有些国家，他们之间在互惠的基础上，通过协议，互免签证。

一国为了本国的安全和利益，有权拒绝某些外国人入境，如精神病患者、某种传染病患者、刑事罪犯等，但是不应有任何歧视。

2. 居留

外国人可以根据居留国的法律法令和有关的国际条约或协定的规定，在该国作短期、长期或永久居留。但是，是否允许外国人居留，这是接受国自行决定的事，任何外国人没有主张接受国必须准予居留的权利，任何国家也不能主张它的国民有在外国领土内居住的权利。

外国人在居留期间的权利和义务由居留国的法律规定，按照国际实践，外国人的民事权利（包括人身权、财产权、著作权、发明权、劳动权、受教育权、婚姻家庭权和继承权）和诉讼权等，一般都受到居留国的保护。至于本国人享受的政治权利，外国人一般是不能享受的。外国人在居留期间，必须遵守居留国的法律法令，交纳捐税，接受居留国的属地管辖。但外国人一般没有服兵役的义务。

3. 出境

外国人出境，只要符合所在国有关出境的规定，就应允许他出境。各国法律一般都规定，外国人出境，必须没有未了结的司法案件或债务，交清他应交纳的捐税，办理了出境手续。对于合法出境的外国人，应允许按照居留国法律的规定，带走其合法财产。

根据国际法，一国不得禁止外国人合法离境。但在特定情况下，可以限令外国人离境，或将他驱逐出境。

（三）外国人的待遇

1. 国民待遇

国民待遇是指国家在一定范围内给予外国人与本国公民相同的待遇，即在同样条件下，外国人所享受的权利和承担的义务与本国人相同。根据这种方式，第一，国家给予外国人的待遇不低于给予本国人的待遇；第二，外国人不得要求任何高于本国人的待遇。

根据国际实践，国家给予外国人国民待遇，是限制在一定范围内的。一般限于民事权利和诉讼权利，至于政治权利，外国人一般不能享有。

国民待遇通常是国家之间在互惠原则的基础上互相给予的，体现了国家之间的平等关系。

2. 最惠国待遇

最惠国待遇是指一国（施惠国）给予另一国（受惠国）的国民或法人的待遇，不低于现时或将来给予任何第三国国民或法人在该国的待遇。

最惠国待遇一般是通过条约中的最惠国条款给予。最惠国待遇通常也是国家之间在互惠原则的基础上互相给予的。

最惠国待遇也是限定在一定范围内的，通常适用于经济和贸易等方面。最惠国待遇通常不适用于以下情形：第一，给予邻国的利益、特惠、特权和豁免（如边民往来不按一般入境、出境办理手续）；第二，关税同盟范围内的优惠；第三，因参加自由贸易区或优惠贸易区而取得的优惠；第四，经济共同体范围内的优惠。

3. 差别待遇

差别待遇是指国家给予外国人不同于本国公民的待遇，或给予有不同国籍的外国人不同的待遇。它包括两种情况：一是指国家给予外国公民或法人的民事权利，在某些方面少于本国公民或法人。二是指对不同国籍的外国公民和法人给予不同的待遇。

采取差别待遇不能有任何歧视。如果采取的差别待遇是歧视性的，则是违反国际法的。

4. 互惠待遇

互惠待遇是指国家之间根据平等互惠的原则，互相给对方公民在税收优惠、互免入境签证、免收签证费等方面的待遇。

### （四）外交保护

外交保护泛指一国通过外交途径对在国外的本国国民的合法权益所进行的保护。国家有权对其在国外的本国国民的合法权益进行外交保护，这是国家属人优越权的重要内容之一。外国人的本国为其国民提供外交保护必须具备两个基本条件：第一，被保护的外国人必须具有保护国的国籍，因为外交保护权源于属人管辖权。当然，如果一个外国政府与提供保护的国家缔结有相反的条约的，不在此例。但是一个国家有权拒绝外国对自己的国民的保护。第二，在所在国已经“用尽当地救济”。即在提出外交保护之前，受害人必须用尽当地法律规定的一切可以利用的救济方法，包括行政和司法救济。这些方法用尽之后仍得不到合理的救济时，才可提出外交保护。

## 三、引渡和庇护

### （一）引渡

1. 引渡的概念

引渡是指一国应外国的请求，把在其境内被外国指控为犯罪或判刑的人，移交给请求国审理或处罚的一种国际司法协助行为。

引渡以条约为依据。在国际法上，国家没有引渡罪犯的义务，除非它根据条约承担了这种义务。在没有条约的情况下，国家是否向他国引渡罪犯，完全是它根据主权自由决定的事。

2. 引渡规则

从国家间签订的引渡条约、各国的引渡法以及各国进行引渡的实践来看，在引渡罪犯的问题上，已形成以下一些公认的国际习惯法规则。

（1）请求引渡的主体指有权请求引渡的国家，一般是对罪犯主张管辖权的国家。有以下三类国家：①罪犯本人所属国。根据国家的属人优越权，国家对于本国人在外国的犯罪行为具有管辖权，因此，罪犯的所属国有权要求引渡。②犯罪行为发生地国。根据国家的属地优越权，不管罪犯是否本国人，只要犯罪行为发生在该国，该国就有权请求引渡。③受害国。根据国家属地优越权的延伸原则，国家享有保护性管辖权。因此，尽管犯罪行为发生地不在本国，甚至犯罪人也不属于本国人，但是犯罪行为的后果及于该国，该国就可以行使管辖权，因而有权请求引渡。

以上三类国家对罪犯都有权提出引渡要求。但是，如果这三类国家同时都对同一罪犯提出引渡要求时，原则上，被请求国有权决定把罪犯引渡给何国。有些国际公约对这个问题作了具体规定。

（2）引渡的对象。引渡的对象是指被某国指控为犯罪或判刑的人。他可以是请求引渡的国家的国民，也可以是被请求引渡的国家的国民，还可以是第三国的国民。但是大多数国家基于维护本国的属人优越权的考虑，均不允许向外国引渡本国国民。这叫作本国国民不引渡原则。只有英、美等极少数国家不拒绝引渡本国国民。

（3）政治犯不引渡原则。政治犯不引渡，是法国资产阶级革命以后，通过西欧一些国家的国内立法和各国间的引渡条约的规定，逐渐形成的一项原则。现在已成为各国公认的国际法原则。但是，这项原则实施起来是困难的。因为：①关于政治犯的含义和范围缺乏明确性，各国的解释不尽一致，而且有的政治活动兼有普通罪行，即所谓相对的或混合的政治犯罪，如何适用这一原则，就很困难。②对于某种犯罪行为是否是政治犯的决定权，属于被请求引渡的国家，因此政治犯不引渡原则可能被歪曲或滥用。

（4）双重犯罪原则与罪名特定原则。双重犯罪原则又称相同原则，是指被请求引渡人的行为，必须是请求引渡国和被请求引渡国双方法律都认定是犯罪并可以起诉的行为。罪名特定原则又称同一原则，指请求国在将被引渡人引渡回国后，只能以请求引渡时所主张的罪名进行审判或惩处，不得以不同于引渡罪名的其他罪名进行审判或惩处。

（5）引渡的程序。引渡的程序通常在引渡条约或有关引渡的国内立法中加以规定。引渡罪犯的请求与回复，一般通过外交途径办理。

（6）引渡的效果。请求引渡国即可根据其法律对罪犯进行审判，但是根据罪名特定原则，对该罪犯，请求国只能就其请求引渡时所指控的罪名加以审判和处罚。如果请求国对被引渡的人就另外的罪名审判和处罚，被请求引渡国是有抗议的权利的。

被引渡的罪犯是否可以由原来的请求国转交给第三国，国际实践并不一致。有些条约规定，未经被请求国同意，请求国不得将被引渡人转交（再引渡）给第三国。

（二）庇护

1. 庇护的概念

庇护是指国家对于遭受追诉或迫害而来避难的外国人，准其入境和居留，给以保护，并拒绝将他引渡给另一国的行为。这种庇护也叫领土庇护。

庇护是国家的主权行为，是国家从它的属地优越权引申出来的权利。对于请求政治避难的外国人，是否给予庇护，由给予庇护的国家自行决定。

根据联合国大会1967年12月14日通过的《领土的庇护宣言》的规定，凡犯有“危害和平罪、战争罪或危害人类罪之人”，不在庇护之列。从第二次世界大战后引渡和惩处战争罪犯的实践看，各国对犯有上述国际罪行的人是不予庇护的。被国际公约和习惯国际法确认犯有国际罪行的其他罪犯，如海盗、贩毒、贩奴等罪犯，以及一般公认的普通刑事罪犯，也都不属于庇护对象。

2. 受庇护的人的地位

受庇护的外国人通常称为政治避难者，同一般外国侨民一样，处于所在国领土管辖权之下，遵守庇护国的一切法律法令，在所在国保护之下，可以在该国居留，不被引渡，也不被驱逐。根据《领土庇护宣言》第四条的规定，给予庇护之国家不得准许享受庇护之人从事违反联合国宗旨与原则之活动。

3. 关于域外庇护的问题

域外庇护又称外交庇护，是指在驻在国的使馆、领事馆、军舰和商船内给避难者以庇护，即庇护国在外国领土上庇护外国人。现代国际法并不承认这种庇护。

## 四、难民的法律地位

（一）难民的定义和范围

广义上的难民是指因政治迫害、战争或自然灾害而被迫离开其本国或其经常居住国而前往别国避难的人，包括政治难民、战争难民和经济难民，狭义上的难民，仅指政治难民。

根据1951年7月联合国《关于难民地位的公约》和1967年《难民地位议定书》的规定，难民是指因有正当理由畏惧由于种族、宗教、国籍、属于某一社会团体或具有某种政治见解的原因遭受迫害而留在其本国之外，并且由于此项畏惧而不能或不愿受该国保护的人，或者不具有国籍并由于上述事情留在他以前经常居住的国家以外而现在不能或由于上述畏惧不愿返回该国的人。但上述定义不适用于当时从联合国难民高级专员以外的联合国机关或机构获得保护或援助的人；被其居住地国家主管当局认为具有附着于该国国籍的权利和义务的人；有重大理由足以认为犯有破坏和平罪、战争罪或违反人道罪，或在以难民身份进入避难国以前曾在避难国以外犯过严重非政治罪行，或曾有违反联合国宗旨和原则的行为并经认为有罪的人。

1969年非洲统一组织首脑会议通过了《非统组织关于非洲难民某些特定方面的公约》，公约在保留了上述普遍性难民定义的同时规定："难民"一词也适用于由于其居住国或国籍国部分或全部遭到外来侵略、占领、外国统治或出现严重危害公共秩序事件而被迫离开自己的习惯居住地而在其居住国或国籍国以外的地方寻求避难的任何人。1984年11月，十几个拉美国家通过了《卡塔西拿宣言》，建议对本区域使用的难民定义作扩大性的解释，以包括由于其生命、安全、自由受到普遍暴力、外国入侵、国内武装冲突、大规模侵犯人权或其他严重危害公共秩序的情况的严重威胁而逃离本国的人。

此外，联合国难民署在70年代以后的职权和工作范围实际上也已超出了其规章所规定的难民定义的范围，包括了"流离失所者"和"寻求庇护者"等。

### （二）难民的法律地位

根据1951年难民公约和1967年议定书的规定，难民的法律地位主要体现为以下两个方面。

1. 难民的入境、居留和出境

1951年公约和1967年议定书的缔约国并不负有主动接受难民入境并准其在本国居留的积极义务，但在拒绝难民入境、居留以及将之驱逐出境等方面则受到了以下限制：

①对于未经许可进入或逗留于缔约国领土但毫不迟延地自动向有关当局说明了正当理由的难民，该国不得因该难民非法入境或逗留的事实本身而对之加以惩罚；该国如决定不予接纳，应给此类难民以获得另一国入境许可的合理期间和必要的便利；在此类难民在该国取得正常地位或者获得另一国入境许可之前，该国不得对之加以不必要的限制；

②对于合法在缔约国境内的难民，该国除非基于国家安全或公共秩序的理由且根据法定程序做出的判决，不得将之驱逐出境；对于决定予以驱逐的难民，该国应给他们一个合理的期间，以便其取得合法进入另一国家的许可；

③除非有正当理由认为难民足以危害其所在的缔约国的安全，或难民已被确定的判决认为犯过特别严重罪行从而构成对该国社会的危险，该国不得以任何方式将难民驱逐或送回（“推回”）至其生命或自由因为他的种族、宗教、国籍、参加某一社会团体或具有某种政治见解而受到威胁的领土边界。此即“不推回原则”。

2. 难民的待遇

一个人经申请获准取得难民地位后，难民本人及其家庭成员便可以根据1951年公约和1967年议定书，在缔约国境内负有遵守所在国的法律、规章以及该国为维持公共秩序所采取的措施的一般义务，同时享受所在国赋予的权利和待遇。难民待遇中最主要的一条就是缔约国不得以任何方式将难民驱逐或送回（“推回”）至其生命或自由因为他的种族、宗教、国籍、参加某一社会团体或具有某种政治见解而受威胁的领土边界。

## 五、国际人权法

### （一）国际人权概述

1. 人权的概念

人权是指人所享有或应享有的基本的、不可剥夺的权利，是人的基本价值和尊严的体现。近200年来，人权问题大体经历了一个由政治口号到革命纲领和实践，从国内法律意识和法律实践到国际性文件和实践直至形成国际人权法的发展过程。

2. 国际人权的基本内容

国际人权的基本内容包括集体人权和个人的基本权利和自由。

（1）集体人权。集体人权是指以个人组成的集体（包括民族、国家和整个人类社会）为权利主体的自决权、发展权、国际和平与安全权、环境权、接受人道主义援助权等，其中以自决权和发展权最为重要。自决权又称民族自决权，是指在外国奴役和殖民统治下的民族有权决定其政治地位及自由从事其经济、社会与文化的发展，并摆脱殖民统治，建立民族独立国家的权利。任何国家以任何方式阻碍、干涉、破坏或剥夺自决权的行为均构成国际不法行为，有关行为国应承担国际责任。发展权是指所有国家和民族都有决定自由谋求他们的经济、社会和文化的发展的权利。发展权的最终目的是实现世界各国的共同发展和共同繁荣。

（2）个人的基本权利和自由。关于个人的基本权利和自由的内容主要体现在关于“世界人权宪章”部分。

（二）国际人权保护公约

作为国际法的一个新分支，国际人权法是有关人权国际保护的国际条约、国际习惯法和一般法律原则的总称。有关人权保护的专门性国际条约和其他条约中的人权条款，是国际人权法的主要渊源。其中，《联合国宪章》奠定了战后国际人权活动的法律基础；而《世界人权宣言》和1966年两项人权公约则构成了战后国际人权法的核心，被称为“国际人权宪章”，其内容和模式对之后的众多人权条约都具有“母法”意义。

国际人权保护公约包括三部分：《联合国宪章》，国际人权法的基本体系即世界人权宪章（包括《世界人权宣言》《经济、社会、文化权利国际公约》和《公民权利和政治权利公约》），专门性国际人权公约（包括《防止及惩治灭绝种族罪公约》《消除一切形式种族歧视国际公约》《禁止并惩治种族隔离罪行国际公约》《消除对妇女一切形式歧视公约》《禁止酷刑和其他残忍、不仁道或有辱人格的待遇或处罚公约》）及区域性人权公约（包括《欧洲人权公约》《美洲人权公约》《非洲人权和民族权宪章》）。

（三）人权的国际保护

1. 人权国际保护机构

为了确保国家尊重人权，实施人权的国际保护，国际社会中设立有为数众多的国际人权机构，包括联合国体系内的人权机构和区域性人权机构。

2. 人权国际保护的实施制度

人权国际保护的实施是指以《联合国宪章》和国家间签订的有关国际人权公约为依据，通过相关国际机构和程序，监督并保证各国履行其所承担的国际人权条约义务，以在世界范围内确保基本人权的普遍和充分实现并对侵犯人权的行为加以防止与惩治。第二次世界大战后的各主要国际人权公约在确认各种权利与自由的同时，一般都有专门条款对人权保护的实施予以规定，从而使包括联合国在内的众多国际组织分别建立了监督和保证有关国家履行其人权义务的机构和程序，在此基础上初步形成了人权国际保护的制度体系。一是联合国处理大规模侵犯人权的程序和制度，二是多边性国际人权条约的实施制度。

## 思考题

1. 如何理解国际法上的个人？
2. 如何理解外国人的法律地位？
3. 引渡和庇护的区别？

# 第四讲　国 际 组 织

内容摘要

作为国际法主体的国际组织是指政府间的国际组织，国际组织作为国际法的主体是派生性的，其权利能力和行为能力是由成员国通过作为国际组织章程的国家协定赋予和限定的。它享有权利和承担义务的能力是在一定限度之内的。国际组织、国际组织制度、联合国及区域性国际组织是本讲的内容。

## 一、国际组织概述

### （一）国际组织的概念及特征

1. 国际组织的概念

国际法上的国际组织是指政府间的国际组织，是由两个以上的国家通过符合国际法的协议而创立的，具有常设体系或机构的一种国家联盟或国家联合体。

2. 国际组织的特征

国际组织在国际法上具有下述特征。

（1）国际组织是主权国家之间的组织。国际组织是国家之间的组织，国际组织的参与者主要是国家，虽然少数国际组织也接纳某些非国家的政治实体或地区为准会员甚至正式成员，但组织的主要主体是国家。国际组织不是超国家的组织，其权力来源于成员国的授权，国际组织不得违反国家主权原则，干涉本质上属于成员国国内管辖的事项。成员国之间是平等的。

（2）国际组织是为了国际合作而建立的。国际组织是为满足国家间合作的需要而创立的，同时也是实施国际合作的工具。成员国间的合作既是国际组织的宗旨，又是该组织的基本职能。只有极个别国际组织是以一体化作为其目标和职能。

（3）国际组织是依国家间正式协议而创立。一项由成员国缔结并符合国际法，阐明组织宗旨、结构、职权、程序规则的多边条约，是国际组织成立和运作的法律基础，该多边条约通常称作组织的基本文件或组织法，国际组织的所有活动均不得超出这一基本文件所规定的范围。

（4）国际组织具有独立的法律人格。国际组织具有自己独立的法律人格和意志，有独立于成员国的权利能力和行为能力。其行动的自主权存在于自身的不从属于成员国的机构体系和决策程序。

（5）国际组织拥有一套常设机构。国际组织拥有一套承担一系列持续职能的常设机构，这也是它区别于国际会议的组织特征。

### （二）国际组织的类型

现代国际组织名目繁多，其宗旨、职能、组织形式及程序各有不同且数量以万位数字来计量，对如此众多的国际组织可以从不同的角度来分类，常见的组织类型有以下几种类型。

1. 一般性国际组织和专门性国际组织

这根据国际组织活动宗旨和职权范围作为分类标准。一般性国际组织具有广泛的宗旨和职能，涉及政治、经济、社会、文化和军事等各方面；专门性国际组织则只具有专门性职能，限于某一特定领域。

2. 全球性国际组织与区域性国际组织

这是根据国际组织的地域特点作为分类标准。全球性国际组织不分地理位置，对世界所有国家开放，各国均可加入成为其成员；区域性国际组织则是某一地区国家参加，且其职权也以该地区为限的国际组织。

3. 开放性国际组织与封闭性国际组织

这是根据国际组织对成员资格条件的限制作为分类标准。开放性国际组织是对一切国家开放。封闭性国际组织以不同的标准又可分为三种类型：第一种主要是区域性国际组织；第二种是有着相同或相似背景的国家组成的封闭性组织，相同或相似背景可以是政治的、军事的、经济的，也可以是文化的、民族的、宗教或意识形态的；第三种是封闭性职能性组织，这类组织的职能限定于某一特别领域。

4. 国家间国际组织与超国家国际组织

这是根据国际组织与成员国之间关系作为分类标准。国家间国际组织是指主要机构由成员国代表组成，国际组织的权力只及于成员国，不能对成员国的国民直接行使权力的组织；超国家的国际组织是指组织的权力机构独立于成员国，有权做出拘束成员国及其国民的决议，还可以不依靠成员国的机构可以直接执行其决议的国际组织。目前，世界上唯一的超国家间国际组织是欧洲联盟（以前是欧洲共同体）。

5. 与联合国有关的国际组织与联合国无关的国际组织

这是根据国际组织与联合国之间的关系作为分类标准。

如此繁多的国际组织在世界事务中的作用在不断加强，给现代国际关系带来深刻变化的同时，也极大地促进了当代国际法的发展，以至于在第二次世界大战后，产生了国际法的一个分支——国际组织法。

### （三）国际组织的法律地位

国际组织的法律地位即国际组织的法律人格，包括国际组织对内和对外关系两个方面的内容。即国际组织是否有与其成员交往的法律人格，国际组织是否具有与非成员国以及其他国际组织交往的法律人格。

传统的国际法中，只有国家被认为具有国际法律人格。随着国际组织日益成为国际关系的参加者，其国际法律人格也得到国际社会的承认，但是任何国际组织的法律人格都不是其本身所固有的，而是依据组织的基本文件的规定而取得的。

国际组织是国际法主体，而且是有限的或派生的国际法主体。虽然国际组织具有国际法律人格，但国际组织与国际法基本主体的国家的国际人格是有区别的。国际组织的国际人格是派生的而不是本身所固有的，是成员国通过基本文件授予的或从基本文件中引申出来的，它只能在一定范围内和一定程度上参与国际法律关系，具有一定限度的权利能力和行为能力，这种法律人格的局限性是国际组织法律地位的重要特征。

## 二、国际组织制度

国际组织制度包括国际组织成员、国际组织机构及其职能、国际组织的活动原则。

（一）国际组织成员

国际组织的成员是国际组织法的一个基本问题。国际法主要研究政府间国际组织，所以国际组织的成员主要是国家，但在特定情况下，正在争取独立的民族、政治实体，甚至国际组织本身也可以成为国际组织的成员，但它们在国际组织中所处的地位是不同的，这种地位决定了其权利义务也不同，因此国际组织的成员有正式成员和非正式成员。正式成员包括完全成员和部分成员；非正式成员包括联系成员和观察员等。

（二）国际组织机构及其职能

国际组织依据其基本文件的规定，分别设有职能不同的各种机构。机构与职能的制度化是现代国际组织的基本特征之一。国际组织的内部机构按照职能需要的原则，大致有以下五类机关。

1. 权力机关——议事与决策机构

这类机构是国际组织根据各自的基本文件设立的最主要的权力机关，由全体会员国组成，通常被称为大会或代表大会、全体会议，少数经济组织则称作理事会。

2. 执行机关——执行与主管机构

执行与主管机构是由议事决策机构选举产生的部分会员组成的，它负责具体处理本组织承担的专业性问题，通常称作理事会或委员会、董事会、执行委员会、执行局等。理事会有权在职能范围内做出对成员国有拘束力的决议，并积极参与大会的决策过程。在国际组织实践中，理事会的地位和作用有加强的趋势。

3. 行政机关——行政与管理机构

行政与管理机构是国际组织内为其他机构提供服务的常设性行政与管理部门，处理组织的日常管理事务，执行各机构制定的方针政策和计划方案。当代现存的绝大多数国际组织中，行政与管理机构被称为“秘书处”，其最高首长被称为“秘书长”“总干事”“执行秘书”等。

4. 辅助机构——辅助与工作机构

国际组织各主要机构可依基本文件的规定设立各种辅助与工作机构。该类机构可以是常设的也可以是临时性的，可以由全体成员国代表组成也可以由部分成员国代表组成，但通常是由技术专家以个人身份参加，负责某一类专门领域或某一专门事项的技术性、行政性事务。这类机构多数是技术性、咨询性委员会，讨论、研究各主要机构职能范围内的技术性问题，提交报告、建议或草案，协助、辅助主要机构工作。由于这类机构的组成和形式很灵活，在国际组织活动时在工作层承担了具体实务，为各组织正常运转所必需，因此，它们在国际组织中广泛存在。

5. 司法机构

少数国际组织内设立有专门负责审理法律问题及通过司法手段解决国际争端的司法机构。

### （三）国际组织的活动原则

从某种意义上说，国际组织是一种常设性、制度化的国际会议形式，国际组织的主要活动就是召开和举行会议。会议的进行必须按照一定的程序规则进行，国际组织的活动规则就是指国际组织在行使其职能、召开各种会议进程中所遵循的规则和制度，通常包括会议制度、决策程序和表决制度等。

1. 会议制度

国际组织的各类机构依其性质、地位和职能的不同，所举行的会议也完全不同。一般来说，国际组织的会议有常会和特别会议，或称为定期会议和不定期会议两种。

常会是定期召开的，一般组织的大会和理事会定期召开；不定期会议是专门针对某一特定问题而召开的。会议制度在各国际组织的基本文件中都会做出明确规定，各组织及同一组织内各机构的会议制度不尽相同，具体规定取决于各自议事规则。

2. 决策程序

决策程序是国际组织各机构在其职权范围内，依一定程序规则，提议、起草、讨论、通过各种决定以及决定生效、终止的一个工作过程。决策是国际组织实现其宗旨、履行其职责的主要方式，通常包括动议的提出、文本的起草与讨论、表决、生效与终止等环节。

（1）提出动议。任何可能导致决定产生的提议称为动议。通常在国际组织中享有动议权的是会员国政府、秘书处及组织内的独立的专家机构。

（2）起草与讨论文本。一项动议被接受后，开始起草决议草案，决议草案通常由动议者或部分会员国或有关辅助机关负责拟定，草案拟定后要经过相关的机构讨论与表决，因此必须在召开会议前一定时间内提交，以便于会员国研究，所有的会员国都有权在讨论中对草案发表意见。为避免一项草案的讨论无限期拖延，通常对决策过程规定了一定的时间限制，但对重大项目的决策可不受限制，而以会员国协议的时间表为准。

（3）表决提案。表决通常采取投票表决，或不进行投票的协商一致程序进行。

（4）决定生效和终止。国际组织的大多数决议案一旦通过即告生效，但对于具有拘束力的决定通常需要在一定时期后才产生法律效力，需要两个机关分别参与的决定，须在两机构达成协议后方可生效。在某些情况下，一个机关决定的生效需要上级机关的批准，还有些国际组织的重要决定，需要会员国明示同意后才能生效。决议生效后，对签署批准国发生法律效力，会员国退出组织后通常不受组织决定的约束，但组织以决定形式宣布普遍适用的国际法原则或规则，其有效性不受会员国退出的影响。当组织宣布解散时，其有拘束力的决定自然失效，如果这些决定已存在于会员国法律秩序内，或存在于其他国际组织内，或已形成国际习惯法，则继续有效。

国际组织的决定可以被修改，其被修改部分的原有内容的效力即告终止，对一项决定的最彻底修改就等于该决定的撤销。

3. 表决制度

表决制度即国际组织中的表决，是指成员国对组织决议草案表示赞同或反对的具体方式，是组织决策程序的核心。这种制度建立在国家主权平等的原则基础上。

各种国际组织的表决制度大致可以分为以下几种类型。

（1）一国一票一致同意制。一国一票一致同意制是指所有成员国都平等享有一个投票权，组织决议须经出席会议并参加投票的全体成员国同意方可通过。这种制度建立在国家主权平等的原则基础上的，在19世纪和20世纪初一直为国际会议的表决原则。

（2）一国一票多数表决制。一国一票多数表决制是指各成员国平等享有一个投票权。组织决议只需获得出席并参加投票的多数成员国赞同即可通过。这里的多数表决分为简单多数与特定多数两种，前者指出席并参加表决的会员过半数即可通过，它主要适用于程序性事项及不很重要的决议，后者要求达到多于简单多数的票数，多适用于比较重要问题的表决。所谓特定多数在通常情况下以2/3为准，但也有规定为3/4，4/5甚或更高的比例。

（3）一国数票加权表决制。在某些涉及经济、金融事务的国际组织中，会员国享有不同数量或质量的投票权，即所谓加权投票权，其分配标准是根据成员国的经济实力、人口多少、对组织的财政贡献或承担责任的大小来确定。加权表决制有多种表现形式，最常见的是适用于金融组织中的基本投票权与加重投票权相结合模式。该制度体现了权利和义务相对应的原则，但又造成了成员国之间在决策过程中的不平等。

（4）协商一致的决策程序。协商一致的决策程序是指经过成员国间广泛协商，没有正式的反对意见，无须投票而对议案达成一致合意。协商一致的决策程序是20世纪60年代以来逐渐形成的一种新决策程序，要求对协商的问题在基本点一上达成一致，在非基本点上的不问意见，允许以解释和保留的方式提出，并予以记录。该程序避免了硬性投票表决带来的弊病，维护了国家间主权平等和民主协商的原则。

## 三、联合国

联合国是根据1945年在美国旧金山签订的《联合国宪章》成立的。它是迄今最重要的全球性、普遍性国际组织，在国际社会中发挥着不可替代的作用。同时，一批在各自领域起重要作用的专门性国际组织，通过与联合国的关系协定而成为联合国的专门机构，从而构成了联合国组织体系。

（一）联合国的宗旨和原则

1. 联合国的宗旨

《联合国宪章》将联合国的宗旨规定为下述四项。

（1）维持国际和平与安全。维持国际和平与安全是联合国的首要目的。为了达到这一目的，宪章规定：采取有效的集体安全措施，防止和消除对和平的威胁，制止侵略和对和平的破坏，用和平方法按照正义和国际法原则调整或解决可能导致破坏和平的国际争端或情势。

（2）发展各国间的友好关系。宪章规定：发展国际间以尊重人民平等权利及自决原则为根据之友好关系，并采取其他适当办法，以增进普遍和平。各国人民平等及民族自决原则是发展各国友好关系的基础，没有这个基础，就谈不上各国友好关系，世界和平也无法得到保证。

（3）促进国际经济、社会及文化等方面的合作。宪章规定：促进国际合作，以解决国际间属于经济、社会、文化及人类福利性质之国际问题，且不分种族、性别、语言或宗教，增进并激励对于全体人类之人权及基本自由之尊重。

（4）构成协调各国行动的中心。宪章规定：以联合国作为协调各国行动之中心，以达成上述共同目的。这里强调，联合国应当成为协调国家行动并使之进行协作的重要场所。其主要活动方式是通过彼此协商，取得协调，以实现上述各项规定。

2. 联合国的原则

为了实现联合国的宗旨，宪章第2条规定了联合国及其会员国应遵循的七项原则：①联合国系基于各会员国主权平等之原则；②会员国应一秉善意，履行其依宪章所负担之义务；③各会员国应以和平方法解决国际争端；④各会员国在其国际关系中不得使用武力威胁或武力，或以与联合国宗旨不符之任何其他方法，侵害任何会员国或国家之领土完整或政治独立；⑤会员国对于联合国依宪章规定而采取的行动，应尽力予以协助；⑥联合国在维持国际和平及安全之必要范围内，应保证非联合国会员国遵行上述原则；⑦本宪章不得被认为是授权联合国干涉在本质上属于任何国家国内管辖之事件。

### （二）联合国的会员国

截至2012年，联合国会员国共有193个，其中创始会员国有51个。对于联合国会员资格的取得和丧失，《联合国宪章》在第二章作了明确规定。

1. 联合国会员资格的取得

宪章第4条规定：凡爱好和平的国家，接受宪章所载义务、经联合国认为确能并愿意履行这些义务者，在经安理会推荐、大会决议后，均可被接纳为联合国会员国。即依据宪章规定，各国不论社会制度如何，都可加入联合国。

根据取得会员资格程序上的不同，联合国会员国分为创始会员和纳入会员两类。创始会员国和纳入会员国在权利和义务上完全相同。创始会员国是指参加了旧金山会议或以前签署《联合国宣言》的国家，签署了宪章并依法予以批准的国家。联合国创始会员国共有51个。纳入会员国是指根据宪章规定的条件和程序被接纳的会员国。

实践中，联合国接纳新会员的程序如下：第一步，有关国家按规定向联合国秘书长提出申请；第二步，由秘书长将申请交安理会下设的“接纳新会员委员会”进行审查并提出审议报告；第三步，安理会审议后，若同意其申请则向大会推荐；第四步，大会审议后，经2/3多数表决通过并作出决议，接纳该国为会员国。

2. 联合国会员资格的丧失

根据联合国宪章规定，以下三种情况下会员国丧失其会员资格。

（1）会员国被开除。根据宪章第6条规定：联合国会员如有屡次违反本宪章原则的情况，可以将其从本组织中除名。开除会员国，大会经安理会的建议，以2/3多数决议将其开除出联合国。但自联合国成立以来，迄今为止，尚未适用过这一规定。

（2）会员国权利被中止。根据宪章第5条规定：联合国会员国，业经安全理事会对其采取防止或执行行动者，大会以安全理事会建议，可以停止其会员权利及特权的行使。此项权利及特权行使，可由安全理事会予以恢复。

此外，宪章第19条规定：凡拖欠本组织财政款项的会员国的拖欠数目如等于或超过前两年所应缴纳的数目时，即丧失其在大会的投票权。但是，如果大会认定欠款的原因是由于会员国无法控制的情况如自然灾害、严重的政治动荡、经济危机等，则可准许投票，但欠款会员国一旦缴纳足够恢复其投票权的欠款后，投票权即应恢复。

（3）会员自动退出。联合国宪章对于会员国自动退出的问题没有做出专门规定，但会员国作为主权国家显然是保有自动退出组织的权利。

### （三）联合国的主要机关

联合国有六个主要机关：大会、安全理事会、经济及社会理事会、托管理事会、秘书处、国际法院。除此之外，各主要机关还设有执行其职能所必需的各种辅助机关。

1. 联合国大会

（1）联合国大会的组成。大会由联合国全体会员国组成，每一会员国可派5人出席大会，但只有一个投票权。除特别会议和特别紧急会议外，大会从每年9月的第三个星期二到12月25日举行一届为期3个月的常会。如果议程尚未结束，则在第二年春天继续举行会议。

大会不是一个立法机关，而主要是一个审议和建议机关。大会和安理会在联合国系统中处于中心位置。大会下设7个主要委员会：政治与安全委员会（第一委员会）；经济与财政委员会（第二委员会）；社会、人道与文化委员会（第三委员会）；非殖民化委员会（第四委员会）；行政与预算委员会（第五委员会）；法律委员会（第六委员会）；特别政治委员会（第七委员会）。1993年大会第47/233号决议将特别政治委员会与非殖民化委员会合并为一个特别政治与非殖民化委员会。

大会还设有总务、全权证书2个程序委员会，以及若干特别委员会。

（2）联合国大会的职权。大会具有广泛的职权，可以讨论宪章范围内或联合国任何机关的任何问题，但安理会正在审议的除外。大会的主要职权具体表现在：审议为维持和平与安全进行合作的一般性原则；讨论会员国、安理会或非会员国向它提出的有关和平与安全的任何问题并提出建议；提请安理会注意足以危及国际和平与安全的情势，并建议和平解决的措施；发动研究并提出建议，促进政治、经济、社会等方面的国际合作；提倡国际法的逐渐发展与编纂；促成全体人类的人权与基本自由的实现；接受并审议联合国其他机构的报告；选举安理会、经社理事会、托管理事会须经选举产生的理事国；和安理会各自平行选举国际法院法官；根据安理会推荐，委任联合国秘书长；接纳会员国；审议、批准联合国经常预算，确定各会员国应纳会费比例；审查各专门机构的行政预算等等。

（3）联合国大会的表决程序。大会表决实行会员国一国一票制，会员国不论大小，在大会只享有一个投票权。对于一般问题的决议采取简单多数表决，对于重要问题的决议，则须出席并参加投票的会员国2/3多数决议通过方为有效。重要问题包括关于维护国际和平及安全的建议，安理会非常任理事国的选举，经社理事会理事国的选举，依宪章规定选举托管理事会须经选举的理事国，接纳新会员国，会员国权利的停止和会员国的开除，施行托管制度的问题以及预算问题。近些年来大会以协商一致方式通过的决议不断增多。

2. 安全理事会

（1）安全理事会的组成。安全理事会简称安理会，由15个理事国组成（1965年前为11个），其中中国、法国、俄罗斯（原为苏联）、英国和美国是常任理事国，其余10国为非常任理事国。安理会非常任理事国由联合国大会选举，任期2年，不得连任。安理会主席的职位由安理会各理事国按照其国名英文字母的排列次序轮流担任，任期1个月。

（2）安全理事会的职权。安理会是联合国在维持国际和平与安全方面负主要责任的机关，也是唯一有权采取行动的机关。安理会采取常年性行使职能的组织形式。安理会的主要职权表现在：①在和平解决争端方面。促请争端各当事国用谈判、调查、调停、和解、仲裁、司法解决、利用区域机构或区域协定或当事国自行选择的其他方法解决争端；调查任何争端或情势，以断定其继续存在是否足以危及国际和平与安全；对上述性质的争端与情势，可以在任何阶段建议适当的调整程序或方法；可接受受理任何会员国、一定条件下的非会员国、大会或秘书长提请安理会注意的、可能危及国际和平与安全的争端或情势。②在维持和平、制止侵略方面。应断定任何对和平的威胁、破坏或侵略行为是否存在；促请各当事国遵行安理会认为必要或适当的为防止情势恶化的临时措施；建议或决定采取不涉及使用武力的强制措施，并促请会员国协同执行；如非武力措施不足以解决问题，可采取必要的军事行动，以维持或恢复国际和平与安全。所有会员国都有义务按特别协定，向安理会提供维持国际和平与安全所必需的军队、协助和便利。③其他方面。负责制定军备管制方案；在特定战略性地区行使托管职能，建议或决定为执行国际法院判决而应采取的措施；同大会平行选举国际法院法官；向大会推荐新会员国和联合国秘书长人选。

（3）安全理事会的表决程序。根据宪章的规定，安理会每个理事国有一个投票权。

对于程序性以外事项的决定，应以9个理事国的可决票决定之，其中应包括全体常任理事国的同意票在内。这表明常任理事国事有对实质性问题的否决权。但是当任何常任理事国或非常任理事国为争端当事国时，不得投票。

对于程序性事项的决议，获得任何9个理事国的可决票即可通过。但是，关于某一事项是否属于程序性事项这一先决问题，也必须以9个理事国，其中包括全体常任理事国的赞同票才能通过。这是说安理会常任理事国享有“双重否决权”，也有人称之为“五大国一致”原则。

此外，为了缓和安理会尖锐的表决矛盾，安理会在实践中已形成一个惯例，如果一常任理事国不支持某项决定，但又无意阻止该决定的通过，则可弃权，弃权被认为没有参加投票，常任理事国的弃权或不参加投票不构成否决，否决权问题是安理会表决制度的核心。

3. 经济及社会理事会

经济及社会理事会简称经社理事会，是在大会权力之下负责指导和协调联合国系统内各经济、社会、人权和文化活动的综合系统。经社理事会由54个理事国由大会选举产生，理事国的任期为3年，交替改选，每年改选l/3，可连选连任，每一理事国应有代表1人。

经社理事会每年举行两次各为期一个月的常会，其主要职权是：发动或作关于国际经济、社会、文化、教育、卫生等事项的研究和报告，并就此向大会、会员国，各专门机构提出建议；提出促进实现人权和基本自由的建议；就其职权范围内的事项召集国际会议，起草、提交公约草案；同各专门机构订立关系协定，协调专门机构的活动；依一定条件为会员国及专门机构提供服务；同重要的非政府组织进行磋商和联络。

经社理事会以简单多数通过决议，每个理事国享有平等的一个投票权。

4. 托管理事会

托管理事会是在大会权力之下负责监督托管领土行政管理的机关。该理事会由三类会员国组成：管理托管领土的联合国会员国、未管理托管领土的安理会常任理事国、由大会选举的必要数额的其他非管理托管领土的会员国（任期3年）。托管理事会的职权包括审查管理当局的年度报告，定期视察托管领土，接受并审查居民请愿书等。自联合国成立以来置于其托管制度下的领土共11块。这些领土在20世纪80年代已全部实现独立或自治。托管理事会的历史使命已完成，其地位与职能已成为联合国改革中亟待解决的问题。

5. 国际法院

国际法院是为和平解决国际争端而设立的联合国的主要司法机关，于1946年4月3日在荷兰海牙成立。其规约为联合国宪章的组成部分。法院由15名不同国籍的独立法官组成。法官经大会和安理会分别选举产生，任期9

年，可连选连任。国际法院的管辖权包括“各当事国提出的一切案件，以及联合国宪章或现行的条约和公约中特别规定的一切事项”。法院还可以应大会或安理会的要求，或应大会授权的专门机构的要求，提出咨询意见。（详见“国际争端解决”一章）

6. 秘书处

秘书处作为联合国主要机构之一，总部设在纽约。其任务是为联合国其他机关服务，并执行这些机关制定的计划和政策的常设行政机关。

秘书处由秘书长1人，副秘书长、助理秘书长若干人和联合国组织所需国际公务员组成。具体职责包括：在争端解决中进行斡旋和调解；管理维持和平的行动；同有关国家政府进行交涉；考察世界经济和社会趋势及问题；研究人权、自然资源等专门问题；组织国际会议；监督联合国各机关决定的执行情况；翻译发言和笔译文件；向世界新闻媒体提供服务等等。

秘书长是联合国的行政首长，由大会根据安理会的推荐任命，任期5年，届满后可连选连任一次。根据宪章的有关规定，大会有权拒绝安理会所推荐的候选人，但是大会无权任命安理会未推荐的人选为秘书长。在安理会推荐中，常任理事国享有否决权。秘书长除去其行政职能外，还担负将可能威胁国际和平与安全的任何事项提请安理会注意，通过斡旋协助解决国际争端的政治职责。值得注意的是，近年来秘书长在预防与和平解决国际争端领域的作用有扩大的趋势。联大1991年通过的《关于联合国维持国际和平与安全领域事实调查的宣言》，把原本安理会才有的争端调查权也赋予了秘书长。秘书长和秘书处职员是独立的国际公务员，对联合国负责，为联合国工作，不得寻求和接受任何国家政府或联合国以外的任何当局的指示。

## 四、区域性国际组织

### （一）区域性国际组织的概念与特征

1. 区域性国际组织的概念

区域性国际组织是在特定区域内的国家，因共同利益或政策而结合起来的国际组织。

2. 区域性国际组织的概念与特征

区域性国际组织除了具有国际组织的全部特征外，还有以下特点。

（1）具有显著的地域性。区域性国际组织的成员一般限于特定地区内的主权国家或地区实体，具有显著的地域性。一个地区内的国家接触频繁，比较容易建立起合作关系。但是，区域组织不一定包括该区域内所有的国家，有的区域组织还接纳本地区以外的国家参与该组织的活动。

（2）具有共同的利益和政治背景。区域组织成员国之间往往在民族、历史、语言、文化、宗教上联系密切或有某种共性，或者有共同关心的政治、军事、经济或社会问题，形成某种相互依存的利害关系。与其他类型的国家组织相比，区域组织具有更加稳定的政治、经济及社会基础。

（3）具有进行广泛合作的需要。区域组织成员国在维持本地区的和平与安全、发展经济社会关系方面，有进行广泛合作并结成长久组织的需要。

（二）区域性组织与联合国的关系

联合国宪章第八章确认了区域性政治组织的法律地位，并将之纳入到联合国维持国际和平与安全的世界体制之中。

宪章强调区域组织的基本职能是以区域行动来维持国际和平与安全，其活动不得违背联合国的宗旨与原则。宪章为区域组织规定了两方面的任务：一是和平解决争端。区域组织内的联合国成员国在把地方争端提交联合国安理会之前，应首先通过区域组织力求争端的和平解决。二是协助联合国安理会实施强制行动，但此种行动须得到安理会的授权，并向安理会报告。此外，为了增强联合国对区域性组织的监督作用，宪章还要求：依区域办法或由区域机关已采取或正在考虑的行动，不论何时都应向安理会充分报告。总之，宪章把区域性国际组织纳入到联合国维持国际和平与安全的世界体制中，使区域性国际组织在和平解决国争端、制止侵略方面处于合作和补充的地位。

尽管宪章将区域组织纳入到联合国维持世界和平与安全的体制内，但区域组织本身并不构成联合国的组成部分。它们依各自的基本文件创立和活动，有自己的成员、组织机构、职能范围、活动程序和经费来源，拥有独立的国际法人资格，能直接承受国际法上的权利义务。它们同联合国的关系，仅是在维持国际和平与安全这一点上同联合国合作或辅助联合国而已。

（三）几个主要的区域性国际组织

目前，区域性的国际组织有以下几个。

1. 北大西洋公约组织

北大西洋公约组织是作为一个为实现防卫协作而建立的西方军事同盟组织，于1949年在华盛顿签署《北大西洋公约》后成立，曾经是美国影响其盟国并同苏联争夺欧洲及世界的战略性工具，冷战结束后得到继续加强和扩充，成为一个地区性防卫协作组织。北约最高决策机构是北约理事会。理事会由成员国国家元首及政府首脑、外长、国际部长组成。总部设在布鲁塞尔，现有成员国26个，是当今世界规模最大、实力最强的军事组织。

2. 美洲国家组织

美洲国家组织是国际社会历史最悠久的区域性组织，以《波哥大公约》为其组织宪章，现有成员国31个，古巴于1962年被取消成员资格，加拿大、圭亚那仅派有观察员。其组织宗旨为：加强美洲大陆的和平与安全，安排抵御侵略的共同行动；保障成员国之间争端的和平解决，寻求成员国间的政治、法律、经济问题的解决，促进各国经济、社会、文化发展方面的合作。其主要机关有大会、常设理事会、经社理事会和教科文理事会、总秘书处和外长协商会议。

3. 非洲统一组织

非洲统一组织简称“非统”，是一个全非性组织，成立于1963年，囊括了非洲所有独立国家，是区域组织中成员国最多的一个。以《非洲统一组织宪章》为约章，其宗旨是：促进非洲国家的统一与团结；协调、加强它们之间的全面合作；保卫非洲国家的主权、领土完整和独立，从非洲铲除一切形式的殖民主义；促进国际合作。国家和政府首脑会议是该组织的最高权力机构，每年举行一次，协调该组织的总政策，对有关问题作出决议。会议下设部长理事会和秘书处，部长理事会由成员国外交部长或其他部长组成，负责筹备首脑会议。秘书处为常设机构，秘书长由首脑会议选举产生，任期4

年。此外还有解放委员会，调解、和解与仲裁委员会，经济和社会委员会，教育、文化、科学和卫生委员会以及防务委员会等专门机构。1999年9月，非统组织第4届特别首脑会议在利比亚苏尔特举行，会议决定在2001年成立非洲联盟。2000年7月第36届非统首脑会议一致通过了《非洲联盟章程草案》。2001年3月2日非洲联盟成立。

4. 阿拉伯国家联盟

阿拉伯国家联盟成立于1945年，以《阿拉伯国家联盟公约》为约章，现有成员国22个，是西亚、北非地区的泛阿拉伯国家组织，也是最大的单一民族国家间组织。其宗旨为：加强阿拉伯国家间的联系，协调彼此的政策与活动，捍卫独立和主权，和平解决成员国之间的争端；整体考虑阿拉伯国家的事务与利益，在经济、财政、交通、电信、文化、国籍、社会福利、卫生保健等方面密切合作。

5. 东南亚国家联盟

东南亚国家联盟简称“东盟”，是西太平洋地区最活跃、最引人注目的组织之一，成立于1967年，以《东南亚国家联盟成立宣言》为约章，现有10个成员国和一个观察员国——巴布亚新几内亚。另同8个国家建立了对话伙伴关系，同美国、日本、欧洲联盟、加拿大、澳大利亚、新西兰、韩国、印度、中国和俄罗斯建立了磋商伙伴关系。该组织的宗旨：在平等、协作基础上加速成员国的经济增长，社会进步，文化发展；按国际法与联合国宪章促进本地区的和平与稳定。首脑会议是东盟最高决策机构，由东盟各国轮流担任主席国，负责召集。主席国外长担任东盟常务委员会主席，任期1年，负责主持常务委员会工作。东盟秘书长由东盟各国轮流推荐资深人士担任，任期5年。东盟秘书处设在印度尼西亚首都雅加达。其他机构还有外长会议、常务委员会、经济部长会议、其他部长会议和各种专门委员会等。2003年10月中国加入了《东南亚合作友好条约》，之后日本和俄罗斯也先后加入该条约。

6. 欧洲联盟

欧洲联盟亦称“欧共体”。欧洲共同体由欧洲煤钢共同体、欧洲经济共同体和欧洲原子能共同体组成，是20世纪50年代发起于西欧、一个联合起来逐渐走向高度一体化的经济与政治实体，是一种超国家性质的组织。其主要文件是1957年的《罗马条约》。欧共体由以关税同盟和共同农业政策为支持的经济一体化逐步向政治的一体化发展。1992年，欧共体国家在马斯特里赫特订立《欧洲联盟条约》，规定分三个阶段实现和完成经济货币联盟和政治联盟的最终目标。1993年11月1日，在获得欧洲共同体所有12个成员国的批准之后，《欧洲联盟条约》开始生效。因此，以前惯称的欧洲共同体（欧共体）现被称为欧洲联盟（欧盟）。当然，欧洲共同体仍将是欧洲联盟首位的、最重要的基础，因此，欧共体（欧洲共同体）的称呼将继续使用，尤其是在某些法律性文件中，如在建立欧共体条约的基础上签署的正式法案。欧盟现有成员25国，主要机构有部长理事会、欧洲议会、执行委员会、欧洲法院、欧洲理事会。1999年1月1日欧洲统一货币欧元的启用，有力地推动了欧洲统一的进程。欧盟在其实践中形成了一套独特的法律体系——欧共体法（欧盟法），对国际法与国际组织法提出了一系列新问题。欧盟是目前世界上最有力的国际组织，在某种程度上类似于一个国家，目前它的最高法律是2003年通过、2004年1月1日开始实施的《入盟条约》。有的法律学者认为根本不应该把欧盟看作一个国际组织，而应看成是一个独特的实体。

## 思考题

1. 联合国属于什么性质的机构？
2. 安全理事会的职能是什么？
3. 如何理解区域性国际组织？

# 第五讲 国 家 领 土

内容摘要

领土是在国家主权管辖和支配下的空间，有确定的领土是一个国家构成的必备要素。本讲主要介绍领土和领土主权、领土的取得和变更、边界和边境制度、两极的法律地位等内容。

## 一、国家领土和领土主权

### （一）国家领土

1. 国家领土的概述

（1）国家领土的概念。国家领土是指处于国家主权管辖之下的地球的特定部分。国家领土是相对于国际领土而言的，在国家领土之外还存在一些国家主权管辖之外的区域，如公海和两极地区。

（2）国家领土的意义。国家领土的意义在于：①国家领土与国家存在密切相关。国家领土是国家的构成要素之一，任何国家都是存在于一定的领土范围，而不论其领土范围有多大。世界上没有领土的国家是不存在的。②国家领土与国家主权密切相关。国家领土是国家行使最高且是排他的空间权力，领土和主权相结合，形成领土主权。国际法承认各国在其领土内的最高权力，在一国领土内的人或者物，都受该国最高权力的管辖。除国际习惯或国际条约的限制，国家行使领土主权不受限制。

2. 国家领土的构成

国家领土并非简单的地表平面，而是一个空间概念，是一个立体的结构。领土的组成部分包括领陆、领水、领陆和领水之下的底土及领陆和领水之上的领空。

（1）领陆亦称“陆地”，指国家主权管辖下的全部陆地和岛屿。领陆是一国领土构成中最基本和最重要部分，是确定国家领土其他组成部分的基础。领陆可以是一块大陆，为内陆国；也可以由单独的岛屿组成，为岛国或群岛国；还可以由内陆和岛屿共同组成。

（2）领水指国家主权管辖下的全部水域，包括领陆内的水域（河流、湖泊和内海）、沿岸的“内水”和“领海”。国家领土范围内的全部水域称为“领水”。“内水”，其狭义是指沿岸领海基线向陆地一面的海域，其广义是指领陆范围内的所有水域。“内水”的法律地位与国家领陆完全相同。“领海”专指领海基线向海一面的一定宽度的海域。“领海”虽然是在一国主权支配和管辖下的海域，但国际法对一国的领海主权有所限制，具体表现为外国船舶在领海内享有“无害通过权”。

（3）底土指领陆和领水下面的全部底土。由于矿产的开发、隧道的开凿和地下电缆的铺设，领陆及领水的底土对领土所属国具有越来越重要的意义。至于底土的深度问题，目前国际法还没有明确的规定，各国亦有争议，有很多学者主张应以现代科学技术能达到的深度为准；但对国家对其底土及底土中的资源开发、利用和科研活动的权利是有明确规定的。

（4）领空指领陆和领水的空气空间。自从出现外层空间的概念后，地球表面的上空被分为空气空间与外层空间两个空域。地面国的主权只能及于它所能控制的空气空间，故称为“领空”。国家在领空有完全的主权。

综上述，国家领土由领陆、领水、底土和领空四部分组成，其中领陆是最基本、最主要的，其他组成部分是领陆的附属部分，除非在特殊情况下依条约规定，不能独立存在于领陆之外，如没有海岸的领海本身不能被转让。

（二）领土主权

1. 领土主权的含义及意义

（1）领土主权的含义。领土主权是国家主权的重要组成部分，是指国家对其领土范围内的人、物、事所行使最高的、排他的权力。

（2）领土主权的意义。①领土不可侵犯。②国家在领土范围内享有属地管辖权。③国家对领土国的自然资源享有永久权利。

2. 领土主权的内容

联合国1974年通过的《各国经济权利和义务宪章》第2条第1款明确规定："每个国家对其全部财富、自然资源和经济活动享有充分的永久主权，包括占有权、使用权和处置权在内，并得自由行使此项主权。"因此领土主权主要包括以下三方面的内容。

（1）领土的管辖权。领土管辖权是指国家对领土内的一切人、事和物具有排他性的管辖权，也称属地绝对权。领土管辖权是国家领土主权的主要内容和标志，是主权国家的基本权利之一，外国人和外国财产一旦进入一国境内，即受到领土所属国属地最高统治和支配。

（2）领土的所有权。领土的所有权是指国家对领土范围的一切土地、资源、财富拥有占有、使用、收益处分的永久权利，特别是对国内的自然资源享有永久的权利。国家对领土的所有权和管辖权不可分割，所有权是管辖权的基础，管辖权是所有权的体现。

（3）领土完整和不受侵犯权。《联合国宪章》第2条第4款规定："各会员国在其国际关系上不得使用威胁或武力，或以与联合国宗旨不符之任何其他方法，侵害任何会员国或国家之领土完整或政治独立。"

领土完整和不受侵犯权是领土主权的重要内容，也是国际法的基本原则。领土完整和不受侵犯是国家独立的重要标志，尊重国家领土主权，就必须尊重其领土完整和不受侵犯的权利。

3. 领土主权的限制

国家对其领土主权享有完全的和排他的主权，但领土的主权也并非绝对的。国家行使领土主权时也会受到某些限制。这些限制包括两种，一种是国际习惯对领土主权的限制，另一种是国际条约对领土主权的限制。

（1）国际惯例对领土主权的限制。国际惯例对领土主权的限制属一般性限制，是指在国际交往实践中形成的，适用于一切国家领土、有拘束力的一般性限制。这种限制是各国为促进相互间建立友好平等关系和巩固彼此和平合作而在自愿基础上予以承担的，主要体现在三个方面：①国家在利用边界河流、多国河流的时候，或在利用其边境土地的时候，不应损害邻国的利益。②国家在开发和利用其海域资源的时候，应考虑他国在该海域的传统权利，不应加以侵犯。③国家领海、群岛国的群岛水域应允许外国船舶无害通过。

（2）条约对领土主权的限制。条约对领土主权的限制属特殊性限制，是指依条约对特定国家的领土主权所施加的、仅适用于该特定国家的限制。这种限制可能是强制的，也可能是自愿的；可能是基于平等条约而产生的，也可能是基于不平等条约而产生。现代国际法只确认在平等自愿基础上的条约对国家领土限制的效力。主要体现在以下四个方面：

①租借。租借是指一国根据租借条约将领土的一部分借与他国用于条约规定的目的。主要包括三种情况：第一种是一国将其部分领土永久租让给他国使用，自己不行使主权。第二种是一国根据条约允许他国占住其部分领土，主权保留，但实际上由占住国管理。第三种是一国根据条约把部分领土在一定期限内租借给他国使用。租借领土只有建立在平等自愿的基础上才是现代国际法所容许的。

②共管。共管亦称共同管辖，指两个或两个以上国家对同一特定领土共同行使主权。在共管的情况下，共管地的主权虽然对他国仍然具有排他性，但共同行使主要的国家相互之间却存在权力的限制。历史上有不少共管的实例，现今仍然存在，著名的例子是对于维持太平洋上航空线具有重要意义的坎顿岛和恩德伯里岛，从1939年至今是在英国和美国的“共同控制”之下。

③国际地役。国际地役指一国根据条约将其部分或全部领土的特定范围提供给他国为某种目的而永久使用，是国家属地最高权受到的一种特别的限制。其主体只能是国家，客体只能是一国的领土。国际地役产生的必要条件是一国自愿向另一国提供役地。自愿提供是国际地役合法性的前提，否则不符合国家主权原则。

国际地役可以分为积极地役和消极地役两种。积极地役是指国家承担义务允许别国在本国领土上从事某些行为而设立的地役。消极地役是指国家依条约为他国利益不在其领土从事特定行为的地役。

④势力范围。势力范围也称利益范围，是指根据不平等条约，一国承允在其某一部分领土内行使主权时必须符合某外国的意志和利益。这种势力范围或利益范围的做法是对国家领土完整的破坏，是违背现代国际法国家主权原则的强权做法，已被彻底废弃。

## 二、领土的取得和变更

在国家形成和发展过程中，可能会因为各种原因取得或丧失领土。关于领土的取得和变更，传统国际法和现代国际法的规定有所不同。有些传统方法已被新的国际法禁止使用，但仍然对解决领土主权的历史问题和现实纠纷具有一定意义，且新法来源于旧法，发展于旧法，因而了解旧法是理解新法所必需的。

### （一）传统国际法上的领土变更方式

传统国际法认为，国家领土变更有先占、时效、割让、征服和添附五种方式。在这些方式中，有的由于违背现代国际法基本原则特别是国家主权原则和民族自决原则而被废止，有的方式则继续得到了认可。

1. 先占

先占亦称“占领”（不是指战时的占领），是指国家有意识地对无主土地实行有效占领，从而取得领土主权的行为。一个国家通过先占取得领土主权必须具有以下几个条件：第一，先占的客体必须是无主地。所谓“无主地”，是指不属于任何国家，或曾经属于某个国家所有但后来被该国抛弃掉的土地。第二，客观上必须实现有效占领。有效占领必须具备两个基本事实，即占有和行政管理。第三，先占的主体必须是国家。先占是一种国家行为，只能由国家以国家的名义来实行。第四，先占主观上必须为有意识的占领。有意识的占领表现为先占国必须通过发表声明、宣言或通告的方式，向其他国家明确作出意思表示，表明对无主地的占领意图。

2. 时效

时效是指占有他国的某块土地后，在相当长时期内不受干扰地占有而取得该土地的主权。时效与先占的根本区别在于：时效是指对他国领土的占领，而先占是对无主地的占领。

3. 割让

割让是指一国根据条约将部分领土转移给另一国。割让分为强制割让和非强制割让。强制割让是一国通过武力以签订条约方式迫使他国进行领土割让，通常是战争或战争胁迫的结果。而非强制割让是国家自愿地通过条约将部分领土转移给他国，包括买卖、赠予及互换等。强制割让已随着战争在现代国际法中被废止而失去其合法性。非强制割让仍然是合法有效的。

4. 征服

征服也称兼并，是指一国直接以武力占有他国领土的全部或一部分，在战争结束后战胜国把战败国灭亡而兼并其领土，并将其纳入自己的版图从而取得该土地的主权。征服无须缔结条约，但有效征服须满足两个条件：①征服国有兼并战败国领土的正式表示；②战败国有放弃收复失地的企图，或战败国及其盟国表示屈服并放弃一切抵抗。征服是以战争的合法性为基础的，它显然被现代国际法所废弃。

5. 添附

添附是指由于自然形成或人造的新土地出现而使得国家领土增加。添附历来被认为是国际法中一项合法获取领土的方式。添附包括两种情况：一是自然添附，如涨滩、三角洲、新生岛、废河床等；二是人工添附，如堤堰、防波堤、围堤、人工岛屿等。自然添附由于是自然产生的，作为国际法的习惯规则，被认为是取得领土的合法方式已获得国际社会的广泛认同；人工添附现代国际法虽然也承认其合法，但有一定的限制，即要求人工添附不能损害邻国或他国的利益。

（二）现代国际法上承认的领土变更方式

现代国际法还增加了一些领土变更方式，包括民族自决、全民投票、收复失地和领土交换。

1. 民族自决

民族自决是指处于外国奴役和殖民地统治下的被压迫民族和人民，有权决定或经过民族独立斗争取得本地区的独立，组成新国家，并对其领土拥有主权。

现代国际实践中的民族自决主要表现为殖民地人民根据民族自决原则从前殖民国或宗主国独立出来成立新国家或加入其他国家而带来的领土变更。从第二次世界大战结束至今，世界范围内有数十个殖民地通过民族自决获得了真正的独立而成为主权国家。

2. 全民投票

全民投票即在争议地区进行全民投票以决定该领土主权的归属。这是现代国际法上关于领土主权变更的一种方式。这种方式的特点是自由表达实行民族自决的人民的意志，自由确定其民族领土的命运。但全民投票应以保证该领土的全体居民投票的充分自由的方式进行，其合法性决定于居民意志是否真正得到充分自由的表达。这种方式只有在真正符合民族自决原则的前提下才是领土变更的一种方式。

根据国际实践，全民投票应当具备三个基本条件：第一，有合法和正当的理由。第二，没有外国的干涉、威胁和操纵，当地居民能够自由地表示意志。第三，应由联合国监督投票。全民投票是否真正有效，关键取决于领土所属各国中央政府的态度，未经中央政府认可的任何单方面的全民投票都不会产生真正意义上的合法效力。

3. 收复失地

收复失地也称恢复主权，是指一个国家为恢复其对某些领土的历史性权利而收回被他国侵占的领土。收复失地可以采取非武力与武力两种不同方式。非武力方式收复也被称为恢复历史性权利，是指通过国际公约、国际组织决议、当事国谈判等方法使非法占有国归还侵占的领土。武力方式是指通过武力手段将被外国非法占有的领土主权收回。

4. 交换领土

交换领土是指国与国之间在平等、自愿的基础上，通过条约或其他书面的形式调整或交换其部分领土。交换领土实质是领土转让形式的一种，一般多发生于邻国之间，用于解决边界争端。

## 三、河流制度

一国境内的河流是沿岸国领土的一部分，属于国家的内水。就法律地位而言，河流可分为内河、界河、多国河流、国际河流及国际运河。

（一）内河

内河亦称国内河流，是指从源头到入海口或终结地完整经一国的河流是该国的内河。内河完全处于沿岸国主权之下，国家对内河享有完全主权。国家对于内河资源的开发、环境、航运贸易等拥有完全的管辖权。国家可制定相关的法规管理其内河。外国船舶未经许可不得在内河航行。是否允许其他国家在一定条件下利用内河，由国家自行决定。国家也可以自由决定是否对外国开放全部或某一河段，或把某一个或数个港口供国际航运使用。

（二）界河

界河亦称国界河流，是指流经两国之间并作为领土分界线的河流。界河沿岸分属两个不同的国家，其水域也由沿岸国进行划分，多依主航道中心线为界。界河分属沿岸国家的部分国的领土，处于该国的主权之下，各沿岸国分别对本国国界内的水域行使管辖权，有关界河的利用不得损害主权国利益，应依据相关国家协议处理。一般情况下，界河不对非沿岸国开放，非沿岸国的船舶需要经过特别许可才可以在界河航行。

（三）多国河流

多国河流是指流经两个或两个以上国家领土的河流。多国河流流经各国段分别属于各国领土，各国分别对位于其领域的一段拥有主权。但多国河流的使用一般涉及流经各国的利益，因此对多国河流的航行、使用、管理等事项，一般都应由有关国家协商解决。每一沿岸国在对该河流行使权利时要顾及其他沿岸国的利益。各国不得故意使河流改道，不得采取措施使下流河水泛滥、枯竭，不得使水质明显改变，以致他国受损。在实践中，多国河流一般对所有沿岸国开放，而非沿岸国船舶未经许可不得航行。

（四）国际河流

国际河流是指经数国的领土而通往公海，并经国际条约确定对一切国家船舶开放的河流。与多国河流相同，国际河流流经各沿岸国的部分，也分属于各沿岸国的领土，但由于此类河流对于国际航运的重要价值而依据有关国际条约被“国际化”，实行自由航行原则，由有关国家设立国际委员会进行共同管理。通常，国际河流的法律地位和制度是由国际条约规定的，不同的国际河流可能有所不同。国际河流一般允许所有国家的船舶特别是商船无害航行。

（五）运河

运河是指人工开凿的水道，流经一国领土内的运河是一国内河，其完全处于该国主权排他的管辖下。国际实践中，有的运河虽然位于一国领土内，但由于其两端连接海洋，构成海上交通要道，在国际航海中地位非常重要，因此被开放为国际运河。国际运河的法律地位和航行制度由有关的条约确立，一般对所有国家开放。

## 四、边界和边境制度

（一）边界和边境的概念

国家边界简称国界或边界，是划分国家领土范围或国家管辖范围的界线，也是国家行使领土主权的界限。边界的重要性在于，它标志着一个国家行使最高领土主权的范围，即维护国家领土主权的屏障。

边境是指紧接边界线两边的一定的区域。边界与边境是既有区别又有联系的概念。边界是划分国界的“线”，而边境是在边界线两边的一定范围内的“区域”。边境范围固然在法律上可以明确区分，然而边境居民的日常生活很难“一切两段”，因此需要设立特殊法律制度予以规制。

（二）边界的形成与划分

1. 边界的形成

从形成看，边界分为传统习惯边界和条约确定边界。传统习惯边界是有关国家在长期的历史演变中形成的，是双方对彼此行使管辖权所到之处的认可，是对彼此控制和占有领土范围的反映。它构成了一种默示的协议。传统习惯边界在有些地方有时可能会存在比较模糊或争议的情况。条约确定边界是以条约划定的边界，相对比较清楚，有利于减少争端，是现在边界划定的一种趋势。现在通常所说的划定边界是指将边界以条约划定或确认，即形成条约确定界。

根据传统理论和国家实践，边界的形成有两种情况：其一，长期的历史发展中逐渐形成的，称为传统边界或历史边界线；其二，通过国家之间的双边或多边边界条约所约定，称为条约边界线或确定边界线。由于条约边界线更明确和稳定，更适应现实的需要。

2. 边界的划分

（1）划界的程序。划界通常包括三个重要程序：第一，划界。双方签订有关边界问题的专约或和约，约文中规定边界的位置和大致走向，并将边界线标绘在地图上，这个步骤称为“划界”，这个边界条约称为“母约”，是划界的基本法律文件。第二，勘界。由根据边界条约设立的勘界委员会进行实地划界、勘界，并在边界上树立界桩，进行“标界”。第三，制定边界文件。标界完成后，作为勘界工作的一部分双方拟定边界议定书，并绘制地图，作为条约的附件。边界条约、议定书和地图是划定边界的基本法律文件。

（2）划界的原则。划界一般有天然边界和人为边界两种。

1）天然边界适用以下原则。

以山脉为界。以界山为界时，通常采用分水岭原则，即以构成分水岭及其山脊线为界。

以河流为界。这种河流称为界河。以河为界时，如是可以通航河流，一般以主航道中心线为界；如是不通航河流，则以河道中心线为界。界线两边的岛屿分别属于两岸的沿岸国。

以湖泊或内海为界。以湖泊或内海划界，除另有协议外，通常把边界定在湖泊或内海的中央。

2）人为边界适用以下原则。

几何学边界，即一个固定点到另一个固定点所划的直线作为国家的边界线。这种分界方法一般用于偏僻复杂，难以勘探的地区或者是海上边界线。

天文学边界，即以地球上的经纬度作为国家之间的分界线。这种分界方法一般适用于海上和地广人稀地区或者是空中。

（三）边境制度

“边境”是边界两侧一定距离的范围。由于边境地区的特殊性，各国一般通过国内法和双边协议建立特殊的管理制度，即边境制度，通常包括边界标志的维护、边界资源的利用、边境居民的交往、边境事件的处理等。

（1）界标的维护。边界的标志是国家主权的象征，侵犯一国边界标志是侵犯国家主权和领土完整的严重国际不法行为。因而有关边界或边境制度的条约通常规定，缔约双方都负有保护边界标志，不使其受损或被移动以及负责修理或恢复各自境内界标的责任。1961年中缅《关于两国边界的议定书》第38条规定：如果一方发现界桩已被移动、损坏或毁灭，应尽量通知另一方，负责维护该界桩的一方这时应采取必要的措施，在另一方在场的情况下，在原地按原定的规格予以恢复、修理或重建。第39条规定：双方承诺对于任意移动、损坏、毁灭边界标志或故意使界河改道的人应视情节轻重予以追究。一般来说，各国刑法都将破坏边界标志作为犯罪加以惩处。

（2）边境土地的使用。合理利用边境土地，不得侵害邻国利益。国家不得在边境地区建立可能使植物、空气或水源造成污染的工厂，不得从事可能造成此类污染的活动；不得在边境地区设立靶场或进行任何可能有害财产安全的武器试验或演习；如有森林火灾，国家应尽力扑救并控制蔓延到对方境内。

（3）界水的利用和保护。界水的利用包括使用、水上航运、河中捕鱼以及由于河流的变迁和界线的移动或者界河的改道而引发的原界线两边的岛屿的主权归属问题。相邻两国之间如果以河流或湖泊为界的，应当在边界法律文件中加以规定对界水的利用和保护。一国在使用界水时，不侵害邻国利益，包括不得采取可能使河流枯竭或者泛滥的措施，更不得单方故意使河水改道，且只能在界水的本国一侧捕鱼。相邻国家在界河有航行权，船舶在航行时应该具有标志。除遇难或有其他特殊情况，未经允许不得在对方靠岸停泊。国家还应注意保护环境，对本国一侧的各种污染源进行有效控制，以免污染界水。

（4）边民的往来。边境地区一般在历史、宗教、习惯、生活等方面都有密切的联系。为了便利边境居民的生活和生产，相邻国家通常根据传统习惯，对边境居民因从事航运、小额贸易、探亲访友、求医治病、进香朝圣为目的而出入国境提供特殊便利，如无需护照、签证或许可证，不受有关出入国境的正规手续的限制等，并为此进行交通管理、出入境检查和卫生检疫等方面的合作。

（5）边境事件的处理。相邻国家通常通过协议，由双方代表成立处理边境地区事项的机构，专门处理上述边境和边民有关的问题，如偷越国界、损害界标等事项。对于一些重大的不能解决的问题，则通过双方更高级别的外交的机关进行交涉和处理。

我国领土面积约为960万平方千米，与朝鲜、俄罗斯、蒙古、哈萨克斯坦、吉尔吉斯斯坦、塔吉克斯坦、阿富汗、巴基斯坦、印度、尼泊尔、不丹、老挝、越南等国有陆地边界，目前，我国已与除印度和不丹以外的其他陆地邻国通过条约划定了边界。目前，我国的领土问题主要是中印边界的划定、南沙群岛和钓鱼岛被侵占，以及与有关国家之间海域划界问题。

## 五、南极和北极的法律制度

### （一）南极的法律制度

南极地区是指南纬60度以南的地区，包括南极洲大陆及其沿海岛屿和海域。其中南极大陆面积约为1 400万平方千米。南极洲在18世纪被发现后，一些国家先后对其某些部分提出领土主张。这些主张的依据不尽相同，包括先占原则、相邻原则、扇形原则等。领土主张彼此存在相互重叠，引起有关国家之间的冲突，并且遭到其他一些国家的反对。为协调各国利益，1959年，进行南极活动的12个主要国家签署了《南极条约》，该条约于1961年生效。此后各国就保护南极动植物、保护海豹、保护生物资源及保护环境等问题相继缔结了一系列条约。它们构成南极条约体系，规范各国在南极地区的活动。

根据《南极条约》及有关文件，南极的法律制度可以概括为下述六点：第一，南极应只用于和平目的。南极只用于和平目的，禁止建立军事设施进行军事演习和武器试验，禁止核爆炸和放置核废料。但是为科学研究或其他和平目的使用军事人员或设施不被禁止。第二，促进科学调查方面的国际合作。科学考察自由和科学合作。任何国家都有在南极进行科学考察的自由。同时，各国应促进考察计划、人员和成果的交换和交流。第三，冻结现状。冻结对南极的领土要求。其主要包括对南极领土不得提出新的要求或扩大现有要求；《南极条约》不构成对任何现有的对南极领土主张的支持或否定；条约有效期间进行的任何活动也不构成主张支持或否定对南极领土要求的基础。第四，维持南极地区水域的公海制度。任何国家在南极地区根据国际法享有的对公海的权利不受损害或影响。第五，保护南极环境与资源。南极进行的任何活动不得破坏南极的环境或生态。第六，建立南极协商会议。

定期举行"南极协商会议"，缔约国每两年举行"南极协商会议"，协商有关南极共同利益问题：（甲）南极只用于和平目的；（乙）便利在南极的科学研究；（丙）便利在南极的国际科学合作；（丁）便利行使缔约国互相视察的权利；（戊）在南极行使管辖权的问题；（己）生物资源的保护和保全。

中国于1983年加入《南极条约》成为《南极条约》协商会议的协商国。

### （二）北极法律制度

北极是指北极圈以北的地区，包括北冰洋海域和亚、欧、北美三大洲在北极圈内的部分陆地和一些岛屿，面积约为1 310万平方千米，其中70%洋面常年冰冻。北极地区的资源极为丰富，有白熊、海象、海豹和鲸等海洋生物资源和石油、天然气、煤、铁、磷酸盐、铜、铅等矿产资源。

北极气候严寒，人类至今尚不能于此定居。北冰洋海域的2/3终年为冰层所覆盖，且其冰层随着海流不断从白令海峡向大西洋方向缓慢漂移。对北极地区陆地、岛屿及主要海域的法律地位，各国一直存在争议。历史上，加拿大和苏联先后以“扇形原则”为依据对北极地区提出主权要求，但遭到了美国、冰岛、挪威、丹麦、芬兰等其他北极沿岸国家的反对，在国际法上也缺乏充分根据。

在对北极地区海域的管辖权方面，美国、苏联等北极沿岸国家根据《联合国海洋法公约》都曾宣布过本国在北冰洋区域内的200海里专属经济区。

迄今为止，除一些有关环境保护的国际协定外，尚未产生关于北极地区法律地位的国际条约。但当代大多数国家认为：北极是冰冻的公海或固体公海，是全人类共有的公海，其自然资源应为全人类的共同财富；一切国家均可以按照《联合国海洋法公约》的有关规定，对北极进行和平考察和研究，但不得以任何方式向其主张主权，不得将其资源据为已有。此外也有国家主张北极地区应该实行国际共管，即由国际社会组成一个共同的管理机构，对北极的一切活动进行管理。上述主张尚有待于国际社会通过国际条约加以确定。

目前在北极地区，除了北冰洋国家外，还有英国、德国、日本等国开展着科学考察活动。2002年7月30日，我国在挪威斯瓦尔巴德群岛的朗依尔宾设立了中国第一个北极常年科学考察站，标志着我国对北极的科学考察事业已有了实质性进展。

## 思考题

1. 试述《南极条约》的法律体系及意义。
2. 说明国际河流与多国河流的区别。
3. 试述领土主权的重要意义。

# 第六讲 海 洋 法


内容摘要

海洋法是规范各种海域及其法律地位以及各国在各种海域中从事各种活动所遵循的原则、规则和制度。本讲主要介绍关于领海、内水、毗连区、专属经济区、大陆架、公海、国际海底区域和用于国际航行的海峡等海域的国际法律制度。


## 一、海洋法的概念

海洋法是规定各种海域及其法律地位和调整各国在各种海域中从事各种活动的原则、规则和规章、制度的总称。其主要包括下述内容。

（一）区划各种不同的海域

不同时期的海洋法对海洋有不同的划分。近代海洋法只将海域划分为公海和领海，1958年的海洋法公约将海域划分为内海、邻海、毗连区、大陆架和公海。按照1982年《海洋法公约》的划分，海域种类包括领海、内水、群岛国的群岛水域、毗连区、专属经济区、大陆架、公海、国际海底区域和用于国际航行的海峡。

（二）确定各种海域的法律地位和制度

依国家行使管辖权的情况可将各类海域分为：

（1）国家完全管辖的海域，即完全受沿海国主权支配和管辖的海域，如内海、领海和群岛国的群岛水域。

（2）国家部分管辖的海域，即沿海国在其中的某些方面享有一定管辖权的海域，如毗连区、专属经济区、大陆架。

（3）国家管辖范围以外的海域，即不属于任何国家管辖的海域，如公海和国际海底区域。各种不同的海域具有不同的法律地位，也各有其不同的法律制度，因而各国在各种海域中拥有不同的权利。

（三）明确在海洋中的各种活动

主要指在各种海域中从事的航行、资源开发和利用、海洋科学研究、海洋环境保护和保全等活动。

（四）规定各国在从事海洋活动中的权利和义务

对各国在不同海域的管辖权、航行权、资源开发和利用权、科学研究权以及相应的义务作了规定；并对如何对海洋资源、海洋环境进行保护，如何划定相邻或相向国家间的海域界限以及有关海洋的争端解决做出了规定。

## 二、领海及毗连区

（一）领海的概念及特征

《海洋法公约》（简称公约）规定："沿海国的主权及于其陆地领土及其内水以外邻接的一带海域，在群岛国的情况下则及于群岛水域以外邻接的一带海域，称为领海。"换句话说，邻海指邻接国家领陆、内水或群岛水域的，受国家主权管辖和支配的一定宽度的海水带。

领海有下述特征。

（1）邻接着领陆或内水。这就决定了拥有领海的只能是沿海国，内陆国不具有领海；还决定了领海不能远离海岸或内水，而应与海岸、内水相邻，从而确定了领海的内侧位置。如系群岛国，则可邻接群岛水域。

（2）受一定宽度的限制。这说明领海并非辽阔无际，其宽度受到限制。公约将领海宽度限制在12海里以内。

（3）受国家主权的管辖和支配。领海属于国家领土的一部分，国家拥有排他的管辖权。

（二）领海基线

领海基线就是确定领海从海岸何处起始的起算线。《海洋法公约》规定，领海基线有正常基线和直线基线两种。

（1）正常基线也称自然基线，即以落潮时海水退到离海岸最远的潮位线——低潮线——作为测算领海的基线。公约规定："正常基线是沿海国官方承认的大比例尺海图所标明的沿岸低潮线。"目前多数国家采用正常基线法。正常基线多适用于海岸较平缓、无明显凸凹、无更多的岸岛屿和低潮高地的情况。

（2）直线基线也称折线基线，指以连接海岸和近岸岛屿的最外缘上所选的基点的直线作为领海的起始线。其划法为：在大陆沿岸突出处和岸外岛屿最外缘选定一系列适当的基点，在这些基点之间连续地划出一条条直线，这些直线构成的一条沿着海岸的折线，就是直线基线。直线基线法主要适用于海岸极为曲折并且在近岸有一系列岛屿、三角洲、礁滩，而不适用正常基线的情况，以及群岛国的情况。

领海的外部界限与基线之间的垂直距离就是领海宽度。公约规定每一国家有权确定从按照本公约确定的基线量起不超过12海里的领海。我国于1958年就宣布我国领海宽度为12海里并由《中华人民共和国领海及毗连区法》所确认。领海的外部界限简称领海外限，是一条其每一点同基线最近点的距离等于领海宽度的线。根据各国实践，划定领海外限的方法主要有交圆法、共同正切线法、平行线法。

在确定领海外部界限时，有时会遇到相向相邻国家重叠的情况。从国际实践看，通常以等距离中间线来划界，当然也可以协议确定，协议时应注意考虑历史性权利和其他特殊情况。

（三）领海法律制度

现代国际法确认：领海是沿海国领土的组成部分，处于沿海国主权之下，国家主权及于领海的水域、上空、海床及底土，国家对领海内的一切人、物、事件具有排他的管辖权。其主要包括以下内容。

（1）自然资源的所有权，即沿海国拥有对领海内的生物、非生物资源开发和利用的权利。

（2）领海上空的领有权，即未经许可外国飞机不得进入该国领海上空。

（3）沿海航运及贸易权，即沿海国为了保障主权和经济利益，只准许本国船舶从事沿岸港口之间的航运和贸易的权利。除非在互惠原则下相互给予这种权利，否则，外国船舶不得从事这种活动。

（4）有关制度的立法权，即沿海国有权制定有关航行、关税、移民、卫生、电缆和管道，以及助航设备和设施的保护、水域保护和海洋生物资源养护等制度的法律和规章，并有权对违反者予以相应的制裁。

（5）司法管辖权。根据国家的属地优越权，各国对在本国领海内发生的刑、民事案件均具有司法管辖权。然而，在通常情况下，沿海国不在通过领海的外国船舶上行使刑事管辖权。但在遇有下列情况时，沿海国便得行使管辖：①罪行后果涉及沿海国；②罪行属于扰乱当地安宁或领海的良好秩序的性质；③经船长和船旗国外交代表或领事官员请求地方当局予以协助；④是取缔违法贩运麻醉品或精神调理物质所必要的。沿海国通常对于通过其领海的外国船舶上的民事案件采取不干涉态度。在实践中，沿海国在民事方面的管辖也是很有限的，沿海国不应为对通过的外国船舶上某人行使民事管辖权而停止该船航行或改变其航向。

（6）紧追权，即沿海国发现外国船舶在其领海内违反本国法律和制度时，可以实行追逐并可紧追至公海的权利；

（7）中立权，即沿海国在战地保持中立时，交战国不得在其领海交战或拿捕敌国船舶。

尽管沿海国对其领海享有主权，却要受到他国“无害通过权”的限制。

无害通过是指在不损害沿岸国和平、安全与良好秩序的情况下，毋需事先通知或征得许可而继续不停地迅速地穿过领海或为驶入内水或自内水驶往公海而通过领海的航行。当然，无害通过也是有条件的：①穿过领海但不进入内水，或为驶入内水或自内水驶往公海而穿过领海；②通过应是继续不停地迅速进行，除公约允许的情况外不得停船和下锚。③通过领海必须是无害的，无害指不损害沿岸国的和平安全和良好秩序，也不违反国际法规则。《海洋法公约》第19条第2款专门列举了12种非无害通过的情况，用于对无害通过适用的限制；④外国船舶在实行无害通过时应遵守沿海国的法律和规章。

各国普遍承认并容许外国非军用船舶无害通过其领海，这早已成为公认的国际法规则，在理论和实践上都没有疑义。为保障本国利益、安全和外国船舶顺利无害通过其领海，沿海国可制定有关法律、规章，外国船舶在行使无害通过权时应予以严格遵守。沿海国为了本国的安全，在必不可少的情况下可以暂时停止外国船舶的通过，但不得对任何国家的船舶在形式上和事实上加以歧视。

关于军用船舶的通过问题，公约对这一问题规定得不够明确，目前还有争议。有的主张适用无害通过制度，有的则主张实行须经事先许可或事先通知才能通过的制度。我们认为，公约关于“所有国家，不论为沿海国或内陆国，其船舶均享有无害通过领海的权利”的规定，不能被简单地解释为已确定了军用船舶无害通过领海的权利。正如我国代表在海洋法会议上的主张：“本公约有关领海内无害通过的规定，不妨碍沿海国有权按照本国法律和规章，要求外国军舰通过领海事先经该国批准或通知该国。”另外在被允许通过领海的情况下，该外国军舰也应遵守沿岸国的法律和规章。如有违反，沿岸国可令其离开领海。

（四）我国的领海制度

我国海岸线很长，领海对我国具有重要的政治、法律、经济和国防意义。但在旧中国，清政府没有关于领海的法律；国民党政府在1931年沿袭了英美领海宽度为3海里的习惯做法，确定基线采用正常基线；未建立起严格的领海制度，领海主权遭到严重的破坏，外国军舰和船只在我国领海乃至内水中享有自由航行的特权。新中国成立后，废除了一切不平等条约，收回并捍卫了领海主权。1958年9月4日《中华人民共和国关于领海的声明》是新中国第一个关于领海的法令。1992年我国颁布了《领海及毗连区法》。我国现行的领海制度可归纳为下述几点。

（1）我国的领海为领接陆地领土和内水的一带海域。领海宽度为12海里；领海基线采用直线基线法划定；领海基线的基点我国将分批宣布。我国与相邻或相向国家间的领海界限，通过协商，在国际法基础上，按照公平原则划定。

（2）外国非军用船舶享有依法无害通过我国领海的权利；外国军用船舶进入我国领海，须经我国政府批准。外国潜水艇和其他潜水器通过我国领海必须在海面航行，并展示其旗帜。任何外国船舶在我国领海航行，必须遵守我国法律、法规。1996年5月15日全国人大常委会《关于批准〈联合国海洋法公约〉的决定》中重申：《公约》有关领海内无害通过的规定，不妨碍沿海国按其法律规章要求外国军舰通过领海必须事先得到该国许可或通知的权利。我国政府有权采取一切必要措施，以防止和制止对领海的非无害通过。

（3）外国核动力船舶和载运核物质、有毒物质或其他危险物质的船舶通过我国领海，必须持有有关证书，并采取特别预防措施。

（4）外国船舶违反中国法律、法规的，由我国有关机关依法处理；外国军用船舶或者用于非商业性的外国政府船舶在通过中国领海时，违反中国法律、法规的，我国主管机关有权令其立即离开领海。

（5）外国航空器进入我国领海上空须根据协议、协定或经我国政府批准。

（6）外国未经批准不得在我国领海进行科学研究、勘探、开发和利用活动及海洋作业，经批准进行上述活动者必须遵守我国法律和规章。另外，在我国领海内铺设海底电缆和管道必须经我主管机关批准，并应遵守我国有关规定。

（7）对于通过我国领海的外国船舶上的犯罪行为，我们一般不行使管辖。但遇到罪行涉及我国或公民或者罪行扰乱了我国的和平、安宁和良好秩序或者非法贩运毒品等罪行时，经船旗国请求协助，我国便得行使刑事管辖权。对于民事案件的管辖，我国一般按国际惯例办理，通常采取不干涉的态度。

（8）对违反我国法律、法规的外国船舶，有关主管机关可以行使紧追权。

（五）毗连区

毗连区又称邻接区或特别区，是指沿海国在毗连其领海的一定范围内，为对其海关、财政、卫生和移民等类事项行使管制而设置的区域。

《海洋法公约》对1958年《领海与毗连区公约》的毗连区制度作了两点重要修改：①取消了毗连区属于公海的提法；②把毗连区的外部界限从12海里延至24海里，即它从领海基线量起不超过24海里，毗连区的法律地位不同于领海。沿海国对毗连区不享有主权，只在毗连区行使某些方面的管制，而且国家对毗连区的管制不包括毗连区上空。总之，毗连区没有独立的法律地位，其地位取决于其依附的海域，或接近于公海或接近于专属经济区。

《海洋法公约》规定沿海国可在毗连区行使下列管制：①防止在其领土或领海内违反其海关、财政、移民或卫生法律和规章；②惩治在其领土或领海内违反上述法律和规章的行为。可见国家在毗连区内行使管制是为了维护本国主权和法律秩序，是为了对违法者进行追究和惩罚。

中华人民共和国《领海及毗连区法》规定了我国的毗连区制度：①毗连区的宽度为12海里。为避免理解概念时发生异解，保持与公约的表述统一，该法规定，毗连区外部界限为从基线量起等于24海里的线。②我国在毗连区内的权利为：对在领陆、内水、领海内违反有关安全、海关、财政、卫生或出入境管理的法律、法规的行为行使管辖权。③对违反我国法律者可以从毗连区内开始紧追。

## 三、内水

### （一）内水的概念与法律地位

内水是指一国领海基线向陆地一面的水域。它包括一国的海湾、河口湾、海湾口以及其他直线基线与海岸之间的水域。

内水与国家的陆地领土具有相同的法律地位，国家对其行使完全的、排他的主权，有关内水的法律地位均由各国国内法确定。由于内水的这种地位，外国船舶未经许可不得驶入一国内水，也不得进行捕鱼和其他海洋活动，否则就构成了对沿岸国领土主权的侵犯。当然，外国非军用船舶可遵照沿海国的法律、规章驶入其开放的内水海域。外国军用船舶要进入内水必须通过外交途径办理必需的手续。对于遇难船舶，各国一般允许进入，但其应严格遵守沿海国的规章、制度。

### （二）海湾

海湾是指海洋深入陆地而形成的明显水曲。从国际法角度看，只有当水曲的面积大于或等于以湾口宽度为直径划成的半圆时，才能视为海湾。从法律地位上看，海湾可分为内海湾和非内海湾。

按照《海洋法公约》的规定，沿岸属于一国的海湾如果天然入口处两端的低潮标之间的距离不超过24海里，则可在两个低潮标之间划出一条封口线，该线所包围的水域应视为内水，该海湾即属内海湾。如果海湾天然入口处两端的低潮标之间的距离超过24海里，24海里的直线基线应划在海湾内，基线以内的水域才是内水，该海湾属非内海湾。

公约还规定，上述规定不适用历史性海湾。这是以湾口宽度作为确定内海湾标准的例外。历史性海湾是指海岸属于一国，其湾口宽度虽超过24海里，但历史上一向被承认是沿海国内海的海湾。历史性海湾的概念及法律制度确立于1910年“英美北大西洋渔业仲裁案”的判决中。对历史性海湾一般承认须具备两个要件：①沿岸国已对该海湾在长期内作为内海而行使主权；②其他国家长期承认（明示或默示）该项控制的事实。历史性海湾的典型例证：加拿大的哈得逊海湾，其湾口宽度为50海里，根据加拿大的有效控制和各国默认而成为历史性海湾；苏联的大彼得湾，湾口宽度为110海里，也被宣布为历史性海湾。海岸分属两个或两个以上国家的海湾，其法律地位尚未形成统一的国际法规则。但从一般原则和实践来看，这类海湾无论湾口宽窄均属非内海湾，其法律地位和制度由有关各方协商确定。

（三）海港

具有天然条件和人工设备，便于船舶停泊和上下客货的港湾称为港口，海岸线上的港口即海港。海洋法中，海港指用于装卸货物和上下乘客和船舶停泊并具有各种工程设施的海域。海港实际上是一种特殊的内海湾。

海港可从不同角度分类：从其形成上可分为天然港和人工港；从其用途上可分为军港和商港；从其法律地位上可分为开放港和不开放港（又称封闭港）等等。

由于海港是一国的海上门户，是沿岸国进行海上贸易的枢纽，它不仅对国内交通而且对国际贸易都极为重要。所以，有关海港的制度早就举世瞩目。国际上曾就此制定过许多国际条约，其中较为重要迄今仍然有效的是1923年《国际海港制度公约》及其附件《国际海港制度规则》。其主要内容包括外轮进出港口、航务、税收及待遇以及不得因船旗不同而有歧视等方面。

在国际实践中，各国在港口制度方面的规定可大致归纳如下：①外籍船舶进入港口须经许可、办理一定手续，并提早数日将预计抵港时间告知港口国。在到港24小时之前船舶应将到港时间、船体前后吃水情况向港务监督报告。②外籍船舶抵港后应立即呈报有关报表和交验有关证书及文书，并接受港口国卫生防疫、海关缉私、移民、边防安全等部门的检查。③外船进港口时应接受强制引航并按规定的航道和航速行驶。④为维护港内秩序，各国都规定外籍船舶在港内应遵守的事项，如武器的封存、无线电装置使用的限制等。⑤为加强港内水域保护，许多国家还对港内排入油类、油性混合物和其他污物制定了专门的法规。如船舶排放压舱水、舱底水，必须向港监申请批准，等等。

沿岸国根据领土主权原则，对其港口内的外国船舶具有刑事管辖权。

但在实践中，一般国家都是在不干涉船舶内部纪律的基础上采用沿岸国与船旗国管辖相结合的原则。只有遇到扰乱港口安宁、案情重大、沿岸国为受害者或应船旗国请求管辖时，沿岸国才予管辖。对于港内船上的民事案件，只有当其涉及船舶以外的因素，或涉及船舶本身在港内航行、停留期间的权利义务时，沿岸国才予管辖。此外，诸如船舶内部纪律、工资、劳动条件、秩序、经济事务、人身权利或财产纠纷等问题，各国均不行使管辖权。

我国沿海分布着几百个港口，其中用于对外贸易和出入外籍船的开放港数十个，如上海、天津、大连、烟台、青岛、广州、厦门、海口，等等。我国的港口制度如下：

1. 进港规则

（1）外籍船舶进入我国港口须经事先许可，应在预计抵港1周前，通过我外轮代理机构办理进港批准手续；并要在到港24小时前再作一次到达具体时间、船体吃水情况的报告。

（2）外籍船舶经批准入港后，应在指定地点等候检查，我国实行港监、边防、海关、检疫部门的联检。

（3）外籍船舶进出我港口及在港内航行、停泊都必须经我国引航员引航，即强制引航制度。

2. 港内规则

（1）外船抵港后，船上武器、弹药应由港监封存；无线电通信及信号设备应停止使用。只有在紧急情况下经批准才能使用。

（2）港口禁止射击、游泳、钓鱼、鸣放鞭炮及其他危及港口安全和秩序的行为。除因航行完全必须外，不得随意鸣放声号。

（3）港内航行和停泊的外船，应悬挂其国旗，并加挂船名呼号和港口规定的有关信号。

3. 出港规则

（1）船舶出港，须呈报告及文件，经查后发给出港许可证。

（2）船舶不适航状态或违法船舶或发生事故的船舶，我港监部门有权禁止其出港或令其返航、停航。

## 四、专属经济区和大陆架

### （一）专属经济区

1. 专属经济区的概念与法律地位

专属经济区是领海以外并邻接领海的一个区域，该区域从测算领海宽度的基线量起，不超过200海里。根据海洋法公约的规定，拥有专属经济区的权利并非沿海国固有的，需要沿海国以国内法形式宣告来实现。沿海国在专属经济区享有以勘探和开发、养护和管理其自然资源为目的的主权权利，以及关于在该区从事经济性开发和勘察，如利用海水、海流和风力生产能源等其他活动的主权权利；对该域内的人工岛屿、设施和结构的建造和使用以及海洋科学研究、海洋环境的保护和保全享有管辖权；并具有公约规定的其他权利和义务。外国在专属经济区内享有船舶航行、飞机飞越和铺设海底电缆和管道的自由，但在行使此权利时，须遵守沿海国的有关法律和规章。

专属经济区不同于公海。它是受国家一定管辖和支配的海域，沿海国对该区域的自然资源享有主权，并在其他一些方面享有管辖权，从而限制了其他国家在该区域的活动。专属经济区又不同于领海。它不属于沿海国领土的组成部分。沿海国的主权只及于专属经济区的自然资源，而不包括其他方面，因而其他国家在专属经济区内仍享有一些自由。总之，专属经济区既非公海又非领海，而是自成一类的具有独立地位的海域。

2. 海岸相向或相邻国家间专属经济区的划界原则和标准

海岸相向或相邻国家间专属经济区的划界原则和标准成为第三次海洋法会议争论不休的一个问题。经过激烈争论和反复协商，最终以折衷方案达成协议。《海洋法公约》第74条规定：①海岸相向或相邻国家间专属经济区的界限，应在《国际法院规约》第38条所指国际法的基础上以协议划定以便得到公平解决；②有关国家如在合理期间内未能达成任何协议，应诉诸第15部分（争端的解决）所规定的程序；③在达成第1款规定的协议以前，有关各国应基于谅解和合作精神，尽一切努力做出实际性的临时安排，并在此过渡期间内，不危害或阻碍最后协议的达成，这种安排应不妨害最后界限的规定；④如果有关国家间存在现行有效的协定，关于划定专属经济区界限的问题，应按照该协定的规定加以决定。我国支持200海里专属经济区建立的立场是一贯的，在1970年我国就发表声明支持拉丁美洲国家维护200海里海洋权的正义斗争，在第三次海洋法会议上我国代表多次重申，完全支持发展中国家建立200海里专属经济区的正义立场。

3. 我国关于专属经济区的法律规定

我国于1998年6月13日公布了《专属经济区和大陆架法》。该法规定了我国专属经济区的法律制度。

（1）我国的专属经济区指我国领海以外并邻接领海的区域，从测算领海宽度的基线量起延至200海里。

（2）与海岸相邻或者相向国家关于专属经济区的主张重叠的，在国际法的基础上按照公平原则以协议划定界限。

（3）我国在专属经济区为勘查、开发、养护和管理海床上覆水域、海床及其底土的自然资源，以及进行其他经济性开发和勘查，如利用海水、海流和风力生产能等活动，行使主权权利在专属经济区和大陆架有专属权利建造并授权和管理建造、操作和使用人工岛屿、设施和结构的建造、使用和海洋科学研究、海洋环境的保护和保全，行使管辖权。对专属经济区的人工岛屿、设施和结构行使专属管辖权，包括有关海关、财政、卫生、安全和出境入境的法律和法规方面的管辖权。

我国主管机关有权在专属经济区和大陆架的人工岛屿、设施和结构周围设置安全地带，并可以在该地带采取适当措施，确保航行安全以及人工岛屿、设施和结构的安全。

（4）任何国际组织、外国的组织或者个人进入我国专属经济区从事渔业活动，必须经我国主管机关批准，并遵守我国的法律、法规及我国与有关国家签订的条约、协定。

我国的主管机关有权采取各种必要的养护和管理措施，确保专属经济区的生物资源不受过度开发的危害；有权对专属经济区的跨界种群、高度洄游鱼种、海洋哺乳动物、源自我国河流的溯河产卵种群、在我国水域内度过大部分生命周期的降河产卵鱼种，进行养护和管理。

（5）任何国家在遵守国际法和中国的法律、法规的前提下，在我国的专属经济区享有航行、飞越的自由，在专属经济区内享有铺设海底电缆和管道的自由，以及与上述自由有关的其他合法使用海洋的便利。铺设海底电缆和管道的路线，必须经我国主管机关同意。

在行使勘查、开发、养护和管理专属经济区的生物资源的主权权利时，为确保我国法律、法规得到遵守，可以采取登临、检查、逮捕、扣留和进行司法程序等必要的措施。对在专属经济区内违反中国法律、法规的行为，有权采取必要措施，依法追究法律责任，并可以行使紧追权。

### （二）大陆架

#### 1. 大陆架的概念与法律地位

大陆架原是地质地理学的概念，是指从海岸低潮线起，海底以极其平缓的坡度向海洋方面倾斜延伸，一直到坡度发生显著增大的转折处为止的这一部分海床。地理学上还把大陆坡、大陆基作为陆地的延伸部分。大陆坡指从大陆架之外坡度显著变陡的转折处到坡度再度变缓转折处之间的海床。大陆基指大陆坡向外到进入海底平原前的充满沉积岸的海底区域。《海洋法公约》为便于大陆架定义，将大陆架、大陆坡和大陆基三部分统称为大陆边。

自20世纪40年代美国总统杜鲁门发表《大陆架公告》后，大陆架问题开始进入国际法领域，并在自然地理学上的大陆架概念的基础上逐步形成了大陆架的法律概念。

《大陆架公约》第1条规定，大陆架指邻接海岸但在领海范围以外，深度达200公尺或超过此限度而上覆水域的深度容许开发其自然的海底区域的海床和底土。这一定义包括两个定义：①大陆架是领海以外并邻接领海的海底区域。②大陆架宽度标准有两个：200米等深线；技术上可开发的深度。

《海洋法公约》第76条对大陆架的定义为：沿海国的大陆架包括其领海以外依其陆地领土的全部自然延伸，扩展到大陆边外缘的海底区域的海床和底土。如果从测算领海宽度的基线量起到大陆边的外缘的距离不到200海里，则扩展到200海里的距离。如从测算领海宽度的基线量起超过200海里，大陆架在海床上外部界限的各定点，不应超过从基线量起350海里，或不应超过2500公尺等深线100海里。

《海洋法公约》规定，沿海国为勘探和开发其自然资源的目的，对大陆架行使主权权利。这种权利是专属性的，即沿海国对大陆架的权利不取决于有效或象征的占领或任何明文公告；如果沿海国不勘探大陆架或开发其自然资源，任何人未经沿海国明示同意，均不得从事这种活动；沿海国对大陆架的权利不影响上覆水域或水域上空的法律地位。另外，沿海国有授权和管理为一切目的在大陆架上进行钻探的专属权利。在进行勘探和开发自然资源时，沿海国有权建造人工岛屿、必要的设施和结构，并对其拥有专属管辖权。

但沿海国对200海里以外大陆架的非生物资源的开发，应缴付费用或实物。费用或实物应通过管理局缴纳，管理局应根据公平分享的标准将其分配给各缔约国，同时考虑到发展中国家的利益和需要，特别是其中最不发达的国家和内陆国的利益和需要。

2. 关于相向或相领国家间大陆架的划界

关于相向或相领国家间大陆架的划界是一个极为复杂而又为各国密切关注的问题。在第三次海洋法会议上，围绕着大陆架划界问题又展开了激烈论争，其焦点集中在依照什么原则和标准划界。会上形成了两个对立的利益集团：日本、意大利、英国、西班牙等24国的"中间线集团"和阿尔及利亚、法国、越南、土耳其等30国的"公平集团"。最后，《海洋法公约》采纳了折衷的方案，即"协商原则"。

《海洋法公约》第83条规定："（1）海岸相向或相邻国家间大陆架的界限，应在国际法院规约第38条所指国际法的基础上以协议划定，以便得到公平解决。（2）有关国家如在合理期间内未能达成任何协议，应诉诸第15部分所规定的程序。（3）在达成第1款规定的协议以前，有关各国应基于谅解和合作的精神，尽一切努力做出实际性临时安排，并在此过渡期间内，不危害或阻碍最后协议的协成。这种安排应不妨害最后界限的划定。（4）如果有关国家存在现行有效的协定，关于划定大陆架界限的问题，应按照该协定的规定加以决定。”

这就是说，大陆架划界应根据国际法由当事国协商解决，最根本的原则是公平解决，如协议不成，可采用解决海洋争端的程序解决。故称之为“协商原则”。这一原则具有灵活性，既可为按“自然延伸原则”和“公平原则”划界的国家所接受，也可为倾向于按等距离中间线规则划界的国家所认可，对缓和相对立的“原则集团”的冲突有重要作用。但因其未确定具体适用的原则，而在实践中很容易引起争执。因此可以说，公约此项规定也不尽完善。

我国大陆架极为广阔，属于大陆架宽度超过200海里的18个国家之一，渤海和黄海海底全部为大陆架，东海有2/3的海底是大陆架，最大宽度近400海里，南海大陆架占海底面积的1/2以上。在我国的近海大陆架上，有极为丰富的自然资源。我国的大陆架除渤海外，都存在着与邻国的划界问题，如在黄海与朝鲜，在东海与韩国、日本，在南海与越南、马来西亚、菲律宾等国都存在着划界问题。

就海底资源而言，最有意义的是东海大陆架。东海大陆架位于中、日、朝三国之间，面积达51万平方千米。在东海大陆架的东西两部分之间有一个冲绳海槽区，冲绳海槽为我国大陆架与琉球岛架的自然分界线。在大陆架划界问题上，中日两国在适用原则和方法上存在着严重分歧。我国提出，根据东海大陆架的具体情况，在自然延伸的基础上按照公平原则协议划界以求得公平解决，应是东海大陆架划界遵循的主要原则，依此原则冲绳海槽构成为两国大陆架的界线，我国大陆架可延伸到250～370海里。日本方面主张应以等距离线或中间线为划界原则，这样一来，中国与日本琉球之间是“共大陆架”。

中日关于划分东海大陆架的不同主张，理应通过谈判协商解决，以公平合理地划分各自的大陆架。但日本政府却片面地与南朝鲜当局于1974年1月30日签订了“共同开发协定”，开发面积达82 000平方千米，其中包括理应属于我国的大面积的大陆架。对此，我国政府多次发表声明，提出抗议。

在南海，主要涉及南海诸岛的归属和大陆架划界及北部湾的海上分界问题，对此我国一直谋求通过谈判、协商公平合理地加以划定。关于相邻或相向国家间大陆架划界，我国的原则立场：应由有关各方根据公平原则，考虑到各种因素和情况，通过平等协商加以确定，只有这样才能获得各方都公平合理的结果。中间线或等距离线是划界的一种方法，只有在符合公平原则的条件下才能适用。

公平原则是一项公认的国际法原则，它不仅为许多重要国际文件所确认，而且为有关海域划界的重要国际判例所肯定。

3. 我国关于大陆架的法律规定

《专属经济区和大陆架法》规定了我国大陆架的基本制度。

（1）我国大陆架，是我国领海以外依本国陆地领土的全部自然延伸，扩展到大陆边外缘的海底区域的海床和底土；如果从测算领海宽度的基线量起至大陆边外缘的距离不足200海里，则扩展至200海里。

（2）与海岸相邻或者相向国家关于大陆架的主张重叠的，在国际法的基础上按照公平原则以协议划定界限。

（3）我国为勘查大陆架和开发大陆架的自然资源，对大陆架行使主权权利。在大陆架有专属权利建造并授权和管理建造、操作和使用人工岛屿、设施和结构，并对大陆架的人工岛屿、设施和结构的建造、使用和海洋科学研究、海洋环境的保护和保全，行使管辖权。对我国大陆架的人工岛屿、设施和结构行使专属管辖权，包括有关海关、财政、卫生、安全和出境入境的法律和法规方面的管辖权。我国拥有授权和管理为一切目的在大陆架上进行钻探的专属权利。我国主管机关有权在专属经济区和大陆架的人工岛屿、设施和结构周围设置安全地带，并可以在该地带采取适当措施，确保航行安全以及人工岛屿、设施和结构的安全。

（4）任何国际组织、外国的组织或者个人在我国的大陆架进行海洋科学研究，必须经中国主管机关批准，并遵守中国的法律、法规。主管机关有权采取必要的措施，防止、减少和控制海洋环境的污染，保护和保全专属经济区和大陆架的海洋环境。

（5）任何国家在遵守国际法和中国的法律、法规的前提下，在我国的大陆架享有铺设海底电缆和管道的自由。铺设海底电缆和管道的路线，必须经中国主管机关同意。

（6）我国对在大陆架违反中华人民共和国法律、法规的行为，有权采取必要措施，依法追究法律责任，并可以行使紧追权。

## 五、用于国际航行的海峡

### （一）概念

海峡是指两端连接海洋的天然狭长水道。其具有三个特征：第一，处于两块陆地之间；第二，连接两个海或洋；第三，是天然形成的。

用于国际航行的海峡有广义和狭义之分。广义的指所有的经常用于国际航行的海峡通道，而不论其具有何种法律地位。它可以包括具有内海、领海、专属经济区或公海地位的海峡以及专门条约规定了制度的海峡。而狭义的则是指《海洋法公约》中确定了地位的特指的“用于国际航行的海峡”。本节采用狭义的含义。关于这类海峡的范围，公约第35条规定：“本部分的任何规定不影响：（a）海峡内任何内水区域，……（b）海峡沿岸国领海以外的水域作为专属经济区或公海的法律地位；或（c）某些海峡的法律制度，这种海峡的通过权已全部或部分地规定在长期存在、现行有效的专门关于这种海峡的国际公约中。”根据公约精神可概括出这样一个概念，即用于国际航行的海峡指连接公海或专属经济区的具有领海地位的且未受专门限制的又频繁用于国际航行的海峡。

### （二）用于国际航行海峡的法律制度

对于用于国际航行的海峡分别适用过境通行和无害通过制度。

1. 过境通行制度

过境通行指所有外国船舶或飞机在公海或专属经济区之间的用于国际航行的海峡以继续不停和迅速过境为目的而行使的航行和飞越自由。

过境通行适用于在公海或专属经济区的一部分和公海或专属经济区的另一部分之间的用于国际航行的海峡。但如果海峡是由海峡沿岸国的一个岛屿和该国大陆形成，而且该岛屿向海一面在航行和水文特征方面同样方便的一条穿过公海或穿过专属经济区的航道，过境通行就不应适用。

《海洋法公约》明确规定了海峡沿岸国和过境者的权利和义务，即所有船舶和飞机均享有过境通行的权利，但其在行使过境通行时，应毫不迟延地通过或飞越海峡，并遵守沿岸国所制定的有关的法律和规章，不得对沿岸国主权、领土完整和政治独立进行任何武力威胁或使用武力。海峡沿岸国不应妨碍或中止过境通行，不得对过境船舶有所歧视，并应将其所知的对航行有危险的情况妥为公布。

依公约规定，在部分用于国际航行的海峡中可适用无害通过制度，而且规定在这种海峡中的无害通过不应予以停止，从而使其较之领海的无害通过扩大了过境船舶的权利。

2. 无害通过制度

无害通过制度应适用于下列国际航行的海峡。

（1）该海峡是位于公海或专属经济区的一部分和外国领海之间的。例如连接红海和亚喀巴湾的蒂朗海峡，峡宽10.5至26海里，两岸分属埃及和沙特阿拉伯。

（2）该海峡是由沿岸国的一个岛屿和该国大陆形成的，而该岛向海一面有在航行和水文特征方面同样方便的穿过公海和专属经济区航道，因而不适用过境通行制度的海峡。例如，位于坦桑尼亚大陆和奔巴岛之间的奔巴海峡。

## 六、公海

### （一）公海的概念与法律地位

公海的概念产生于16世纪，到19世纪被公认。在相当长的时期内，公海指领海以外的海域。《海洋法公约》规定，公海是指不包括在国家的专属经济区、领海、内水、群岛国的群岛水域内的全部海域。

公海不属于任何国家领土的组成部分，也不在任何国内法主体管辖之下，它属于管辖范围以外的海域。因此，任何国家不得有效地将公海的任何部分置于其主权之下，不得将其任何部分据为己有，不得对公海本身行使管辖权。这是公海法律地位的基础，也是公海不同于其他海域的本质特征。据此特征，公海是全人类的共同财富，对所有国家开放，所有国家包括沿海国和内陆国可平等地共同使用公海，并有权行使公约规定的各项自由。

（二）公海的法律制度

公海法律制度的基础和主要原则是公海自由。公海自由最初主要指航行自由和捕鱼自由。1958年《公海公约》规定了公海“四大自由”，即：①航行自由；②捕鱼自由；③铺设海底电缆和管道的自由；④飞越自由。为适应海洋科学技术的发展和人类对海洋利用规模的扩大，《海洋法公约》将公海自由的内容扩大为6项：即：①航行自由；②飞越自由；③铺设海底电缆和管道的自由；④建造国际法所容许的人工岛屿和其他设施的自由；⑤捕鱼自由；⑥科学研究自由。

在公海六大自由中最主要的是航行自由和捕鱼自由制度。

1. 航行自由

航行自由是指所有国家的各种船舶，均有权在公海的任何区域自由航行，其他国家不得加以干涉和阻碍。它标志着：①所有国家的船舶都有在公海上航行的权利，即享有在公海的任何区域完全无阻碍地自由航行的权利；②每个国家不论是沿海国还是内陆国，均有权在公海上行驶悬挂其国旗的船舶，内陆国有出入海洋的权利和过境自由；③在公海上航行的船舶，除受船旗国的管辖和国际法的限制外，不受其他国家的支配和管辖，不受任何强制性的海上礼节的约束。

任何在公海上航行的船舶应各有其国籍。公海上确定船舶国籍的证件是船舶证书和悬挂的国旗。国际法没有规定给以船舶国籍的条件。各国均以国内法规定给以国籍并允许悬挂国旗和发给证书的条件，通常以船舶所有权或船员国籍比例或船舶制造地为标准，而具体条件各有不同，但有一个共同要求：船舶必须在该国一个港口登记，并取得船籍证书。我国授予船舶国籍的条件是：①船舶的所有权应属于中华人民共和国国家、集体或个人所有；②船员应为中国公民。

船舶航行应仅悬挂一国的旗帜。船舶在航程中或在停泊港内不得更换其旗帜。悬挂两国或两国以上旗帜航行并视方便而换用旗帜的船舶被称为“方便旗船”，对任何其他国家不得主张其中任一国籍，并可视同为无国籍的船舶，不受任何国家的保护。

防止碰撞和海上救助。防止船舶碰撞是保障海上航行安全的极重要问题。船舶碰撞不仅包括船舶之间的碰撞，还包括船舶与礁石、流冰及防波堤等人工设备设施的碰撞。

由于船舶碰撞造成的损害后果严重，国际社会极为重视，先后制定了《关于防止海上碰撞的国际规则》（1948年）《海上避撞规则》（1960年）《海上避碰规则》（1972年）等专门国际公约。《公海公约》《海洋法公约》均将防止碰撞作为船旗国在公海上的义务而做出明确规定。

在公海上船舶有互相救助的义务。每个国家责成其船长在不严重危及其船舶、船员或乘客的情况下，应救助在海上遇难的人；在发生碰撞时应对被损害之船舶、船员和乘客予以救助。

2. 公海捕鱼自由

公海捕鱼自由是指任何国家或其国民都有权在公海上自由捕鱼，而不受其他国家的阻碍。《海洋法公约》第116条明确规定：“所有国家均有权由其国民在公海上捕鱼。”捕鱼自由并非毫无限制地任意进行的自由。现代捕鱼技术发达，如由各国随意狂捕滥捞，将会导致海洋渔业资源枯竭。为了保护公海生物资源，近百年来在海洋国家间缔结了一些渔业协定来调整公海捕鱼业，如1882年的《北海渔业公约》、1911年的《北太平洋海豹保护办法公约》、1946年的《关于管理捕鲸办法》及1958年的《捕鱼与养护公海生物资源公约》等。《海洋法公约》也对公海捕鱼制度作了规定，其主要精神为：①各国的公海捕鱼自由须受其参加的条约义务的限制，即各国国民在公海上捕鱼，不能违反在平等的基础上与其他国家签订的条约。②各国任其国民在公海上捕鱼的权利应受到养护公海生物资源之义务的限制。公海生物资源是全人类的共同财富，所有国家应通力合作以管理和养护公海生物资源不致因现代高度机械化的捕捞技术而导致渔源枯竭，应使捕捞鱼种的数量维持或恢复到能生产最高持久产量的水平。③保护公海生物资源是各国在享有公海捕鱼自由的同时应承担的义务。只有各国通力合作，通过签订条约采取一切必要措施维护公海生物资源，各国捕鱼自由才有保障。

公海自由是公海制度的核心，然而国际法对行使公海自由并不是毫无限制的。公海自由并不是说公海可以处于无法律状态，相反，公海自由本身就是一种法律状态。所以，各国在行使这些自由时，除应注意对各处自由的具体限制外，还必须遵守以下规则：①公海应只用于和平目的。各国在行使公海自由时，应为世界和平与安全服务，而不应把公海变成进行军事活动、侵略和战争的场所。②一国行使公海自由不得侵害别国的权利和利益。只顾自己在公海上行使自由，不让别国在公海上行使权利，也将导致对公海自由的破坏。③公海自由的行使不得违反《海洋法公约》和公认的国际法原则及有关规则，否则势必造成滥用或破坏公海自由的结果。

（三）关于公海的管辖

公海不属于任何国家的管辖范围，但并非在公海上没有任何形式的管辖。当然，这种管辖不是针对公海本身。按照国际法，船舶在公海上也要服从国际法与本国法律。因而在公海上仍有以下管辖。

1. 船旗国管辖

船旗国即船舶的国籍国。船旗国管辖指各国有权对在公海上的具有该国国籍的船舶的管辖。对此《海洋法公约》明确规定，船旗国对其在公海上航行的船舶具有专属的管辖权（第92条）；每个国家应对悬挂该国旗帜的船舶有效地行使行政、技术及社会事项上的管辖和控制（第94条）；此外，依据国际习惯和上述公约的规定，船旗国对船舶在公海上碰撞等事故享有专属的管辖权；军舰或专用于政府非商业性服务的船舶在公海上享有不受船旗国以外任何其他国家管辖的完全豁免权。船旗国对其在公海上的船舶的管辖是多方面的，且主要适用船旗国的法律。

2. 普遍性管辖

为了维持公海上的良好秩序，各国有权对公海上的违反人类利益的国际性罪行以及某些违反国际法的活动进行干预和管辖。

（1）管辖的对象主要是从事海盗、贩毒、贩奴、非法广播等行为者。

（2）管辖的方式为登临检查、扣押或逮捕。登临权又称临检权，指各国军舰或者经授权的政府船舶在公海上遇到外国船舶（军舰等享有豁免权的除外）有从事公约所列违反国际法的行为嫌疑时，可以靠近和登上该船进行检查的权利。

各国在行使登临权时应遵守公认的国际法规则。首先，被登临的船舶只能是军舰和专用于政府非商业性服务的船舶以外的船舶。其次，登临检查要有正当理由，被登临的船舶必须涉嫌从事公约所列行为，即海盗行为，贩奴，非法广播，无国籍，虽悬挂一国旗帜却拒不展示旗帜或拒不展示旗帜而事实上与军舰同一国籍。再次，登临权应由各国军舰、军用飞机或经正式授权的为政府服务的船舶或飞机行使。第四，登临的方式为：军舰可先行派由一名军官指挥的小艇登船检查其船舶文件，仍有嫌疑时，军舰可作进一步检查。但检查应审慎以免造成不必要的损害。最后，禁止登临权的滥用，如果登临后经证明嫌疑无根据，而且被登临的船舶并未从事涉嫌的任何行为，对因登临而造成的损失或损害，登临国应负责赔偿。

扣押和逮捕均系由军舰将经查确实犯有罪行的船舶或人员拿捕，并由拿捕国法院判定应处以惩罚的方式。如公约第105至108条对海盗船舶及人员、财物的扣押、逮捕作了规定；第109条对从事非法广播的人员、船舶及广播器材的逮捕、扣押作了规定。

3. 保护性管辖

这是沿海国为维护其本国利益对某些违反其法律和规章的行为的管辖延伸到公海实施的情况，也是国家属地管辖权的延伸适用。这种管辖在公海制度中突出体现在“紧追权”上。

紧追权指沿海国的军舰或军用飞机对于在其管辖范围内的海域内违反了该沿海国法律的外国船舶进行追逐直至公海仍可继续以期拿获的权利。依照公约和国际习惯，各国在行使紧追权时应遵守下述规则。

（1）紧追必须从国家管辖范围内的海域开始。即须从沿海国的内水、群岛水域、领海、毗连区、专属经济区或大陆架开始。而且，紧追只有在外国船舶视听所及的距离内发出停驶信号后，才可开始。

（2）紧追必须连续不停地进行，不得中断。如果紧追船舶、飞机需要更替时，须在后者到达后才能退出，否则即为中断，中断后再追逐，紧追便不成立。

（3）紧追的终止情况：①将被追逐船舶逮捕；②被追逐的船舶进入其本国或第三国领海。

（4）紧追只可由军舰、军用飞机或其他有明显标志的经授权的为政府服务的船舶或飞机进行。

（5）紧追权的行使应当审慎，紧追不当，追逐国应承担赔偿责任。

## 七、国际海底区域

### （一）国际海底区域的概念

国际海底区域简称区域，指国家管辖范围以外的海床、海底及其底土。国际海底区域是国际海洋法中的新概念和新制度。20世纪中叶以前，人类在海底区域的活动仅限于铺设海底电缆和管道。60年代以后，随着科技发展，海洋资源的发现，尤其是多金属锰结核矿被发现，把人们的注意力吸引到海底。为了避免对海底矿物资源的垄断，发展中国家提出了海底区域的法律地位应区别于公海，应由国际社会进行控制以造福于全人类的主张。1967年马耳他的帕多在联大会议上建议把“区域”宣布为“人类共同继承财产”，此项建议产生了重大影响，后为《海洋法公约》采纳并依此确定了国际海底区域的法律地位。

### （二）国际海底区域的法律地位

依照公约的规定，国际海底区域具有下述法律地位。

（1）国际海底区域及其资源是人类的共同继承财产。任何国家不应对“区域”的任何部分或其资源主张或行使主权或主权权利；任何国家或自然人或法人，也不得将“区域”的任何部分据为己有。

（2）对“区域”内资源的一切权利属于全人类，由国际海底管理局代表人类行事。

（3）在区域内的开发活动应为全人类的福利而进行，不论各国地理位置如何，也不论是沿海国或是内陆国，并特别考虑到发展中国家和仍未取得独立或其他自治地位的人民的利益和需要。管理局应在无歧视的基础上公平分享区域内活动取得的财政及其他经济利益。

（4）各国在“区域”内的一切行为应符合国际法。

（5）“区域”的法律地位不影响上覆水域和水域上空的法律地位。

关于国际底区域的开发制度，在第三次海洋法会议上曾有过激烈的斗争。广大发展中国家主张由国际海管理局负责区域的勘探和开发等一切活动，而某些大国极力主张开发工作由缔约国及其企业进行。反复争论、协商的结果是采用了“平行开发制度”，作为过渡时期，国际海底区域资源的勘探和开发应在管理局的安排和控制下进行。一方面由管理局企业部进行；另一方面由缔约国或国家实体或在缔约国担保下的具有缔约国国籍和这类国家或其国民有效控制的自然人或法人以与管理局协作的方式进行。具体区域被勘探后，开发申请者要向管理局提供两块具有同等价值的矿址，管理局选择其中一块作为保留区，留给管理局通过企业部或以发展中国家协作的方式进行活动；另一块是合同区，可由缔约国或其企业通过与管理局签订合同进行开发。

## 思考题

1. 简述领海的法律地位。
2. 领海与毗连区有何区别？
3. 过境通行与无害通过有何区别？

# 第七讲　国际航空法

## 内容摘要

本讲主要介绍航空法适用领域——空气空间的构成和法律地位，国际民用航空基本制度、国际航空民事责任制度和围绕《东京公约》《海牙公约》《蒙特利尔公约》三个反劫机公约形成的国际民用航空安全制度。

地球表面之上是无限高的空间。随着科学技术的发展，空间逐渐为人们所认识。科学家和法学家把空间分为“空气空间”和“外层空间”两个区域。空气空间是接近地球的大气层空间；外层空间，亦称“太空”“宇宙空间”，是空气空间以外的广阔空间。空气空间和外层空间无论在物理上还是法律地位上，都是两个性质不同的空间领域。人们把在空气空间的活动称为航空，把外层空间的活动称为航天；把指导并规范空气空间活动的法律称为国际航空法，或称空气空间法，把指导并规范外层空间活动的法律称为外层空间法。空气空间法和外层空间法被统称为“国际空间法”，是现代国际法的一个新分支。

## 一、空气空间的法律地位

空气空间指有空气的空间，即地球表面由大气层覆盖的空间。它包括两个部分：一部分是领空，即国家领土上的空气空间；另一部分是国家领土以外的陆地和水域上的空气空间。这两部分空间的法律地位是不同的。领空是国家领土以上一定高度的空间，是该国领土的构成部分，是国家主权支配下的空间，受该国的法律管辖，国家对其领空享有完全的和排他的主权。领空以外的空气空间是指公海、南极（在南极条约有效期间）和各国专属经济区之上的空气空间，是各国自由航行的空间。这个空间不属于任何国家管辖范围，各国在此享有自由飞行权。但这种自由飞行权的行使要遵守国际法律规章，包括国际航空法的有关规章制度、公海自由制度、专属经济区制度和南极法律制度等。

可以说直到19世纪，各国对空气空间都还不太重视。当美国莱特兄弟发明航空器后，航空器技术迅速发展，其活动的空气空间在国际社会中变得重要起来。18世纪以来，气球、滑翔机、航空器的出现，促使航空立法的产生。1898年，在巴黎举行国际航空会议。1899年，海牙第一次和平会议通过《禁止从气球发射子弹的宣言》。空气空间的法律地位问题在19世纪已受到法学家们的注意。随着航空的发展，出现了国家对覆盖其领土上的空气空间的主权问题。1919年《航空管理公约》（《巴黎公约》）之前，关于国家领土上空的法律地位问题，主要形成下述几种理论。

1. 完全的空中自由论

该理论认为空气和海洋一样是人类的共同财富，因而主张空中自由论。如比利时的尼斯认为空间如同公海，允许各国自由飞越，地面国只享有自保权。

2. 空中有限自由论

该理论认为空间原则上是开放和完全自由的，但地面国可以制定和实施各种航空规则。法国的福希叶认为空间可以自由飞行，但地面国为了自保有权制定规章制度。

3. 海洋比拟论

该理论主张把空间比拟为海洋。同海洋分为领海和公海一样，空间也分为领空和公空，领空有一定的高度，超过此高度应该是公空。

4. 国家主权论

该理论认为国家对空间有完全的主权，地面国有权对一切飞行器开放或关闭其上空，有权对通过其上空的飞行器加以管制。

5. 有限的国家主权论。

该理论主张原则上国家对其领土上空享有主权，但外国航空器有无害飞越国家领土上空的自由。

6. 国际共管论

该理论主张各国领土上空的空间应当由国际共管，以方便空中航行。但公海与无人占领区上空是绝对自由与开放的。

第一次世界大战中出现了空战，敌方飞机的轰炸威胁着各国的安全，各国开始对其领土之上的空气空间行使主权。地面国可单方面对其领土之上的空气空间行使主权，这种权利得到了1919年《巴黎公约》第一条的确认。该条规定地面国对其领土包括其领水之上的空气空间享有“完全的和排他性的主权”。领空主权的确立，意味着国与国之间有条空中界限，在这一界限范围内，地面国有完全的主权。

罗马法中有一句格言：“谁有土地，谁就有土地的上空。”它通常被认为是国家对其领空享有主权的理论依据。自20世纪以来，国家对其领土上空享有主权已成为一项公认的国际法规则。如《国际民用航空公约》第1条规定：“缔约各国承认每一国家对其领土上的空间具有完全的和排他的主权，即国家领土主权及于其领土之上的空气空间。“国家的领空主权原则不仅为众多的国际条约所承认，而且已成为一项习惯国际法规则，具有普遍的约束力。国家对其领空所具有的主权权利主要表现在以下四方面。

1. 管辖权

领空是一国领土不可分割的组成部分，国家行使的领空管辖权属于属地优越权的性质。每个国家对其领空都享有管辖权。未经一国允许，任何外国航空器不得进入该国领空。一国为安全与军事需要有权在其领空划定某些禁区。当然，国家行使管辖权时也受到其缔结或加入的国际条约规定的国际义务的限制。

2. 自保权

任何国家都有保卫其领空安全，不受外来侵犯的充分权利。对于非法入境的外国航空器，国家可行使主权，采取符合国际法有关规则的任何适当手段。

3. 管理权

每个国家都有权不受任何外国干涉地自行决定制定必要的航空法律和规章，以维护空中航行的正常秩序，保障空中交通安全和公众的合法权益。一国有权制定关于外国航空器入境、离境和在境内飞行的规章制度。任何外国航空器在一国领土上空飞行或在该国领土内运转，都必须遵守地面国的现行相关法律和规章。

4. 支配权

国家可以通过国内立法对领空实施支配权。国家保留国内载运权，而对于外国航空器的国际航班飞行进入其境内，则需要签订航空运输协定给予运营权。

## 二、国际航空法律体系

空气空间是航空器运行的场所。人们把在空气空间的活动称为航空。把规范空气空间的法律原则、规则和制度，主要是关于航空器运行以及民用航空活动的法律规范总称为空气空间法或航空法。它是以领空制度为基础形成的空中航行的一套法律制度。广义的航空法包括适用于不同国家航空关系的“国际航空法”和适用于一国领空的“国内航空法”；而狭义的航空法仅指国际航空法，是指调整各国航空活动中的法律关系的原则和规则的总体，是统一各国关于空中航行、交通运输和其他民用航空活动各种不同规定的国际法。

### （一）国际航空法的渊源

国际航空法因为历史短，大部分原则和规则都是在条约中规定的，其法律渊源主要是国际条约。第二次世界大战以来，国际上签订了一系列有关国际航空活动的原则和规则的条约，涉及空气空间的法律地位、航空器的法律地位、空中飞行制度、空中安全和损害赔偿等方面。从适用范围上划分，这些构成国际航空法渊源的国际条约可分为以下三类。

（1）关于国际民用航空的国际公约。那些被各国广泛接受的公约，是国际航空法的最重要的渊源。

（2）关于国际民用航空的地区性多边或双边条约。在国际民用航空领域中的地区性条约中，尤其是大量存在的双边航空运输协定，有很多规定都是相同或近似的这些地区性多边或双边条约也是国际航空法的渊源。

（3）其他含有有关国际民用航空规定的国际条约。其他国际条约中有关国际民用航空的规定，对国际民用航空也产生了深刻的影响，也是国际航空法的渊源。例如，1980年《联合国货物多式联运公约》。航空运输作为联运中的一部分应受该公约的约束。1982年《海洋法公约》关于海洋不同区域上空的法律地位；领事条约中关于救助航空器的规定等。

（二）国际航空法律体系

从内容上划分，国际航空法主要是规范国际民用航空的法律体系，大致包括三个部分：围绕《芝加哥公约》形成的国际民用航空基本制度；围绕《华沙公约》形成的国际航空民事责任制度；围绕《东京公约》《海牙公约》《蒙特利尔公约》三个反劫机公约形成的国际民用航空安全制度。

其中，1944年的《芝加哥公约》规定了有关国际航空的一般原则和制度，是构成当今国际民用航空法律制度的基本国际公约。它包括空中航行、国际民航组织、国际航空运输等部分的基本规则，构建了国际民航制度的框架。

## 三、国际航空的基本制度

（一）航空器

1. 航空器的概念

航空器是指可以以空气的反作用在大气中取得支撑力的任何人造物体，

如气球、飞艇、各种飞机等。《芝加哥公约》以航空器的用途为标准，把航空器分为“国家航空器”和“民用航空器”两类。该公约的制度仅适用于民用航空器，而不适用于国家航空器。国家航空器是指用于公务、军事、海关和警察部门的航空器。民用航空器是指国家航空器以外的所有航空器。国家航空器和民用航空器分别具有不同的法律地位：未经特别协定或其他方式的许可，一缔约国的任何国家航空器不得飞越另一缔约国领空或在其领土降落；一国的民用航空器则可根据国家之间民用航空协定规定的航线，飞越另一缔约国领空或在其领土降落。该公约规定的民航飞行制度只适用于和平时期，对战时的交战国或中立国没有约束力。

2. 航空器的国籍与管辖

《芝加哥公约》规定，民用航空器必须在一国登记并因而取得其登记国的国籍。登记按照一国相关的国内法规定进行。航空器只能在一个国家进行有效登记，不能同时在两个或两个以上国家登记，重复进行的登记均无效。但是，其登记可以从一个国家转移到另一个国家。航空器在任何一个国家登记或转移登记，都应当按照登记国的法律和规章办理。由于登记国规定的登记办法和要求，直接关系到该国能否对被登记的航空器进行有效控制，所以有些国家规定，只限本国国民所有的航空器才能在该国登记。具有一国国籍的航空器有权受到该国的保护，而该国对具有本国国籍的航空器上发生的事件或事故拥有管辖权。

3. 关于航空器国际空中航行的规则

根据该公约，航空器进行国际空中航行。应当遵守下述规则。

（1）展示识别标志。该公约第20条规定：“从事国际航行的每一航空器应载有适当的国籍标志和登记标志。”

（2）遵守飞入国的法律和规章。

（3）在设关机场降停，接受降停国的检查。该公约第10条规定：“除按照本公约的条款或经特许，航空器可以经一缔约国领土而不降停外，每一航空器进入一缔约国领土，如该国规章有规定时，应在该国指定的机场降停，以便进行海关和其他检查。当离开一缔约国领土时，此种航空器应从同样指定的设关机场离去。”第16条规定：“缔约各国的有关当局有权对其他缔约国的航空器在降停或飞离时进行检查，并查验本公约规定的证件和其他文件；但应避免不合理的延误。”

（4）应携带必备的文件。该公约第29条规定：“缔约国的每一航空器在从事国际航行时，应当按照本公约规定的条件携带下列文件：航空器登记证、航空器适航证、机组成员的适当执照、航空器航行记录、航空器无线电台许可证（如该航空器装有无线电设备）、旅客名单及其登机地与目的地的清单、货物仓单和详细的申报单。”

（5）遵守飞入国关于货物限制的规定。该公约第35条规定：“从事国际航行的航空器，非经一国许可，在该国领土上空不得载运军火或作战物资。”“缔约各国为了公共秩序和安全，除第一款所列物品外，保留管制或禁止在其领土内或领土上空载运其他物品的权利。但在这方面，对从事国际航行的本国航空器和从事同样航行的其他国家的航空器，不得有所区别，也不得对在航空器上为航空器操作或航行所必要的或为机组成员或旅客的安全而必须携带和使用的器械加以任何限制。”

（6）不滥用民用航空。该公约第4条规定：“缔约各国同意不将民用航空用于和本公约的宗旨不相符的任何目的。”公约序言指出：本公约的宗旨在于，使国际民用航空运输业务建立在机会均等的基础上，健康地和经济地经营。以利于国际民用航空按照安全和有秩序的方式发展，并使建立和保持世界各国人民之间的友谊和了解，避免各国之间和人民之间的摩擦并促进其合作，保障世界和平。而滥用民用航空，则足以威胁普遍安全。

航空器飞越他国领空时，受领空地面国法律管辖。应遵守该国法律和规章，但在公海上空，航空器仅受其国籍国的法律管辖。航空器在飞越沿海国的毗连区、专属经济区或大陆架上覆水域上空时，有自由飞越的权利，但应遵守沿海国的有关法律和规章。从事国际航空活动的航空器，还必须遵守国际航空法。机长在航空器内具有特殊地位，有权代表航空公司和航空器登记国对机组人员和旅客发布严格命令并行使管理权。

（二）国际航空运输管理体制

1. 国际航空的双轨管理体制

国际航空运输是指经过一个以上国家领土之上的空气空间，以航空器运送旅客、行李、货物和邮件的公共航空运输。1944年芝加哥国际民用航空会议形成了战后的国际航空运输管理体制，并形成了航空运输运营权利的概念。

根据《芝加哥公约》，航空运输被分为国际定期航班飞行和国际不定期航空飞行两种不同的双轨管理体制。航班飞行，即定期的国际航空运输业务，是指以航空器从事国家间乘客、邮件或货物运输的定期的航运业务。国际民用航空组织理事会在1952年给国际航班飞行所下定义是：①飞越两个以上国家的领土或领空；②为取酬而运送客、货、邮；③按班期时间表飞行，每次班期都开放供公众使用，且航班是定期和频繁的，是有规律的系列。

《芝加哥公约》第 6 条规定："除非经一缔约国特准或其他许可并遵照此项特准或许可的条件，任何定期国际航班不得在该国领土上空飞行或进入该国领土。"这就将定期国际航班纳入有关国家双边航空运输协定的轨道。

芝加哥会议还讨论了每一缔约国给予其他缔约国的定期航班"五项自由"：不降停而飞越其领土的权利；非运输业务性降停的权利；卸下来自航空器所属国领土的客、货、邮的权利；装载前往航空机所属国客、货、邮的权利；装卸前往或来自任何其他缔约国领土的客、货、邮的权利。故此协定也称为"五种航空自由协定"。只有前两项自由得到了多数与会国的赞同，会议被迫起草了两个协定：《国际航班过境协定》规定了前两种自由；《国际航班运输协定》包括了全部五种自由。大多数与会国签署了第一个协定，签署第二个协定的不到半数，少数国家两个协定都未签字。因此，后三种自由还未普遍被认可为国际航空法原则。

非航班飞行又称不定期飞行，或称不定期的国际航空运输业务，即不按公布的班期表运输，也不受正常航班运费率约束的运输业务。依惯例，不定期航班运输不使用从事定期航班的航空器进行作业。《芝加哥公约》规定不定期航班运飞行可以不经领空国许可，但相当多国家对此做出保留，要求所有飞行都须经领空国的许可方可进入其领空。此后的国际实践中，国家间通常通过双边航空协定具体现定其民用航空有关事项和规则。

2. 国际航空双边协定

美英两国于1946年在百慕大举行了双边谈判，签订了美英航空运输协定，即著名的《百慕大协定》。之后，世界上很多国家也都按《百慕大协定》模式签订航空运输协定，形成了一种以双边协定为主的国际航空运输管理体制，其要点是：

（1）以领空主权原则为核心的国际空中航行法律制度，构成了国际航空运输活动的“框架”。按照《芝加哥公约》的规定，国家之间交换与航空运输相关的辅助权。

（2）经营定期国际航班必须由有关国家签订双边航空运输协定予以管理，而非定期国际航班则由飞入国单方面管理。

（3）国际航空运输协会以其制定运价的机制统一协调世界各地的航空运价。

3. 国际民用航空组织

国际民用航空组织是《芝加哥公约》设立的政府间的国际组织，它是联合国的专门机构之一。其宗旨在于发展国际航空的原则和技术，并促进国际航空运输的规划和发展，以保证全世界国际民用航空安全和有秩序地进行发展。国际民航组织由大会、理事会和其他机构组成。

大会是最高权力机关，由《芝加哥公约》的全体缔约国组成，每3年举行一次会议，由理事会负责召集。它有11项职权，但主要的是决定财务安排；选举理事会的成员；听取理事会的报告并对报告采取行动；就理事会向大会提出的有关事项作出决定；决定赋予或撤销理事会的职权。

理事会是常设的领导机关，由大会选出的33个缔约国代表组成，任期3年。它主要有准立法权、准司法权及管理权。准立法权主要表现在它有制定并随时修改公约附件的权力；准司法权是指理事会遇有处理这些条款涉及的问题时，可依国际法进行裁决；另有审查缔约国提交的运输、成本统计及财务报告及处理其他日常事务的行政管理职能。

国际民用航空组织除上述两个主要机构外，还有秘书处（该组织的行政办事机构）和各专门委员会，包括空中航行委员会、航空运输委员会和法律委员会。这些专门委员会都是设在理事会之下，协助理事会工作的。该组织共有150多个成员国。我国自1974年起一直是该组织的理事国。

## 四、国际民航的损害赔偿责任

### （一）国际航空承运人的责任制度

关于国际航空承运人的责任制度主要体现在《华沙公约》中，1929年10月在华沙签订的《统一国际航空运输某些规则的公约》（简称《华沙公约》），是第一个有关航空承运人的损害赔偿责任的国际公约。它规定航空承运人对于造成旅客、行李与货物的损害以及延误所引起的损害的责任原则和具体制度。

1. 推定过失责任制

由于航空事故一旦发生，旅客与托运人通常很难搜集航空公司方面过失的证据，《华沙公约》采用的是适应航空运输特点的推定过失责任制，即首先推定承运人对航空运输中的损失有过失，应负赔偿责任，如果承运人认为自己无过失，他可通过举证证明、反驳或抗辩，以减轻或解除其责任。

根据《华沙公约》，承运人在以下三种情况下应当承担责任。

（1）对于旅客死亡、受伤或任何其他人身伤害所遭受的损害，如果造成这种损害的事故是发生在航空器上或在上、下航空器的过程中。

（2）对于任何已经登记交运的行李或货物毁灭、遗失或损坏遭受的损害，如果造成这种损害的事故是发生在航空运输期间。

（3）承运人对旅客、行李或货物在航空运输中由于延误所造成的损害，应当负担责任，但承运人的责任是有限制的。承运人的责任限额是：对旅客为125 000法郎；对交运行李和货物为每公斤150法郎；对旅客自己照管的物品为每位旅客5 000法郎。但该公约规定在两种情况下，承运人的责任没有限制：第一，如果该损害是由于承运人有意或不顾后果的不良行为，或者是由于承运人过失造成的，但依受理诉讼法院地法认为该过失相当于有意或不顾后果的不良行为除外；第二，承运人没有开具运输凭证。

2. 责任减免

该公约规定在三种情况下，承运人可以免除或减轻责任。

（1）承运人如果证明他和他的代理人或雇佣人为避免损失的发生，已采取了一切必要的措施，或者根本不可能采取这种措施时，不负责任。

（2）承运人证明损失的发生是由于驾驶航空器的操作中或航行中的过失引起的，他和他的代理人已经在其他方而采取了必要的措施以避免损失时，承运人对货物的损失可不负责任。

（3）承运人如果证明损害是由受害人的过失所造成或促成的。法院可以按照该法院地法律的规定，免除或减轻承运人的责任。

3. 对有关诉讼拥有管辖权的法院

对有关诉讼拥有管辖权的法院为：承运人的住所地法院；承运人主营地法院；订立合同的承运人营业机构设立地法院；航程目的地法院。

此外，《华沙公约》对航空运输的业务范围、运输票证、损害赔偿标准等作了具体规定，形成国际航空运输上的所谓“华沙体系”。1955年，公约中的赔偿标准作了修改，修改议定书于1963年8月1日起生效。中国于1958年7月20加入这一公约。

### （二）航空器对第三者损害的赔偿责任

民用航空运输中对第三者损害的赔偿责任，主要是指从事民用航空运输的航空器碰撞或对地（水）面上第三者造成损害的赔偿责任。1952年在罗马签订的《关于外国航空器对地（水）面第三者造成的损害公约》（简称罗马公约》）就是对这一问题进行规范的。该公约的目的是力争在最大可能范围内，将世界各国适用于外国航空器对地（水）面第三者造成损害的责任规则统一起来，一方面确保受害人获得适当的赔偿，同时合理地限制因此种损害而引起的责任范围。

1. 无过失责任原则

《罗马公约》采取无过失责任原则，即客观责任制。该公约规定：“凡在地（水）面上受损害的人。只要证明该项损失是飞行中的航空器或从飞行中的航空器坠落下的人或物所造成的，即有权获得本公约规定的赔偿。但是，如所受的损害并非造成损害的事件的直接后果，或所受的损害只是航空器遵照现行的空中交通规则在空中通过的结果，则受害人无权要求赔偿。”

2. 责任减免

航空器对地面或水面上第三者造成的损害，由该航空器经营人承担责任。但在以下情况下可以免除或减轻责任。

（1）如果损害是武装冲突或民事骚乱的直接后果，或者被公共权力机关的行为剥夺了使用航空器的权利，则按《罗马公约》规定应负责的人将对该项损害不承担赔偿责任。

（2）如果能证明损害的全部或部分是由于受害人或其受雇人的过失造成的，则可以免除或减轻赔偿责任。但是，如果损害虽然是由于受害人与其受雇人的过失所造成的，受害人却证明其受雇人的行为超出了他所授权的范围，则不能免除或减轻航空器经营人的赔偿责任。此外，如果是两架或两架以上的航空器在飞行中相撞或者相扰而发生应予以赔偿的损害，或者两架或两架以上的航空器共同造成这种损害，则每一架航空器都被认为造成了这种损害，每一航空器的经营人都应在《罗马公约》规定的条件及责任范围内承担责任。

3.《罗马公约》的适用

《罗马公约》适用于在一缔约国领土内，由在另一缔约国登记的航空器在飞行中对地面或者水面上第三者造成的损害赔偿责任。为了公约的目的，在公海上的船舶或者航空器应被视为该船舶或航空器登记国的领土的一部分。

《罗马公约》不适用于：①对飞行中的航空器以及航空器上的人或财产造成的损害，即不适用于空中碰撞；②受害人与航空器经营人之间已签订有合同或他们的关系由劳动合同法律来调整的情况；③军事、海关或警察用的航空器造成的损害。

由于对责任限额水平存在着严重的分歧，参加《罗马公约》的国家为数不多，中国也尚未加入此公约。在国际民用航空组织的主持下，1978年在蒙特利尔召开了航空法会议。修订《罗马公约》。制定了1978年《蒙特利尔议定书》，主要是提高了责任限额。但现在批准的国家甚少，该议定书还难以生效。

## 五、国际民航安全制度

随着国际航空事业的不断发展和国际关系的变化以及各国的国内政治、经济矛盾不断发生，第二次世界大战后，危害国际民航安全的恐怖行为不断发生，且愈演愈烈。为了惩治这些行为，在联合国国际民用航空组织的努力下，国际社会签订了1963年《东京公约》、1970年《海牙公约》、1971年《蒙特利尔公约》及1988年（补充蒙特利尔公约议定书》等法律性文件，对危害国际民用航空安全的非法行为的管辖、引渡及起诉等问题作了规定。

### （一）关于危害国际民用航空安全非法行为的界定

1. 1963年《东京公约》的规定

1963年《东京公约》对航空器在飞行中发生的犯罪行为及对此行为的管辖问题作了规定。这是第一个关于空中犯罪问题的国际公约，中国于1978年加入了该公约。

《东京公约》第 1 条规定，有两种行为是危害国际民用航空安全的非法行为：一种是违反刑法的罪行，即依某特定行使管辖权的国家的刑法规定属于犯罪的行为；另一种是可能或确已危害航空器或其所载人员或财产的安全，或危害航空器内的正常秩序和纪律的行为，无论此种行为是否构成犯罪。

该公约规定适用于在一个缔约国登记的任何航空器上的人在航空器内所犯的罪行或危害行为，无论该航空器是在飞行中或在公海海面上，或在不属于任何国家领土的其他地区上空。所谓航空器在“飞行中”，公约规定了两个标准：一个标准是指从航空器为起飞而跑动时起，到着陆滑跑完毕；另一个标准是从航空器装载完毕，机舱外部各门均已关闭时起，直至翻开任一机舱门以便仰载时为止。航空器迫降时，则到主管当局接管对该航空器及其所载人员和财产的责任时为止。

2. 1970年《海牙公约》的规定

1970年《海牙公约》专门处理空中劫持问题。对非法劫持航空器下了定义并认为应给予严厉惩罚，规定这种犯罪行为应作为可引渡罪行。中国于1980年加入。

《海牙公约》对非法劫持航空器的犯罪行为作了明确规定。该公约第1条规定："凡对飞行中的航空器内的任何人使用暴力或以暴力威胁，或用任何其他恐吓方式，非法劫持或控制该航空器，或企图实施这类行为的任何行为，或是从事这类行为的任何未遂行为的从犯，都犯了该公约所指罪行。""飞行中"是指航空器从装载完毕，机舱外部各门均已关闭时起，直至打开任一机舱门以便卸载时为止。从航空器起飞开动马力起到着陆滑跑完毕时均属于在飞行中。航空器强迫降落时，在主管当局接管对该航空器及其所载人员和财产的责任前，被认为仍在飞行中。

3. 1971年《蒙特利尔公约》及1988年其补充议定书的规定

1971年《蒙特利尔公约》进一步明确非法劫持航空器行为的性质和范围，并规定这种行为是"可引渡罪行"。中国于1980年加入该公约。

1971年《蒙特利尔公约》规定下列行为均构成犯罪：①对飞行中的航空器内的人实施暴力行为，如该行为足以危及该航空器的安全；②破坏使用中的航空器，或者对该航空器造成损坏使其不能飞行或足以危及其飞行安全；③不论采取何种方法，在使用中的航空器内放置或使他人放置某种具有破坏该航空器，或者对其造成损坏使其不能飞行，或足以危及其飞行安全的特性的装置或物质；④破坏或损坏航行设施或扰乱其工作的任何行为，若此种行为足以危及飞行中航空器的安全或传递明知是虚假的情报，由此危及飞行中的航空器的安全。所谓航空器在"使用中"，是指从地面人员班机组人员为进行确定的飞行而对航空器进行飞行前的准备时起，直到降落后24小时止，该航空器应被认为是在使用中。在任何情况下，使用的期间应包括航空器在飞行中的整个时间。

1988年《补充蒙特利尔公约议定书》全称为《制止在用于国际民用航空的机场发生的非法暴力行为以补充1971年9月23日订于蒙特利尔的制止危害民用航空安全的非法行为的公约的议定书》。该议定书补充规定，在用于国际民用航空的机场内非法对人实施暴力行为而造成重伤或死亡或破坏机场设备或者中断机场服务以致危及该机场的安全，即为犯罪。在该议定书各缔约国之间，1971年《蒙特利尔公约》和该议定书应被视为并解释为一个单一的文件。

以上公约虽然对犯罪做出明确规定，并对罪状作了简要表述，但定什么罪名，仍需依据追诉犯罪的国家的国内法确定。公约虽明确规定，应对犯罪予以“严厉惩罚”，但何谓“严厉惩罚”，公约并未规定，只能依据追诉犯罪的国家的国内法确定。

一般认为，在国内法关于罪状和罪名的法定刑中，在所适用的量刑幅度范围内，处以最高刑罚，即应是公约所指的“严厉惩罚”。这三个公约在形式上互相独立，而在内容上互相补充。另有1991年《蒙特利尔公约》，全称为《关于注标塑性炸药以便探测的公约》，该公约规定，禁止生产、贮存和运输非注标塑性炸药，以防恐怖分子利用难以探测的塑性炸药进行恐怖活动而危及民用航空以及生命、财产的安全。

（二）关于危害国际民用航空安全非法行为的管辖权

1. 1963年《东京公约》的规定

在1963年《东京公约》之前，对航空器上犯罪的管辖权，国际上没有统一的规则，主要由各国的国内法加以规定。由于各国国内法的差异，有时会导致管辖权的积极冲突，有时则由于管辖权的消极冲突而出现管辖权的疏漏或空白。《东京公约》规定了以航空器登记国为主、其他有利害关系国家为辅的“并行管辖权”体系。

（1）航空器登记国有管辖权。

（2）如果出现以下情况，非登记国的缔约国也有一定的管辖权：罪行在该国领土上具有后果；犯罪人或受害人为该国国民或在该国有永久居所；

罪行危及该国的安全；罪行违反该国现行关于航空器飞行或操作的任何规则或条例；为确保该国遵守根据多边国际协定所承担的任何义务而有必要行使管辖权（第4条）。

（3）不排除各国依照本国法律行使的任何刑事管辖权。

2. 1970年《海牙公约》的规定

1970年《海牙公约》规定，下列国家均有管辖权：①航空器登记国，发生于在该国登记的航空器内的；②降落地国，即在其内发生罪行的航空器在该国降落时被指称的罪犯仍在该航空器内；③承租人主要营业地或永久居所地国，即罪行是在租来时不带机组的航空器内发生的，而承租人主要营业地或永久居所是在该国；④罪犯所在地国，即当被指称的罪犯在缔约国领土内而未将此人引渡给上述三类国家的；⑤各国可以根据本国法律行使任何刑事管辖权。

3. 1971年《蒙特利尔公约》及1988年其补充议定书的规定

1971年《蒙特利尔公约》与1970年《海牙公约》的规定基本相同，但增加了“罪行发生地国”的管辖权。这是因为危害国际民航安全的罪行和危害用于国际民用航空机场安全的罪行越来越多地发生在地面。1988年《蒙特利尔公约补充议定书》规定，发现罪犯的国家若不将此人引渡给罪行发生地国，则应对罪行实施管辖权，从而使罪行发生地国有要求引渡罪犯的优先权。

就各公约和议定书的上述规定看来，不仅与劫机罪行有密切法律联系的国家有管辖权，而且任何抓获罪犯的国家都可行使管辖权。可见，这种管辖权带有普遍管辖权的性质。

（三）引渡和起诉

1963年《东京公约》规定，在缔约国登记的航空器内所犯的罪行，为引渡的目的，应被视为不仅发生在发生地，也发生在登记国领土上。当降落地国拒绝受理时，可将他送回本国，但公约的任何规定不得解释为同意给予引渡的义务。

1970年《海牙公约》和1971年《蒙特利尔公约》作了相同的规定，不仅扩大了引渡范围，而且还对引渡的依据和规则作了具体规定：

（1）危害民用航空安全的犯罪是可引渡的罪行，在缔约国之间看作是包括在缔约各国间现有引渡条约中的可以引渡的罪行，并且在今后缔结的引渡条约中应包括这类罪行。

（2）没有引渡条约时，被请求引渡的国家可自行决定以本公约作为请求引渡的法律依据。

（3）引渡应遵照被请求国法律规定的条件进行。

两公约都明确了“或引渡或起诉原则”，即在其境内发现被指称的罪犯的缔约国，如不将此人引渡，则不论罪行是否在其境内发生，应无例外地将此案件提交其主管当局以便起诉，该当局应按照本国法律以对待任何严惩性质的普通罪行（非政治罪）案件的同样方式做出决定。但公约没有设置强制的引渡义务，是否引渡，由被请求国决定。

## 思考题

1. 关于领空的法律地位目前有哪些主要理论？

2. 何谓航空器对第三者损害的赔偿责任？其归责原则和构成要件是什么？

3. 在打击空中劫持犯罪上有哪些公约？它们各包括什么内容？

# 第八讲　外层空间法

内容摘要

本讲主要介绍了外层空间与空气空间的划分及外层空间的法律地位、法律体系、活动原则，并根据相关国际条约，介绍了外空活动的主要法律制度。此外，对于现在外空活动中的现实问题进行了法律方面的探讨。

空间分为“空气空间”和“外层空间”两个区域。本讲主要介绍外层空间法。所谓外层空间法就是规范外层空间的法律规范。

## 一、外层空间的法律地位

1957年10月4日，苏联发射了人类第一颗人造地球卫星，从此以后，外层空间就成了许多人造卫星活动的重要场所。国家在大气上层、外层空间和宇宙太空的活动日益频繁，外层空间法律规则和制度也随着人类的外空活动产生和迅速发展。

### （一）空气空间与外层空间的划界

外层空间可以被定义为空气空间以上的空间。空气空间和外层空间的界限，实质上是国家主权的最高界限问题。这是与各国主权和安全利益密切相关的问题，但经过长期争论却始终未能解决。这方面大体上有空间论和功能论两种划分空气空间与外层空间的学说。

1. 空间论

空间论主张以空间的某种高度（物理特征和大气层空气分布情况）作为标准来确定空气空间与外层空间的界限。归纳起来，空间论大致有下述几种观点。

（1）以航空器向上飞行的最高限度（离地面约30～40公里）为界。

（2）以大气层中的不同空气构成为界，从50公里至数千公里不等，最高可达16 000公里。

（3）以人造地球卫星轨道离地球表面的最低高度（约100～110公里）为界。

（4）以地球同步轨道（约36 000公里）为界。

在20世纪80年代前后，多数国家倾向于接受上述第三种观点，即离地面100公里左右为外层空间与空气空间的界限。国际法协会在1978年马尼拉年会通过的决议中也曾指出，在海拔约100公里及以上的空间，已日益被各国和从事外空工作的专家们接受为外层空间。

2. 功能论

功能论者主张，地面上空是一个整体。从空间科技现状来看，仍无法规定一定高度作为空气空间和外层空间的界限，划定外层空间的界限的条件和时机尚未成熟。由于目前尚不具备划分空气空间和外层空间界限的条件，则应当根据航天器和航空器的不同功能，确定它们所适用的法律制度。航天器的活动即为航天活动，航天器在其活动的全部过程中，无论位于何处，都应适用外空法规则，而不受相应地面国主权的管辖。相反，航空器的活动则应按照有关国际航空公约或地面国航空法的规定来处理有关问题，受国家领空主权的管辖。

### （二）外层空间的法律地位

关于外层空间与空气空间的界限如何划分的问题，理论上尚存在分歧。目前，空气空间与外层空间的准确界限虽然尚未确定，但实践中人造卫星穿过外层空间和各国的空气空间，各国并不反对卫星环绕经过其主权的管辖区域。

根据公认的国际法原则，外层空间是地面国主权所控制不到的空域，因而是任何国家不能主张权利的空间。外层空间不能成为国家行使主权的对象，但任何国家可以为和平目的而利用外层空间和其他天体。

## 二、外层空间法律体系

各国外空活动的频繁和科学技术的发展，必然引起相关的法律问题，需要建立外层空间法规调整和规范。外层空间法的建立和发展主要是通过国际实践中形成的习惯国际法和缔结国际条约逐步实现的。

外层空间法的渊源主要是国际条约，在促进外层空间法的建立与发展中，联合国起到了重要的作用。联合国大会的决议在确立外层空间法方面又有重要作用。有关外层空间法的专门条约有以下几种。

（1）1967年《关于各国探索和利用包括月球和其他天体在内的外层空间活动的原则的条约》，简称为《外层空间条约》或《外层空间宪章》，是外层空间的基本法。

（2）1968年《营救宇宙航行员、送回宇宙航行员和归还射入外层空间的物体的协定》，简称《营救协定》。

（3）1972年《空间物体所造成损害的国际责任公约》，简称《国际责任公约》。

（4）1975年《关于登记射入外层空间物体的公约》，简称《登记公约》。

（5）1979年《关于各国在月球和其他天体上活动的协定》，简称《月球协定》。

至20世纪80年代中期，外层空间法包括五部分：外空条约、援救协定、责任公约、登记公约、月球协定。上述条约奠定了外层空间法的基础，以其为核心形成了外层空间法律体系。至于其他尚处在准备阶段的外层空间法部分包括遥感的立法化和直播卫星公约。

## 三、外空活动的原则

联合国大会一直试图通过和平利用空间委员会发展空间法，该委员会设有一个法律专家小组委员会，负责协助探索空间方面的法律问题。联合国大会第一个重要决议是在1963年12月13日通过的《各国探索和利用外层空间活动的法律原则宣言》。该宣言包含有各国探索和利用外层空间的活动应遵循的九条法律原则。1967年《外层空间条约》补充和发展了这些原则，并以国际公约的形式加以确立，成为各国探索和利用外层空间的共同准则。该决议宣示的一些原则如下：

1. 自由探索和利用原则

外层空间对各国开放，所有国家不论其经济或科学发展程度如何，都有权在平等、不受任何歧视的基础上根据国际法自由探索和利用外层空间，应有对外层空间进行科学考察的自由。

2. 共同利益原则

任何国家探索和利用外层空间，包括月球和其他天体，须在平等基础上，为全人类谋福利。

3. 不得据为己有原则

任何国家都不得通过主权要求、使用或占领的方法，或采取任何措施，将外空天体据为己有。

4. 遵守国际法原则

外层空间的活动也是国际社会的活动，必须遵守国际社会的共同约定进行，而且外层空间完全有可能被用来做出危害人类和平与安全的事情。因此，探索和利用外层空间的活动须遵守国际法和联合国宪章的规定。

5. 国家责任原则

各国对其在外层空间的活动负有责任，对从该国发射的空间物体造成损害应负赔偿责任，而不论这种活动是否由政府发动。

6. 空间物体登记和管辖原则

发射外空物体必须登记，宇宙飞行器的登记国对该飞行器行使管辖权，不论该飞行器是降落、穿过空气空间或是在其他天体上。

7. 援救宇航员原则

宇宙航行员应视为人类派往外层空间的使节，国家对遇难的宇宙航行人员负有救助义务。

8. 和平利用原则

禁止在地球轨道放置携带核武器的宇宙飞行器，各国应专为和平目的使用月球和其他天体，禁止在天体上建立军事基地、军事设施和工事，试验任何类型的武器和进行军事演习。

9. 保护空间环境原则

国家从事外空活动时，应采取适当措施以避免外空遭受有害污染，或使地球环境受到不利影响。

10. 国际合作原则

由于空间活动的特点，各国应彼此合作互助来进行外空活动，各发射国不得从事任何可能影响其他国家和平试验的活动。

## 四、外空活动的主要法律制度

### （一）登记制度

1974年《登记公约》要求发射国登记发射物体，包括在本国登记，同时在切实可行的范围内尽快向联合国秘书长报告，以便登记在其保存的“外空物体总登记册”上。发射国应将其发射的空间物体的下列情况登记入册。

①发射国或几个发射国的国名；②空间物体的适当标志或其登记号码；③发射的日期和地域或地点；④基本的轨道参数交点周期、倾斜角、远地点、近地点；⑤空间物体的一般功能。

一般地，外空物体的登记国对该外空物体拥有所有权和管辖控制权。空间物体若由两个以上国家发射，应由这些国家共同决定由其中的一个国家进行登记。

若登记国切实知道其所登记的物体已不复在地球轨道内，应尽快通知联合国秘书长。《登记公约》规定强行登记义务的意义不仅在于确立对空间物体的管辖和控制，而且在于便于确定该物体所造成的损害的国际责任。

### （二）营救制度

1967年《营救协定》规定了各国对营救宇航员和返还空间物体的下述几项义务。

（1）通知。各国获悉或发现宇航员在其管辖的区域、公海或不属于任何国家管辖的任何地方发生意外、遇难、进行紧急或非预定降落时，应立即通知其发射国，如不能确认发射国，应立即通知联合国秘书长。

（2）营救。一国获悉或发现宇航员降落在其领土内，该国应立即采取一切可能的营救措施。宇航员降落在公海或不属于任何国家管辖的区域，获悉国或发现国在必要和力所能及的范围内也均应协助和营救，并把所采取的措施和取得的结果通知发射国和联合国秘书长。

（3）返还。无论在何地发现了发生意外的空间物体，都应将其安全地返还发射国。根据发射国的要求，有地域管辖权的国家应采取适当措施对其境内发现的空间物体进行保护。该国可要求发射国予以协助，并可要求发射国支付相关费用。

（4）消除危险。若一国确有理由认为在其境内的空间物体是危险和有害的，可通知发射国在其领导、监督下采取有效措施以消除危险。

### （三）责任制度

1972年《国际责任公约》规定了外空活动的责任制度，其主要有下述内容。

#### 1. 责任主体

国家对其外空活动应当承担国际责任，无论外空活动是由其政府部门从事的，还是非政府实体从事的。空间物体造成损害的责任承担者是发射国。发射或促使空间实体发射的国家，以及在其领土或用其设施发射空间实体的国家，均为该实体的发射国。当有数个发射国时，这些发射国对该外空物体造成的损害负连带责任。当一个空间物体对另一个空间物体造成损害，并由此对第三国造成损害时，这两个空间物体的发射国也应承担连带责任。

2. 赔偿的范围

赔偿损失的范围包括自然人生命的丧失、身体受伤或健康的其他损害，国家、自然人、法人、国际组织的财产的损失和损害。受人身损害有权求偿的人限于非发射国的国民、法人，而不适用于发射国的国民、参加发射或回收或被邀请留在发射区或回收区的外国人。

3. 赔偿责任的归责原则

（1）绝对责任原则。发射国对其空间物体对地面的损害负绝对责任。发射国对其空间物体对第三国的地球表面或飞行中的飞机造成的损害，包括对另一发射国的空间物体或其所载人员或财产造成的损害，应负赔偿的绝对责任。但发射国若能证明全部或部分是因为求偿国或其代表的自然人或法人的重大疏忽或因它采取行动或不行动蓄意造成损害时，该发射国相应地免除责任。

对这类损害确立绝对责任原则的理由主要是，由于外层空间活动具有高度危险性，从事外层空间活动者应特别注意防止造成生命、财产的损害；受害者一般难以证明加害者的过错，要求其负举证责任是不公平的。因为一般来说，这类损失没有相应的保险，不能得到保险补偿，而空间物体发射者可以通过保险减少风险。

（2）过失责任原则。发射国对空间物体在地球表面以外造成的损害，由发生过失的发射国单独或共同负担过失赔偿责任。当空间实体在地球表面以外的其他地方对另一国空间物体及其所载人员造成损害是由前者的过失或其负责人的过失造成时，该国应负赔偿责任；如果这一损害也对第三国的地球表面或飞行中的飞机造成损害时，前两国应共同对第三国负绝对责任；如果这一损害在地球表面以外的地方对第三国的空间物体造成损害时，前两国对第三国所负的责任，要根据它们的过失或所属负责人员的过失而定。

对这类损害确立过失责任的主要理由是，加害者和受害者均为空间物体，其活动的风险性是一样的，所处的地位是平等的，任何一方不能要求得到特别的保护，因而在一方受到损害时，必须证明加害者确有过失，才能取得赔偿。

4. 赔偿的程序

受害者可以利用的损害赔偿的途径包括下述几方面。

（1）国内程序。由受害人或受害国直接向发射国法院或有权机关提出赔偿要求。

（2）外交途径。通过有关国家谈判协商取得赔偿，有权提出求偿的国家依次为受害人国籍国、损害发生地国和受害人的永久居住地国。

（3）成立求偿委员会。从求偿国提交求偿文件之日起一年内未能通过谈判协商解决的，只要一方要求，可成立由三人组成的求偿委员会解决，但求偿委员会的裁决只有建议的效力，而不具备法律拘束力。

关于赔偿额，应按国际法及公正合理的原则来确定，以使要求赔偿的各方得以恢复到未发生损害前的原有状态。赔偿一般以求偿国货币偿付，若该国请求也可以赔偿国的货币偿付。

（四）外空天体开发制度

《1979年月球协定》对月球的开发作出了下述规定。

（1）月球及其自然资源是人类的共同财产，任何国家不得对月球提出主权要求或据为己有。

（2）一旦月球及其自然资源的开发即将可行时，应建立指导此种开发的国际制度。

（3）月球供各国专为和平目的使用。禁止在月球建立军事基地，设置核武器，试验任何类型武器或军事演习。

（4）各国对其在月球上的人员、运载器、站所保有管辖权和控制权。为科学目的，缔约国有权在月球上采集矿物和其他物质的标本并有权处置。

《月球协定》适用于外层空间的其他天体。

## 五、外空活动的其他法律问题

（一）卫星国际直接电视广播

卫星直接电视广播指通过卫星将电视广播直接传送至地面电视机，而不需通过地面电视接收站的电视广播。这类电视广播会引起一系列的法律问题，如是否应征得接收国的事先同意，如何保护作者的著作权，未按照国际法规则进行的或为接收国明确禁止的广播是否构成未经许可的非法广播等。1982年12月，第37届联合国大会通过了《各国利用人造地球卫星进行国际直接电视广播所应遵守的原则》决议，该决议主要有下述内容。

（1）利用卫星进行国际直接电视广播不得侵犯各国主权，包括不能违反不干涉原则，并且不得侵犯人人有寻求、接受和传递信息及思想的权利。

（2）计划建立国际直接电视广播卫星服务的国家应将此意图通知收视国，并且只应根据与该国达成的协议建立这种服务。任何广播国和接受国有要求协商的权利和迅速与之协商的义务。

（3）卫星直接广播活动应遵照国际法，其中包括《外层空间公约》《国际电信公约》及《无线电规则》等。

（4）卫星广播应以国际合作为基础，并应特别考虑发展中国家利用这种技术促进其本国发展的需要。

（5）缔结适当协定，保障版权和邻接权利。

（6）国家及其授权的个人或实体从事卫星直接广播活动权利平等。所有国家和人民有权享有该活动带来的利益，各国有权按照协议条件不受歧视地取得此种技术。

上述决议是发达国家与发展中国家妥协的结果，但多数有能力开办卫星直播的西方国家对此妥协方案仍不接受，以致未能协商一致而交付联合国大会表决。

发展中国家与西方国家在这方面的主要分歧在于国家主权原则与信息自由交流原则的优先次序，焦点在于进行卫星直播是否应当征得接收国的“事先同意”。发展中国家认为向另一国进行直接电视广播应取得该国的事先同意，信息自由交流只能在尊重国家主权原则的基础上进行。每个国家根据主权原则有权拒绝政治上不可接受和文化上不相容的电视广播。西方国家则认为“事先同意”限制了联合国在世界人权文件中所确认的人人有权跨越国界寻求、接受和传送消息的权利，必须坚持信息自由交流原则。

（二）卫星遥感

卫星遥感是指利用在外空运行中的卫星上的传感器观察和探测地球物的一种空间科技方法，广泛适用于资源勘探、环境监测、气象预报、自然灾害预测、海洋勘察、地质测绘等诸多领域。尽管大多数遥感航天器是用于和平目的，如转播气象资料之类，但有一些则被用于侦察军队集结情况和飞机跟踪方面，由此而引起的法律问题主要是，一国对另一国的领土进行“感受”，是否须事先征得被感国同意（事先同意问题）；遥感所取得的数据和资料是否可由遥感国自由处理或自由散发（自由交流信息问题）；被感国应否优先、优惠取得与领土有关部门的遥感资料、数据（外溢问题）；有关国家资源的资料是否也属于国家主权范围内的事情（著作权问题）等引起了争议。

这方面规定最主要的法律文件是联合国大会1986午12月通过的《关于从空间遥感地球的原则》的决议，该决议所包含的主要原则：①遥感活动应为所有国家谋福利，应特别考虑发展中国家的需要。②进行遥感活动应遵守国际法，应遵守所有国家和人民对其财产和自然资源享有完全和永久主权的原则，不得损害被感国的合法权利和利益。③遥感国按照彼此同意的条件向其他有兴趣的国家提供技术援助。④被感国也可按同样基础和条件取得任何遥感国拥有的关于被感国管辖下的领土的分析过的资料。⑤遥感应促进保护地球自然环境及人类免受自然灾害的侵袭。

发展中国家坚持遥感国应得到受感国的事先同意，方可将遥感得到的资料散布给其他国家。美国和日本等西方工业国则主张自由散发，而苏联主张所谓“分辨力高，涉及军事和重大经济利益的资料散布时，应加以限制”。

（三）在外空使用核动力源

如果核动力卫星失控或发生故障而重返大气层，其放射性残片和被烧毁后的散落物会对有关国家的人和环境造成重大污染损害。核动力卫星失事在重返地球时污染环境的事件屡见不鲜。如1964年，美国一颗核动力卫星在重返地球时，燃料铀–238在高空中放射了17 000千居里。1978年，苏联的核动力卫星“宇宙-954号”坠毁时有数十公斤的放射性残片散落在加拿大西北部4.6万平方公里的领土上，苏联因此赔偿加拿大300万美元。而至今外层空间法中没有一条规定可以阻止任何国家拥有向外空发射和使用核能的技术能力。

1992年联合国大会通过了由法律小组委员会拟定的《关于在外层空间使用核动力源的原则》的决议。其主要有下述内容。

（1）切实必要性原则。核动力源的使用应限于非用不可的航天器。载有核动力源的空间物体的设计和使用应确保其危害低于国际辐射防护委员会建议的对公众的防护目标。

（2）安全评价原则。对核动力卫星拥有管辖和控制权的国家在发射前应作彻底和全面的安全评价，并公布评价结果。

（3）尽快通报原则。当具有核动力源的空间物体有重返地球的危险时，发射国应及时通知其他国家，并将该资料送交联合国秘书长。其他国家要求索取进一步的资料时，发射国应尽快答复。

（4）通力合作原则。拥有监测和跟踪设施的国家互相合作，向联合国秘书长及有关部门、国家提供情报。

（5）国际责任原则。发射国赔偿损失的责任应包括有适足依据的搜索、回收和清理工作的费用及包括第三方提供援助之费用。

### （四）地球静止轨道的性质和利用问题

地球静止轨道，国际电信联盟的《无线电规则》将其定义为“为使卫星成为地球同步卫星”所应放置的轨道。它是指位于地球赤道平面上空离地面35 871公里的一条圆形轨道，周长约26万公里。从地面观察，卫星如同处于静止的状态，固定在轨道的一定位置，故而被称为静止轨道。每一颗静止卫星发出的电磁波可覆盖地球表面约1/3面积，只要在地球静止轨道上等距离放置3颗卫星，就可进行环球通讯及广播。据专家估计，地球静止轨道最多可同时容纳180颗人造卫星。同步轨道是一种宝贵的自然资源，其重要性与价值，随着空间技术的发展与对通讯的日益增长的需要正在迅速增长。近年来各国纷纷发射静止卫星，抢占有利地位。

据统计，地球静止卫星总数已达126颗。赤道国家曾对地球静止轨道提出主权要求，遭到西方国家的强烈反对。发展中国家则主张在公平合理的基础上照顾赤道国家及发展中国家的利益，反对对静止轨道“先来先占”的使用规则。1991年，赤道国家承认静止轨道是太空的一部分，主张通过制定使用静止轨道的优先次序实现公平。发达国家与发展中国家在联合国外层空间委员会法律小组委员会与国际电信联盟在地球静止轨道问题上的职能分工、应不应为地球静止轨道测定一套法律制度以及发展中国家是否应享有“优先权”等问题上意见分歧悬殊。发达国家仍主张由国际电信联盟审议地球静止轨道问题。多数发展中国家则坚持认为，审议与地球静止轨道有关的法律问题，是联合国大会授予外层空间委员会及其法律小组委员会的职权。尽管地球静止轨道是外空的组成部分，但出于它属于有限的自然资源，应制定特别法律制度以确保平等使用该轨道。

（五）外空碎片问题

随着空间活动的发展，空间轨道上所积累的碎片急剧上升。空间活动的最大威胁就来自于“外空碎片”或“空间垃圾”，包括报废的卫星和其他空间物体、运载火箭的遗弃物以及火箭爆炸或空间物体碰撞后所产生的破碎物。外空碎片停留在地球静止轨道上，导致停止轨道的堵塞，它们可能与空间物体碰撞而产生危险，核材料碎片的碰撞还将造成核污染，并且它们干扰人类的天文观察与空间实验。

人类探索和利用外层空间的活动不可避免地会对空间环境造成一定程度的不利影响。空间环境保护问题已日益引起各国政府和空间法学界的关注。国际空间法上对保护空间环境已有一些原则性的规定，如《外空条约》规定，各缔约国因从事研究和探索外层空间（包括月球和其他天体）时，应避免使其遭受有害的污染，并避免地球以外的物质使地球环境发生不利的变化。如有必要，各缔约国应为此目的采取适当的措施。但现有的条约规定尚不够充分、完备，需要进行新的立法予以完善。该问题现已列入外空科技小组委员会的议程，目标是制定相应的国际法律文件，以减轻和防止空间碎片可能造成的危害。中国有关部门十分重视空间碎片问题，早在20世纪80年代就已开始与有关国家开展了这方面的研究工作。1995年6月，中国国家航天局正式加入了机构间空间碎片协调委员会。在1999年联合国外层空间委员会会议上，中国代表团提出，应当尽快建立一个国际性空间碎片数据库，收集各国的空间碎片的观测数据，使这些数据能得到广泛的利用，以便促进对空间碎片的深入研究。

（六）外空活动的商业化与私营化

从空间时代的早期起，国际空间法就反映出一种使外空活动商业化的趋势。当国际空间法于1967年随着《外空条约》的缔结而正式存在时，美国第一个空间研究开发应用的商业公司美国通信卫星公司已经存在5年了。20世纪80年代以来，随着空间科学和探索以及空间技术应用方面的发展，空间应用的商业化程度愈来愈高，私（民）营化开始出现。从事外空商业活动的主体除了国家和政府间国际组织，还包括公营、私营或合营企业。外空活动商业化的领域目前主要集中在卫星通信、广播、遥感、气象、教育以及商业发射等民用领域，今后将逐步扩展到空间资源开采、空间材料制造、空间旅游等领域。外空活动商业化是空间技术不断发展的必然趋势，这种趋势在20世纪90年代有了进一步的发展。在研究与开发过程的各个阶段，政府部门正与私营或民营部门以契约为基础建立起伙伴关系。私营企业参与外空商业活动主要是在两个方面：一是为国家的空间计划或项目提供产品或服务；二是直接进行某些外空活动，如卫星制造和出口，从事卫星通信业务等。据估计，外空商业活动的价值已达数千亿美元，并创造了数以百万计的就业机会。在外空间事业蓬勃发展的形势下，参与外空商业化的私营企业会愈来愈多。

外空条约一方面容许非政府实体参与外空活动，另一方面要求国家对其管辖的这些实体的一切活动承担国际责任，并负责保证其活动必须符合外空条约的规定。由于在国际法上，无论从事外空活动的是一国政府、政府机构或该国的非政府实体或私营企业，在对外关系上，责任主体只能是国家。外层空间的商业化利用必须要解决的一个重要法律问题是，国家对私营企业的商业化活动所承担的国际责任，包括损害赔偿责任以及政府与私营企业在责任问题上的相互关系。

现有的空间法条约并不禁止任何非政府实体从事外空活动，只是要求国家的批准和监督，并由国家承担国际责任。多数国家允许私营企业从事空间商业活动，并为此制定了相应的法律法规，其中包括建立了许可证制度，对私营企业从事外空活动进行国家管理和监控。迄今为止，商业化的外空活动除受现有的空间条约的一般性约束外，主要靠有关国家的国内法加以调整。目前各国最通常的做法是对参与空间商业化的私营企业实行许可证制度。许多国家建立了强制性保险制度，以保障国家的利益不受损失。

外空活动的商业化和私营化产生了大量的法律问题，需要进行法律调整，但相对来说，外空活动商业化的国际立法还远远落后于空间活动的发展，尚无专门的国际立法问世。因此，有必要就外空的商业化活动进行国际立法。

## 思考题

1. 关于空气空间与外层空间的划界，国际上有哪些理论？
2. 目前国际条约所确定的关于外层空间的主要法律制度有哪些？
3. 外空活动的原则有哪些？

# 第九讲　国际环境法

## 内容摘要

本讲主要介绍了国际环境法的概念、特征、渊源、基本原则，国际环境法律体系的构成，并且重点介绍了我国加入的几个重要的国际环境法律公约。

20世纪，尤其是20世纪中期之后，人类社会的生产活动已经达到了空前的全球化规模，各国因利用、保护和改善环境而发生的国际交往也达到了空前广泛的程度。为适应这种生产的全球化和这种世界范围的因利用、保护和改善环境而发生的国际交往的需要，国际环境法迅速发展起来，成为国际法的一个新分支。

## 一、国际环境法的概念和特点

（一）概念

国际环境法是指调整国际法主体（主要是国家）在利用、保护和改善环境的国际交往中形成的各种国际关系的法律规范的总称。

（二）特点

作为一个新兴的学科，国际环境法具有若干区别于国内环境法和其他部门法的特点。

1. 国际环境法主要调整国际法主体之间的关系

在规范国际法主体的行为过程中可能涉及国内法上的自然人和法人的关系，但这不是国际法主要的目的。国际法的目的是调整能够独立在国际关系中直接享受权利并直接承担义务的行为者之间的关系。

2. 国际环境法调整国际法主体在利用、保护和改善环境过程中所产生的权利义务关系

这是国际环境法区别于其他部门法学的主要标志。根据传统国际法，国家有权自由开发利用其管辖范围内的环境与资源。一国未经许可不得在他国境内排放污染物或开发利用自然资源。此外，国家有权开发利用不属于任何国家或国际组织管辖范围内的环境和资源，如公海或大气层。因开发利用环境和资源而产生的各种法律关系和纠纷只能依据国际环境法来解决。

3. 国际环境法规则具有拘束力

在不同利益尖锐对立时，不可能凭借道德、礼仪解决争议。国家乃至人类的生存与发展都首先依赖于环境和资源，如何开发利用环境与资源通常都会触及国家的根本利益。例如，巴以领土争端的重要原因是对生存空间和水资源的争夺，没有水任何民族都无法生存，更不要说国家存在与发展了。对于这一系列复杂的问题，不是道德规范能够解决的，必须要有一个公正、完善和协调的有约束力的法律体系。

4. 国际环境法是一门交叉学科

同它关系最密切的是国际法和国内环境法，因此，它既有国际法又有国内环境法的特点。例如，它除了具有环境法的一般特征（如综合性、技术性、社会性和共同性等）外，与一般国际法相比，它还拥有一些独特的概念与原则（如可持续发展、共同但有区别的责任等），这些概念与原则最初并不通用于国际法的其他领域。目前，有些国际环境法的概念开始渗入到国际法的其他领域，如可持续发展。伴随着全球化和区域一体化的进程，国际环境法也出现区域性规则与全球普遍性规则并存的相互渗透的情况。比如，欧盟内部已经形成了一整套区域性的环境法规，而且这些法规当中有的逐渐写

进多边国际条约，从而成为全球普遍性的规则。

5. 国际环境法历史短、发展快

国际环境问题被人们真正认识是20世纪40年代以后的事情，国际环境法的历史相对较短。但是，国际环境法发展迅速，据不完全统计，全世界已缔结了700多个与环境保护有关的条约，其中至少有250多个是为了环境保护专门订立的。

## 二、国际环境法的渊源

国际环境法的渊源即国际环境法的表现形式。依《国际法院规约》第38条的规定及法学界比较一致的理解，国际环境法的渊源主要有：公约，双边或多边的条约，国际会议与国际组织的重要宣言、决议、大纲，国际习惯法，重要的国际环境标准、准则、建议。

### （一）公约

公约即由世界上多个国家缔结，并对这些国家具有普遍拘束力的国际环境保护条约。国际公约是国际环境法最主要的渊源，其又分为以下两类。

（1）区域性公约。如《防止船舶和飞机倾弃废物污染海洋公约（修正本）》（1972），《保护波罗的海区域海洋环境公约》（1974），《长程越界大气污染公约》（1979）等。

（2）全球性公约。如《保护世界文化和自然遗产公约》（1972年11月16日订于巴黎，1975年12月17日生效）、《濒危野生动植物种国际贸易公约》（1973年3月3日订于华盛顿，1975年7月1日生效）、《联合国生物多样性公约》（1992年6月5日订于里约热内卢，1993年12月29日生效）等。

### （二）双边或多边条约

双边或多边条约即由两个国家或两个以上的国家缔结的条约，如《美国和加拿大关于大湖水质的协定》（1978）、《中日关于保护候鸟及其栖息环境协定》（1981）等。这类条约只对缔约国具有法律拘束力。这些条约对于解决跨国界污染、区域污染以及生态破坏等问题具有积极意义。

（三）国际会议与国际组织的重要宣言、决议、大纲

很多关于国际环境保护的国际会议和国际组织通过的宣言、决议和大纲，由于其反映或体现着国际环境法的原则、规则和制度而得到了国际社会的普遍承认，成为国际环境法的又一渊源。这类宣言、决议和纲领主要有《联合国人类环境宣言》《里约环境与发展宣言》《21世纪议程》和《世界自然资源保护大纲》等。

（四）国际习惯法

虽然一些重要的全球性公约（如《海洋法公约》）至今尚未生效，但是作为国际习惯法，仍在发挥作用，有一定的约束力。国际习惯法与国际会议和国际组织通过的宣言、决议和大纲由于在国际或国内均不具强制力，因而被称为“软法”性规范。

（五）国际环境标准、准则、建议

为了进行环境影响评价，或对特定的污染物进行控制，或衡量人体、其他生物应达到的卫生目标，都必须采用某些国际环境标准或某些准则、建议。这些准则、建议往往是在条约的附件中出现的科学技术规则，因此成为法律规范的组成部分，在一定范围内具有约束力。

## 三、国际环境法的基本原则

国际环境法的基本原则是指为各国公认的，在国际环境法领域里具有普遍指导意义的，体现国际环境法特点并构成国际环境法的基础的根本准则。

国际环境法的基本原则主要包括下述几方面。

（一）国家资源开发主权权利和不损害国外环境责任原则

国家资源开发主权权利和不损害国外环境责任原则指的是1972年《人类环境宣言》所宣示的第21项原则和1992年《里约环境与发展宣言》所宣示

的第2项原则。《人类环境宣言》所宣示的第21项原则是："依照《联合国宪章》和国际法原则，各国有按自己的环境政策开发其资源的主权，并且有责任保证在他们管辖或控制之内的活动，不致损害其他国家的或在国家管辖范围以外地区的环境。"《里约环境与发展宣言》所宣示的第2项原则是："根据《联合国宪章》和国际法原则，各国拥有按照其本国的环境与发展的政策开发本国自然资源的主权权利，并负有确保在其管辖范围内或在其控制下的活动不致损害其他国家或在各国管辖范围以外地区的环境的责任。一般认为，国家资源开发主权权利和不损害国外环境责任原则已成为一项国际习惯法原则。这不仅是因为它在得到世界绝大多数国家赞同的《人类环境宣言》和《里约环境与发展宣言》中被宣示，并在很多其他的重要国际法文件和司法判例中被确认。

国家资源开发主权权利和不损害国外环境责任原则包含互相关联的两个方面。其中一方面是权利，即各国拥有按照本国的环境与发展政策开发本国自然资源的主权权利；另一方面是责任，国家负有确保在其管辖范围内或在其控制下的活动不致损害其他国家或在各国管辖范围以外地区的环境的责任，即国家不损害国外环境的责任。该原则承认国家关于环境的主权权利，同时反映了国家关于环境的义务，是国家在环境方面权利和义务的结合。

国家资源开发主权权利源于国家对其管辖范围内的自然资源的永久主权。联合国大会于1952年至1962年间通过了一系列决议确认了国家对自然资源的永久主权。1962年联合国第17届大会通过了著名的《关于自然资源之永久主权宣言》，郑重宣布："各民族及各国行使其对天然财富与自然资源之永久主权，必须为其国家发展着想，并以关系国民之福利为归依。"1971年第26届联合国大会的第2849号决议把国家对自然资源的永久主权同环境问题联系起来。该决议宣布："各国有权按用本国的特殊情况并在充分享有其国家主权的情况下制定其关于人类环境的国家政策。"其后，在1972年的《人类环境宣言》、1974年的《各国经济权利和义务实章》等联合国大会通过的文件和联合国《气候变化框架公约》等很多公约中，国家资源开发主权权利一再得到确认。

不损害国外环境责任是国家资源开发主权权利和不损害国外环境责任

原则的另一方面内容。这里的“国外环境”，指的是其他国家的或在各国管辖范围之外地区的环境。不损害国外环境责任是相对于国家资源开发主权权利的一种义务。通过国际判例、条约和国际组织的决议等法律文件的一再确认，不损害国外环境责任已成为国际习惯法的一部分。

与国家不损害国外环境的责任紧密联系的是有关国家环境赔偿责任和赔偿机制的问题，即它如何通过国际法律程序得到执行的问题。当前的国际环境法在这个问题上还并不成熟。因此，1992年《里约环境与发展宣言》要求“各国还应迅速并且更坚决地进行合作，进一步制定关于在其管辖或控制范围内的活动对其管辖外的地区造成的环境损害的不利影响的责任和赔偿的国际法律。”

（二）可持续发展原则

1. 可待续发展原则的由来

可持续发展概念在国际社会的提出，始于挪威首相布伦待兰夫人领导的世界环境与发展委员会1987年向联合国提交了著名的研究报告——《我们共同的未来》。该报告阐述了环境与发展关系的一个基本原则，即可持续发展。可持续发展指的是“既满足当代人的需要，又不对后代人满足其需要的能力构成危害的发展。它包括两个重要的概念：需要的概念，尤其是世界贫困人民的基本需要，应将此放在特别优先的地位来考虑；限制的概念，技术状况和社会组织对环境满足眼前和将来的需要的能力施加的限制。”该报告指出：“世界各国的经济和社会发展目标必须根据持续性的原则加以确定。解释可以不一，但必须有一些共同的特点。必须从持续发展的基本概念上和实现持续发展的大战略上的共同认识出发。”同时号召：“世界必须尽快拟订战略，使各国从目前的经常是破坏性的增长式和发展过程，转而走向持续发展的道路。”

2. 可持续发展原则的含义和内容

在国际环境法中，可持续发展原则是一项处于形成和发展中的新的基本原则。各国对于这一原则的具体含义有着不尽相同的理解。发达国家强调的是为了将来的发展而保护环境资源，发展中国家的立场则是侧重在确保持续发展的条件下保护环境资源。为了统一国际社会对可持续发展原则的认识，联合国环境规划署的环境规划理事会在1989年召开的第15届会议期间，经过反复磋商，通过了《关于可持续发展的声明》。该声明指出，可持续发展绝不包含侵犯国家主权的含义；要达到可持续的发展，涉及国内合作和国际合作；可持续发展意味着走向国家和国际公平，包括按照发展中国家的发展计划向其提供援助；可持续发展要有支援性的国际经济环境，从而导致各国，尤其是发展中国家经济的持续增长和发展；可持续发展意味着要维护、合理使用并增强自然资源基础；可持续发展还意味着在发展计划和政策中纳入对环境的关注和考虑，而不是在发展援助方面的一种新的附加条件。

可持续发展原则主要包含代际公平、代内公平、对资源的可持续利用和环境与发展一体化四方面的内容。

（1）代际公平。人类是一个整体，包括当代所有的人及其子孙后代。地球只有一个，当代人和后代人都必须依赖这唯一的物质基础而生存和发展。当代人需要发展，不断地改善生活条件，但不可以损害后代人的发展能力为代价。可持续发展作为协调环境与发展关系的一项基本原则，要求在地球环境资源的利用方面，在当代人的需要和后代人的需要之间实现平衡。

（2）代内公平。穷人与富人、发展中国家与发达国家之间在生活条件方面的巨大差距，是一切社会不公平的最基本根源。少数人占有并挥霍大部分的地球环境资源，而多数人甚至连基本生活条件都没有保障，这种状况是全球环境恶化和发展不可持续的根本原因之一。实现可持续发展的首要任务就是改变这种极端不公平的状况。发展，尤其是确保发展中国家的持续发展，是可持续发展原则的优先要求。同时，发达国家必须改变其挥霍浪费地球环境资源的不可持续的生活方式，并对全球环境的保护和促进发展中国家经济的持续发展承担应有的责任和义务。

（3）对资源的可持续利用。对资源的可持续利用是指以持续的方式利用自然资源。对于可再生资源，可持续利用指的是在保持它的最佳再生能力前提下的利用；对于不可再生资源，可持续利用指的是保存和不以使其耗尽的方式利用。可持续利用的核心是利用的“度”，对自然资源的利用必须有“度”。这个“度”，就是自然资源的再生和永续的能力。无度或过度地利用自然资源，将毁坏它的再生和永续的能力，使它的状况发生不可逆转的恶变。有度地利用自然资源，既可以发挥它最大的效益，又不损害它的再生和永续能力。

为了实现可持续利用，各国必须尽快改变现行的生产和消费方式，并推行适当的人口政策。这也是《里约环境与发展宣言》所宣示的第8项原则和《人类环境宣言》所宣示的第27项原则（人口政策）和第28项原则（消费方式）的要求。首先，必须改变生产和消费方式。由于发达国家的生产和消费不论在历史上还是在现在，都是人类社会对地球环境的压力和破坏的主要原因，因此，发达国家能否迅速转变生产和消费方式，对于扭转地球环境的恶化趋势具有决定性的作用。发展中国家，尤其是其中少数经济增长较快的国家，目前的生产和消费方式也需要尽快改变，否则它们的生产和消费将成为破坏地球环境的一股新的巨大力量。其次，各国必须推行适当的人口政策以降低人口增长速度，减轻地球的人口负担。在这方面，亚洲、非洲和拉丁美洲发展中国家的任务更为艰巨。

（4）环境与发展一体化。环境与发展一体化指的是将保护环境与经济和其他方面的发展有机地结合起来。它一方面要求在制定经济和其他发展计划时切实考虑保护环境的需要；另一方面要求在追求保护环境目标时充分考虑发展的需要。也就是说，它要求环境与发展两方而互相结合，协调统一，不能以保护环境否定发展，也不能以发展牺牲环境。环境与发展的一体化是1992年联合国环境与发展大会的主题。

在环境与发展的关系上，发展中国家与发达国家之间存在着分歧。发展中国家主张，在发展中国家，发展和消除贫穷是第一位的任务，消除贫穷是实现可持续发展的必不可少的条件。发展中国家反对少数发达国家借环境保护之名，行限制发展中国家经济发展、维护旧的不平等的国际经济秩序之实的行为。由于环境与发展的关系问题是一个关系到建立新的国际经济秩序和新的全球伙伴关系的重要问题，发展中国家与发达国家在这个问题上的分歧和斗争还将继续下去。

3. 可持续发展原则在国际环境法中的体现

虽然可持续发展原则是1987年由世界环境与发展委员会向联合国大会提出

来的，但此前的一些国际公约以及各国国内的环境法文件中，有关的环境与发展的主张、诸多原则、规定等已经体现了可持续发展的基本精神。如1980年《南极海洋生物资源保护公约》第2条就规定：“防止任何捕捞种群减少到无法保证稳定补充的水平。”又如，《人类环境宣言》的第1项原则宣布：“人类有权在一种能够过尊严和福利的生活环境中，享有自由、平等和充足的生活条件的基本权利，并且负有保护和改善这一代和将来的世世代代的环境的庄严责任。在这方面，促进或维护种族隔离、种族分离与歧视、殖民主义和其他形式的压迫及外国统治的政策，应该受到谴责和必须消除。”第2项原则宣布：“为了这一代和将来的世世代代的利益，地球上的自然资源，其中包括空气、水、土地、植物和动物，特别是自然生态类中具有代表性的标本，必须通过周密计划或适当管理加以保护。”第3项原则宣布：“地球生产非常重要的再生资源的能力必须得到保护，而且在实际可能的情况下加以恢复或改善。”此外，在许多国家的国内环境法中，经济发展与环境保护相协调通常是一条最重要的基本原则。可持续原则的提出，可以说是对以往国际社会和各国关于环境与发展关系的理论发展和实践经验的总结和升华。

1992年召开的联合国环境与发展会议，是可持续发展原则在全球环境与发展领域内正式确立的标志。大会通过的5个重要国际环境保护文件，即《里约环境与发展宣言》《21世纪议程》《气候变化框架公约》《生物多样性公约》和《关于森林问题的原则声明》，均体现了可持续发展原则的精神。尤其是《里约环境与发展宣言》，其宣告的多项原则直接阐述了可持续发展的内容和要求。例如，其第3项原则宣布：“必须履行发展的权利，以便公正合理地满足当代和世世代代的发展与环境需要。”第4项原则指出：“为了实现可持续的发展，环境保护工作应是发展进程的一个整体组成部分，不能脱离这一进程来考虑。”

（三）共同但有区别的责任原则

共同但有区别的责任原则是指出于地球生态系统的整体性和导致全球环境退化的各种不同因素，各国对保护全球环境负有共同的但是又有区别的责任。它包括两个互相关联的内容，即共同的责任和有区别的责任。

共同但有区别的责任原则初步确立于1992年的联合国环境与发展大会。大会通过的《里约环境与发展宣言》在其第7项原则中宣布："各国应本着全球伙伴精神，为保存、保护和恢复地球生态系统的健康和完整进行合作。鉴于导致全球环境退化的各种不同因素，各国负有共同的但是又有差别的责任。发达国家承认，鉴于他们的社会给全球环境带来的压力，以及他们所掌握的技术和财力资源，他们在追求可持续发展的国际努力中负有责任。"大会开放签署的《联合同气候变化框架公约》中的原则之一是"各缔约方应当在公平的基础上，并根据他们共同但有区别的责任和各自的能力，为人类当代和后代的利益保护气候系统"。因此，发达国家缔约方应当率先对付气候变化及其不利影响。共同但有区别责任原则的初步确立是发展中国家经过斗争取得的一项重要成果。它是对历史和现实的承认，是指导各国参与全球环境保护事业的一项重要原则。

共同的责任意味着各国，不论其大小、贫富等方面的差别，都对保护全球环境负有一份责任，都应当参加全球环境保护事业。这一共同责任，隐含在国际环境法律文件的不同表述之中。例如，1971年《关于特别是作为水禽栖息地的国际重要湿地公约》的序言承认迁徙水禽是一种"国际资源"；1976年《世界文化和自然遗产公约》的序言认为某些文化遗产和自然遗产具有突出的重要性，因而需作为业界遗产的一部分加以保存；1992年《联合国气候变化框架公约》的序言认为地球气候的变化及其不利影响是人类共同关心的事项；1992年《生物多样性公约》的序言确认生物多样性的保护是全人类的共同关切事项。

有区别的责任是对上述共同责任的一个限定。它指的是各国虽然负有保护全球环境的共同责任，但在各国之间，主要是在发展中国家和发达国家之间，责任的分担不是平均的，而是与历史上和当前对地球环境造成的破坏和压力成正比的。在历史上，发达国家工业化的实现是以长期过度消耗地球资源和严重污染地球环境为代价的。在当前，地球环境所承受的来自人类社会的压力的大部分仍然来自发达国家。《世界资源报告》（1994—1995）指出："消耗自然资源对环境造成的后果，往往不是那些从消耗中获利的人们所承受的。”北方对全球共同资源的影响比南方大，它们控制了公海的海洋渔业，许多鱼类现在已成为濒危物种，而且排放了较大份额的工业化学品，现在正使地球平流层的臭氧屏蔽降解。北方造成了对全球气候变化的威胁。因此，发达国家理应承担比发展中国家更大的保护全球环境的责任。基于这一点，发达国家应该在保护全球环境中率先行动，率先削减其污染物的排放量，率先在生产和消费方式上做出实质性的改革，并对发展中国家提供更多的、不附加商业性条件的资金和技术以帮助它们提高保护环境的能力。遗憾的是，发达国家对其国际环境责任的承认是不充分的。对于发展中国家，有区别的责任并不意味着它们可以对自己在保护全球环境中的责任和义务掉以轻心。恰恰相反，发展中国家必须努力进行改革，改革生产方式，争取早日摆脱贫困，增强经济实力和环境保护能力，走上持续发展的道路。

除《里约环境与发展宣言》外，有区别的责任也在一些重要的国际环境法律文件中得到确认。例如，1987年《关于消耗臭氧层物质的蒙特利尔议定书》及其1990年修正案，都规定给予满足一定条件的发展中国家限控CFC物质的10年宽限期。1992年《气候变化框架公约》不仅规定各国应根据共同但有区别的责任和各自的具体情况采取措施控制、减少和防止温空气体的排放，而且特别规定发达国家要率先行动，采取限控措施，使它们的二氧化碳和其他温室气体的排放在20世纪末回复到1990年的水平。

### （四）损害预防原则

损害预防原则指的是国家的一项责任，即国家应尽早地在环境损害发生之前采取措施以制止、限制或控制在其管辖范围内或控制下的可能引起环境损害的活动或行为。损害预防原则是国内环境法的一项基本原则。对国际关系而言，损害预防原则是国家资源开发主权权利和不损害国外环境原则的延伸。国家为了做到在行使其资源开发主权权利时不损害他国环境，必须遵循损害预防原则。

损害预防原则得到了很多国际环境法律文件的确认。例如，1982年《海洋法公约》第194条第1款规定：“各国应在适当情形下个别或联合地采取一切符合本公约的必要措施，防止、减少和控制任何来源的海洋环境污染。”1935午《保护臭氧层维也纳公约》第2条第2款b项规定：“采取适当的立法和行政措施，从事合作，协调适当的政策以便在发现其管辖或控制范围内的某些人类活动已经或可能由于改变或可能改变臭氧层而造成不利影响时，对这些活动加以控制、削减或禁止。”1992年《气候变化框架公约》第2条规定，公约的目标是将大气中温室气体的浓度稳定在防止气候系统受到危险的人为干扰的水平上。1992年《生物多样性公约》的序言规定：“注意到预测、预防和从根源上消除导致生物多样性严重减少或丧失的原因，至为重要。”此外，1941年的“特雷尔冶炼厂仲裁案”、1957年的“拉努湖仲裁案“、1957年的“国际法院核试验案”和1992年的“国际法院瑙努含磷土地案”都默示承认了损害预防原则。

（五）风险预防原则

风险预防原则指的是为了保护环境，各国应按照本国的能力，广泛采用预防措施。遇有严重或不可逆转损害的威胁时，不得以缺乏科学、充分、确实证据为理由，延迟采取符合成本效益的措施防止环境恶化。

风险预防原则与损害预防原则既有相同之处，又有区别。它们之间的相同之处是，它们都以预防环境损害的发生为目的。它们之间的区别主要在于：①风险预防原则重在采取预防措施以避免环境恶化之可能性；而损害预防原则重在采取措施以制止或阻碍环境损害的发生。②风险预防原则所针对的是严重或不可逆转的环境损害之威胁或风险；而损害预防原则所针对的环境损害的范围更为广泛一些，它既包括环境损害之风险，又包括实际发生的或即将发生的环境损害。③风险预防原则所针对的是在科学上尚未得到最终明确的证实，但如等到科学证实时才采取防范措施则为时已晚的环境损害之威胁或风险；而损害预防原则并非专门针对此种情况。

损害预防原则是针对环境恶化结果发生的滞后性和不可逆转性而提出来的。一般而言，只有在科学证据证实严重的环境问题已经出现或即将出现时，国际社会才能采取相应的行动。例如，1946年《国际捕鲸公约》第5条第2款，要求有关修改抓鲸管理计划和行动的决定以科学调查的结果为依据。1972年《防止因倾弃废物及其他物质而引起海洋污染公约》第15条第2

款，规定对公约附件的修改须以科学的或技术的考虑为依据。1979年《野生动物迁徙物种保护公约》第3条第2款规定，只有可靠证据，包括最佳可得科学证据，表明一迁徙物种处于濒临灭绝的危险之中时，方可将其列入公约的濒危迁徙物种名单。

风险预防原则却不同，它强调不以科学上的不确定性为不行动或延迟行动的理由，它要求在环境问题尚未严重到不可逆转的程度之前采取行动，加以预防。1987年《关于消耗臭氧层物质的蒙待利尔议定书》的缔约国“认识到全世界某些物质的排放会大大消耗和以其他方式改变臭氧层，对人类环境可能带来不利影响”，并“念及这些物质的排放对气候的可能影响”，“决心采取公平地控制消耗臭氧层物质全球排放总量的预防措施”。1992年《生物多样性公约》序言规定，在“生物多样性遭受严重减少或损失的威胁时，不应以缺乏充分科学定论为理由，而推迟采取旨在避免或尽量减轻此种威胁的措施”。1992年《气候变化框架公约》第3条第3款规定：“当存在造成严重或不可逆转的损害的威胁时，不应当以科学上没有完全的确定性为理由推迟采取这类措施。”

（六）国际环境合作原则

国际环境合作原则是指在解决环境问题方面，国际社会的所有成员应当采取合作而非对抗的方式协调一致的行动，以保护和改善地球环境。国际环境合作的必要性，是由环境问题和环境保护的特点所决定的。当今世界，国际环境问题的特点是全方位、全因子、整体问题与局部问题交叉和相互促进，既有当前症状又有滞后效应等。解决这些环境问题，需要各国通力合作才有可能完成。

国际环境合作原则得到一系列国际法律文件的确认。例如《联合国人类环境宣言》第24项原则指出：“有关保护和改善环境的国际问题应当由所有的国家，不论其大小，在平等的基础上本着合作精神来加以处理，必须通过多边或双边的安排或其他合适途径的合作，在正当地考虑所有国家的主权和利益的情况下，防止、消灭或减少和有效的控制各方面的行动所造成的对环境的有害影响。”1992年联合国环境与发展会议通过的《里约环境与发展宣言》，再次重申了国际环境合作的原则。该宣言的第7项原则宣布："各国应本着全球伙伴关系的精神进行合作，以维持、保护和恢复地球生态系统的健康和完整。"此外，《里约环境与发展宣言》第9项原则、第14项原则、第18项原则、第19项原则等都对国际环境合作原则的内容作了阐述。

## 四、国际环境法律体系

### （一）国际环境法律体系的构成

国际环境法的体系是指由有关利用、保护和改善环境的各种国际法律文件组成的、具有内在有机联系的整体。国际环境法体系是一个广义的体系，它包括国际法中的"硬法"和"软法"。构成国际环境法体系的法律文件的形式主要有条约（包括公约、协定、议定书和条约等）、反映国际习惯法的文件、反映有关国际环境保护的一般法律原则的文件、司法判例和国际组织的决议等。国际环境法体系包括以下三部分。

1. 国际环境保护纲领性法律文件

这一类法律文件是以规定全球环境保护的指导思想、基本原则和行动计划为主要内容的国际法文件。这类法律文件的代表有《人类环境宣言》《人类环境行动计划》《里约环境与发展宣言》和《21世纪议程》。在当前的国际环境法中，这类法律文件基本上都处于"软法"的地位，尚未发展成为条约和国际习惯法的法律规范。

2. 针对特定环境的保护的国际法律文件

这一类法律文件代表着当前国际环境法最为发达的部分，其数量以百计。它主要由以保护特定环境因子为主旨的条约组成，也包括其他形式的国际法文件。

当前这类法律文件所覆盖的环境范围已相当广泛，其中包括大气、海洋、内陆水体、土地、森林、野生生物、生物多样性、自然和文化遗产、南极和外层空间，等等。这类法律文件主要有：关于保护大气环境的《联合国气候变化框架公约》《保护臭氧层维也纳公约》及其议定书；关于保护海洋环境及其资源的《联合国海洋法》的有关部分、《国际防止船舶污染公约》及其议定书、《防止因倾弃废物及其他物质而引起海洋污染的公约》和关于保护海洋生物资源的各类公约；关于国际河流和国际湖泊的保护和利用的《保护莱茵河免受化学污染公约》《美国和加拿大关于大湖水质的协定》；关于保护土地资源的《防治荒漠化公约》；关于保护森林资源的《国际热带木材协定》和《关于森林问题的原则声明》；关于保护野生生物的《关于特别是作为水禽栖息地的国际重要湿地公约》和《濒危野生动植物物种国际贸易公约》；关于保护生物多样性的《生物多样性公约》；关于保护自然和文化遗产的《保护世界文化和自然遗产公约》；关于保护南极资源的《南极条约》和《保护南极海洋生物资源公约》等。

3. 针对其他有关环境问题的国际法律文件

这一类国际法文件不是以保护特定的环境或环境因子为主旨，而是针对与环境密切相关的一些问题，例如，固体废物和危险废物问题、核污染问题、贸易与环境问题、国际环境标准、军备和战争与环境问题，等等。这类环境问题的特点是牵涉面广，它们往往涉及多个环境因子的保护和多种国际关系。因此，对这类问题的解决往往会产生广泛而深远的国际影响。与这类环境问题有关的国际法文件主要有：《控制危险废物越境转移及其处置巴塞尔公约》《核材料的实质保护公约》《核事故或辐射紧急情况援助公约》《核事故及早通报公约》《关税与贸易总协定》及有关司法判例、《关于禁止发展、生产和储存细菌（生物）及毒素武器和销毁此种武器的公约》等。

（二）我国参加的国际环境条约

我国政府一贯重视环境保护，深知环境问题所具有的全球性以及中国作为发展中的大国在保护全球环境万面所应承担的责任和可发挥的作用。因而我国将保护环境规定为基本国策，在努力实现经济、社会、环境效益相统一的可持续发展的同时，也十分重视参与环境保护领域的国际合作，为促进全球环境事业做出了积极贡献。自20世纪70年代以来，我国先后派代表出席了1972年联合国斯德哥尔摩人类环境大会、1992年里约环境与发展大会，积极参与各项多边和双边国际环境问题的谈判和讨论，特别是积极参与国际环境立法，为推动国际环境法的发展发挥了应有的作用。截至2003年，我国参加的国际环境公约已超过40件。此外，我国还先后与美国、朝鲜、加拿大、印度、韩国、日本、蒙古、俄罗斯、德国、澳大利亚、乌克兰、芬兰、挪威、丹麦、荷兰等国签订了环境保护双边合作协定或谅解备忘录。现在重点介绍我国参加的几个主要国际环境保护条约。

1.《联合国气候变化框架公约》

《联合国气候变化框架公约》（简称《框架公约》），是1992年联合国政府间谈判委员会就气候变化问题达成的最重要的国际法律文件，1992年6月4日在里约热内卢举行的联合国环境与发展大会上通过。它是世界上第一个倡导全面控制二氧化碳等温室气体的排放，以应对全球气候变暖给人类经济和社会带来不利影响的国际公约，是国际社会在对付全球气候变化问题上进行国际合作的一个基本框架。1994年3月21日，公约正式生效。截至2004年5月，公约已拥有190多个缔约方。

公约为缔约方确立的目标是"将大气中温室气体的浓度稳定在防止气候系统受到危险的人为干扰的水平上"。为此，公约要求缔约方尽快实现这一目标，从而使生态系统能够自然地适应气候变化，确保粮食生产免遭威胁，并促使经济可持续地发展。

为实现上述目标，公约确立了下列五项重要原则：①各缔约方应在公平的基础上，并根据他们共同但有区别的责任和各自的能力，为人类当代和后代的利益保护气候系统。②应当充分考虑到发展中国家缔约方，尤其是特别易受气候变化不利影响之发展中国家缔约方的具体需要和特殊情况。③各缔约方应当采取预防措施，预测、防止或尽量减少引起气候变化的原因，并缓解其不利影响。④各缔约方有权并且应当促进可持续的发展。⑤各缔约方应当合作促进有利的和开放的国际经济体系。为对付气候变化而采取的措施，包括单方面的措施，不应当成为国际贸易上的任意或无理的歧视手段或者隐蔽的限制。

公约对发达国家和发展中国家规定的义务以及履行义务的程序有所区别。公约要求作为温室气体排放大户的发达国家，采取具体措施限制温空气体的排放，并向发展中国家提供资金以支付他们履行公约义务所需的费用。

而发展中国家只承担提供温室气体源与温室气体汇的国家清单的义务，制定并执行含有关于温室气体源与汇方面措施的方案，不承担有法律约束力的限控义务。公约建立了一个向发展中国家提供资金和技术，使其能够履行公约义务的资金机制。

公约规定每年举行一次缔约方大会。1995年3月首次缔约方大会在柏林举行。1997年12月，第三次缔约方大会在日本京都举行，通过了《〈联合国气候变化框架公约〉京都议定书》，议定书于2005年2月16日正式生效。

2. 保护臭氧层公约

平流层有大气臭氧总量的90%，尤其集中于15～35千米高度范围。这一层就是通常所称的“臭氧层”。臭氧层犹如一把保护伞，它阻挡高能量的短波紫外线和大部分中波紫外线照射到地球表面。人类和地球上的其他生物正是在这种保护之下生息繁衍延续至今。但是，人类的社会经济活动所生产与消费和排放的消耗臭氧层物质对臭氧层造成了极大破坏，臭氧层耗损情况严重，并成为当今世界最主要的全球环境问题之一。

由于认识到臭氧层耗损带来的极大危害，国际社会投入了大量的人力和物力开展相关研究，并缔结了《保护臭氧层维也纳公约》和《关于淘汰臭氧层消耗物质的蒙特利尔议定书》（以下简称《蒙特利尔议定书》）。我国政府在1989年和1991年分别签署了《保护臭氧层维也纳公约》和《蒙特利尔议定书》（伦敦修正案），并从1991年开始实施淘汰消耗臭氧层物质生产和消费的活动。

（1）《保护臭氧层维也纳公约》。该公约于1988年9月22日生效。公约要求缔约方采取适当措施，保护人类和环境免受人类活动可能改变臭氧层而带来的不利影响。为此，各缔约方应在其能力范围内，通过系统的观察、研究和资料交换方面的合作，更好地了解和评价人类活动对臭氧层的影响，以及臭氧层的变化对人类健康和环境的影响；采取适当的立法和行政措施，协调适当的政策，控制、限制、削减或禁止其管辖或控制范围的人类活动已经或可能对臭氧层造成的不利影响；从事合作，制定执行公约的措施、程序和标准，以期通过有关的议定书和附件；同有关的国际组织合作。公约还就公约的执行、机构设置、争端解决等事项做出了一些具体现定。

（2）《蒙特利尔议定书》。1987年9月，公约缔约国代表在蒙特利尔通过了《蒙特利尔议定书》。该议定书的实质意义在于，它具体对消耗臭氧层物质的生产与消费做出了限制。该议定书规定，缔约国应分阶段逐步减少氯氟烃的消费与生产，实现在1990年之前将氯氟烃的消费和生产减少到1936年的消费量和生产量的50%。议定书还以附件的形式分类规定了受控制的物质以及不同物质消费与生产的不同削减比例。与此同时，议定书也为发展中缔约国的特殊情况规定了一些优惠条件。

1990年6月，缔约国代表在伦敦通过了对1987年《蒙特利尔议定书》的修订与调整。经修订的议定书增加了受管制物质的种类，并要求缔约国到2000年将氯氟烃的消费与生产减少到零，而在2000至2005年间将其他受控物质的消费与生产减少到零。经修订的议定书还专门为发展中国家规定了提供财政和技术援助的机制，并为此设立一项多边基金。1992年11月，缔约国代表又在哥本哈根通过了对1987年《蒙特利尔议定书》的再次调整与修正。经修订的议定书进一步扩大了受管制物质的范围，并且提前了原来规定的削减期限，要求缔约国在1996年将氯氟烃的消费与生产减少到零；对于其他多数受控物质，也应在1994年或1996年停止消费与生产。

1989年7月27日，我国批准了《维也纳公约》，但未同时加入《蒙特利尔议定书》，主要是考虑到该议定书回避发达国家的责任，有的条款对发展中国家不利，没有充分体现发展中国家的意见和合理要求，而且规定的限控物质范围太窄，不利于防止臭氧层的继续恶化。在该议定书根据发展中国家的意愿作了一定的修改后，1991年6月19日我国加入了经过修正的《蒙特利尔议定书》，并且首先倡议建立实施该议定书的多边基金机制。为实施公约和议定书，我国成立了国家保护臭氧层领导小组，制定了《中国逐步淘汰消耗臭氧层物质国家方案》和《消耗臭氧层物质淘汰行业战略》，以切实履行公约和议定书的要求。

3. 《海洋法公约》

1982年通过的《海洋法公约》是当前国际社会最权威的海洋行为规则。

公约于1994年11月6日生效。我国于1996年5月15日批准公约。其中第12部分海洋环境的保护和保全，共11节，涉及有关国际海洋环境保护的原则性规定，是控制海洋环境污染、保护海洋环境的国际立法的重要组成部分。

公约第一次规定了各国有保护和保全海洋环境的一般义务，并且要求各国应采取一切必要措施防止、减少和控制任何来源的海洋环境污染。为此目的，公约规定应进行全球性和地区性合作，对发展中国家提供技术援助，实施监测和环境评价，要求制定防止、减少和控制海洋环境污染的国际规则和国内立法。此外，公约还规定了较具体的控制海洋环境污染的执行制度。公约最后还涉及保障方法、防止冰封区域的污染、履行保护和保全海洋环境的国际义务的责任以及主权豁免问题。

公约的重要之处还在于它明确规定了海洋环境污染的管辖权制度，即根据不同的污染来源对各国（包括沿海国、港口国和船旗国）在立法管辖和执行管辖方面的权力作了划分，特别是在对船舶污染的管辖问题上，打破了传统的船旗国独自管辖原则，确立了沿海国、港口园、船旗国平行管辖体制。具体内容包括以下几项。

（1）沿海国的管辖权。公约规定，对于陆地来源、国家管辖的海底活动、倾倒、来自船只的海洋环境污染，沿海国有权制定法律和规章进行控制。同时，对于前两项来源的污染，沿海国还有执行法律和规章的权力。但对于后两项来源的污染，沿海国的执行权受到一定限制。沿海国只能对在其领海或专属经济区或大陆架上的倾倒有执行权，至于对船只造成的污染，沿海国只能对在其领海或专属经济区内的违章船只行使执行权，包括提起司法诉讼。

（2）港口国的管辖权。公约规定，港口国在遵守公约规定程序的情况下，有权制定关于防止、减少和控制海洋环境污染的特别规定，作为外国船只进入其港口或内水或在其岸外设施停靠的条件。同时，在执行方面，公约规定当外国船只停泊在一国港口或岸外设施时，该港口国可对该船在公海上的违章行为进行调查和提起司法诉讼。如违章排放行为发生在第三国内水、领海或专属经济区内，但有可能污染本国沿海，或经该第三国、船旗国或受害国请求，港口国也可提起司法程序。

（3）船旗国的管辖权。公约规定，各船旗国应制定法律和规章，以防止、减少和控制其船只对海洋环境的污染，包括其船只所进行的在“国家海底区域”内活动造成的海洋环境污染，而且这种法律和规章至少应具有与一般接受的国家规则和标准相同的效力。在执行方面，公约要求各船旗国应保证其船只遵守关于防止、减少和控制船舶污染的国际规则和标准以及本国的有关法律和规章，并且应作出规定使这种规则、标准、法律和规章得到有效执行，不论违法行为在何处发生。船旗国还应对其船只的违法行为进行调查和提起司法程序，不论违法行为在何处发生，也不论污染在何处发生或发现。此外，经任何国家的请求。船旗国应对其船只被指控的违法行为进行调查，必要时还应提起司法程序。

4.《世界文化和自然遗产保护公约》

《世界文化和自然遗产保护公约》是1972年11月16日在联合国教科文组织的主持下在巴黎通过的，我国于1986年3月12日加入。公约宗旨是为“集体保护具有突出的普遍价值的文化和自然遗产建立一个根据现代科学方法制定的永久性的有效制度”。公约共8章32条。主要内容包括：①“文化和自然遗产”的定义。②对文化和自然遗产的国家保护和国际保护。③建立“世界遗产委员会”和“世界遗产基金”，职责是根据缔约国递交的文化和自然遗产清单制订、更新和出版《世界遗产目录》和《处于危险的世界遗产目录》，确定列入目录的遗产的标准，接受和研究缔约国递交的要求国际援助的申请，并就所需采取的行动做出决定，以及管理和筹集世界遗产基金等等。④国际援助的条件和安排。公约规定各缔约国均可要求对本国领土内的文化和自然遗产给予国际援助，但除了提供对有关工作人员和专家的培训外，国际援助只限于被列入两个遗产目录的遗产。

5.《濒危野生动植物物种国际贸易公约》

《濒危野生动植物物种国际贸易公约》（亦称《华盛顿公约》），是根据1972年联合国人类环境会议决议于1973年在华盛顿开始签署，并于1975年7月1日正式生效的唯一对全球野生动植物贸易实施控制的国际公约。目前有近170个国家签署了公约。迄今为止，公约已先后召开了13次缔约国大会。

公约的宗旨是对其附录所列的濒危物种的商业性国际贸易进行严格的控制和监督，防止因过度的国际贸易和开发利用而危及物种在自然界的生存，避免其灭绝。它要求每一个缔约国都要设立科学机构和管理机构，通过发放许可证和证明书等一系列制度来保证公约的有效执行。

公约对野生动植物的贸易实行进出口贸易许可证制度。它将受管制的贸易物种根据其面临灭绝危险的程度分为三类，分别包括在三个附录之中。附录1列举的是“所有受到和可能受到贸易的影响而有灭绝危险的物种”，即受一级保护的濒危物种，如某些灵长类、猛禽类动物。公约规定这类物种标本的贸易必须加以特别严格的管理，以防止进一步危害其生存，并且只有在特殊情况下才能允许贸易。附录2列举的是“所有那些目前虽未濒临灭绝，但如对其贸易不严加管理，以防止不利其生存的利用，就可能变成有灭绝危险的物种”，以及为有效控制上述物种贸易而必须加以管理的其他物种，即受二级保护的濒危物种，如灰熊、黑猩猩等。附录3列举的是“任一成员国认为属其管辖范围内，应进行管理以防止或限制开发利用，而需要其他成员国合作控制贸易的物种”。

公约规定了濒危物种贸易的基本原则，也就是除遵守公约各项规定外，各成员国均不应允许就附录1、附录2、附录4所列物种标本进行贸易。此外。公约根据不同附录所列物种规定了宽严程度不同的进出口许可证制度。

6. 《联合国生物多样性公约》

《联合国生物多样性公约》是与《联合国气候变化框架公约》一起在1992年6月的联合国环境与发展大会上开放签署的。该公约包括序言和正文42条以及两个附件，主要内容包括以下几方面。

（1）公约序言“确认生物多样性的保护是全人类的共同关切事项”，“重申各国对它自己的生物资源拥有主权”，“也重申各国有责任保护它自己的生物多样性并以可持久的方式使用它自己的生物资源”，并且强调为了生物多样性的保护及其组成部分的持久使用，促进国家、政府间组织和非政府间部门之间、区域和全球性合作的重要性和必要性。

（2）目标。公约第1条规定，公约的目标是“按照本公约有关条款从事保护生物多样性、持久使用其组成部分以及公平合理分享由利用遗传资源而产生的惠益。实现手段包括遗传资源的适当取得及有关技术的适当转让，但需顾及对这些资源和技术的一切权利，以及提供适当资金”。

（3）原则。公约第3条明确规定，按照《联合国宪章》和国际法原则，各国具有按照其环境政策开发其资源的主权权利，同时亦负有责任，确保在它管辖或控制范围内的活动，不致对其他国家的环境或国家管辖范围以外地区的环境造成损害。这一规定是发展中国家和发达国家斗争和妥协的产物，但毕竟肯定了国家对其自然资源享有永久主权的国际法原则。

（4）保护措施。公约规定了生物多样性保护的一般措施和特别措施。一般措施主要包括制定国家战略、计划或方案和有关部门的政策。特别措施则包括就地保护和移地保护。就地保护主要要求缔约国应采取建立保护区等措施来保护生态系统和生物多样性；移地保护则要求缔约国为辅助就地保护措施，应最好在生物多样性组成部分的原产国采取措施移地保护这些组成部分，最好在遗传资源原产国建立和维持移地保护及研究植物、动物和微生物的设施等，并且为此进行国际合作。公约也规定了生物多样性组成部分的持久使用措施，以及为履行上述措施所应采取的查明和监测要求。

（5）遗传资源的取得。公约确认了各国对其自然资源拥有的永久主权，因而可否取得遗传资源的决定权属于国家政府，并依照国家法律行使。在这一原则的前提下，公约也要求各缔约国应致力创造条件，便利其他缔约国取得遗传资源用于无害环境的用途，而不得对这种取得施加违背公约目的的限制。

（6）生物技术的处理及其惠益的分配。公约强调应让提供遗传资源的缔约国，特别是发展中国家参与生物技术研究，并且应促进这些国家在公平的基础上优先取得生物技术研究所产生的成果和惠益。

（7）资金和财务机制。公约要求发达国家应提供新的额外资金，以使发展中国家能支付他们因履行公约义务而承担的全部增加费用，并使他们能享受到公约的惠益。此外，在财务方面，公约要求建立一机制以在赠予或减让条件的基础上向发展中国家提供资金。

（8）组织机构。公约规定设立缔约国会议秘书处，科学、技术和工艺咨询事务附属机构。缔约国会议的主要职能是以协商一致方式商定有关财务细则和通过财政预算，以及不断审查公约的实施情况。秘书处的主要职责是为缔约国会议提供服务和执行任何议定书可能指派的职责，编制报告和负责与其他国际机构的协调等。附属机构的职责是向缔约国会议或其他附属机构及时提供有关执行公约的咨询意见。

在1992年里约会议期间，包括中国在内的150个国家在《生物多样性公约》上签字，1993年12月29日公约正式生效。目前已有包括中国在内的170多个国家批准了该公约。中国是世界上生物多样性特别丰富的国家，对于保护和持续利用生物多样性也高度重视并采取了一系列措施。截至2003年底，全国共建立各种类型、不同级别的自然保护区1 999个，保护区总面积14 398万公顷，约占国土面积的14.37%。

7.《联合国防治荒漠化公约》

《联合国防治荒漠化公约》于1994年6月17日在巴黎签署，1996年12月26日生效。中国1994年10月14日签署该公约。公约1997年5月9日对我国生效。公约的目标是实现受干旱和荒漠化影响地区的可持续发展，通过国际合作防止干旱和荒漠化，尤其是在非洲的干旱和荒漠化。

公约重申各国对其自然资源的主权权利和国家在防止干旱和荒漠化过程中的首要作用。在这一前提下，为实现上述目标，公约确立了四项原则：①确保公众和地方社区参与有关防止干旱和荒漠化的项目设计及其实施的决策；②以团结和伙伴精神在次区域、区域和全球各个层面上改善合作和协调，促进资金、人力、组织和技术资源的更好利用；③以伙伴精神在各个层面上的政府、社区、非政府组织和土地持有者之间发展合作，促使对受影响地区土地和稀有水资源的性质和价值的更好认识；④充分考虑受影响地区发展中国家，特别是最不发达国家的特殊需要和情况。

公约为不同类型的缔约国分别规定了三种义务，即所有缔约方的一般义务、受影响国家缔约方的义务和发达国家缔约方的义务。公约还就防止荒漠化的行动方案、科技合作和支持措施做出了颇为具体的规定。

8. 《1969年国际油污损害民事责任公约》

海上石油运输是一个高风险的行业，一旦船舶发生溢油事故，就会因油污而引发巨额索赔。为了保护环境、保障受害人的利益，国际海事组织早在20多年前就通过了《1969年国际油污损害民事责任公约》和《1971年设立国际油污损害民事赔偿基金公约》，依据由船东和货主共同承担油污赔偿责任的原则来解决油污损害的巨额赔偿问题。经过许多年的发展，形成了这两个公约的1992年议定书。现在全球90%以上的石油公司都认可这一原则。我国于1930年加入《1969年国际油污损害民事责任公约》；1999年中请加入1992年议定书，该议定书已于2000年在我国生效。

《1969年国际油污损害民事责任公约》的宗旨是确保受到船舶溢出或排放油类造成污染而遭受损害的人获得充分赔偿，并将断定这方面责任问题和充分赔偿的国际法规和程序加以标准化。公约共21条，其主要内容包括：

（1）责任归属。公约规定，船舶所有人应对该船的一切油污损害负责，但如能证实系由于以下三种情况则可以免除责任：由于战争或不可抗力引起的损害；完全由于第三者有意造成的行为或怠慢所引起的损害；完全由于负责灯塔或其他助航设备的政府或其他主管当局在执行职务时，疏忽或其他过失行为而造成的损害。此外，如果能证明损害完全或部分地由于受害人有意造成损害的行为或怠慢而引起，或由于该人的疏忽所致，则船舶所有人可全部或部分地免除责任。

（2）责任限制。公约规定船舶所有人对油污损害承担有限责任，即赔偿限额按船舶吨位计算，每吨2 000法郎，但最高赔偿总额不得超过214亿法郎。

（3）诉讼时效。公约规定了诉讼时效，一般诉讼时效为3年，最长为6年。法院相互承认和执行判决的制度。

9. 《对公海上发生油污事故进行干预的国际公约》

《对公海上发生油污事故进行干预约国际公约》是与上述《责任公约》同在布鲁基尔签署的，1975年5月6日生效。《干预公约》的宗旨是使沿海国在遇到发生在公海上的石油污染危险时，得以采取有效的防护措施。公约共

17条和1个附件。主要内容有下述几方面。

（1）一般规定。公约第1条规定，如果海上事故或与此事故有关的行动可能会导致重大有害后果，则各缔约国可以在公海上采取必要措施，以防止、减轻或消除由于该事故或有关行动所产生的海上油污或油污威胁对它们的海岸线或有关利益的严重和紧迫的危险，但这些措施只能针对商船，不能针对军舰或从事非商业性服务的政府所有或经营的船舶。

（2）协商。公约要求沿岸国在采取上述措施之前，应同受海上事故影响的其他国家，特别是船旗国进行协商，并立即将拟采取的措施通知其利益可能会受到该措施影响的任何自然人或法人。此外，沿岸国也可以在采取措施前同政府间海事协商组织所保存名单中的独立专家进行协商。公约还规定在情况极为紧急时，沿岸国也可视情况先采取必要措施，而不必预先通知或进行协商，在采取措施前或采取措施时，沿岸国应尽量避免出现人命危险，并且应对遇难者提供援助。

（3）措施的合理限度。公约要求沿岸国在采取措施时应同实际损害或有损害危险的情况相适应，不得超出合理需要的限度，并且在达到目的后应立即停止这些措施，不得不必要地干预船旗国、第三国和任何有关自然人或法人的利益。公约为此还规定了判断上述措施是否适应损害情况的标准。

（4）有关责任。公约规定如缔约国采取了违背公约的措施，从而引起对其他国家的损害，应有义务对超过合理措施所造成的损害给予赔偿。

（5）争端解决。公约规定各缔约国之间关于上述措施是否违反公约、是否有赔偿义务以及赔偿数额的争端。如果在有关缔约国之间或采取措施的缔约国和提出赔偿要求的自然人或法人之间，经过协商而未能解决，而且争端各方用其他方法不能达成协议，任何一方都可请求按照公约附件规定提交调解，在调解无结果时可提交仲裁。

《干预公约》和前述《责任公约》是有关海上油污事故的两个重要公约，都是由政府间海事组织主持签订的。

10.《控制危险废物越境转移及其处置巴塞尔公约》

《控制危险废物越境转移及其处置巴塞尔公约》（又称《巴塞尔公

约》）于1989年在联合国环境规划署召开的世界环境保护会议上通过，1992年5月正式生效。我国于1990年3月22日在该公约上签字。公约的目的不是全面禁止危险废物的越境转移，而只是对危险废物的越境转移进行控制。为此，公约规定各缔约国应采取适当措施：①保证将其国内产生的危险废物和其他废物减至最低程度；②保证提供充分的处置设施用以从事危险废物和其他废物的环境无害处理；③保证在其领土内参与危险废物和其他废物管理的人员采取步骤。防止在管理工作中产生废物的污染并在污染产生时，尽量减少其对人类健康和环境的影响；④保证在符合废物的环境无害和有效管理下，把这类废物越境转移减至最低程度。公约确认各国享有禁止来自外国的危险废物进入其领土或在其领土内处置的主权权利，并且明确规定，如果一缔约国禁止进口危险废物，或者没有书面形式对某一进口表示同意，其他缔约国就不得允许向该缔约国出口危险废物。公约要求缔约国将危险废物的非法运输定为犯罪。公约第12条还规定："各缔约国应进行合作，以期在可行时尽早通过一项议定书，就危险废物和其他废物在越境转移和处置所引起损害的责任和赔偿方面制定适当的规则和程序。"但是，迄今这一重要的议定书并没有制定出来。公约还就危险废物的定义、种类与等级以及公约实施的机构安排、争端解决程序等方面做出了具体规定。

## 思考题

1. 简述国际环境法的概念和特点。
2. 简述共同但有区别的责任原则。
3. 简述损害预防原则和风险预防原则的区别和联系。
4. 论述可持续发展原则。

# 第十讲　外交关系法与领事关系法

内容摘要

外交关系法与领事关系法是国际法中两个具有密切联系的部门法，是适用于外交关系和领事关系的国际法原则、规则和制度的总称。本讲介绍国际法中的外交关系法与领事关系法。

## 一、外交关系法

### （一）概述

1. 外交

外交主要是指国家为实现其对外政策所进行的各种方式的对外交往活动。国家进行对外活动的主要方式有访问、谈判、缔结条约、派出常驻外交代表机构，以及参加国际会议和国际组织等。

2. 外交关系

外交关系主要是国家之间在外交活动中形成的一种关系。国际法意义上的外交关系，主要是指国家之间通过互访、谈判、缔结条约、互派常驻外交代表机构、参加国际会议和国际组织等方式进行交往所形成的关系。

外交关系可分为：正式的外交关系、半外交关系、非正式外交关系。正式的外交关系也称正常的外交关系，以双方互派常驻使节为主要特征；半外交关系也称不完全的外交关系，以双方互派代办级外交使节为主要特征；非正式外交关系，特征是两个没有正式建交的国家直接进行外交谈判，并互设某种联络机构保持相互接触。除上述属于官方性质的外交关系外，还有属于民间性质的国民外交关系，也称为民间外交关系，主要表现为非官方的个人或团体相互进行友好访问、接触，就国际问题或两国关系发表共同声明，或就具体事务签订民间协定。国民外交关系虽不属于外交关系，但对于促进国家间正式外交关系的建立和发展具有重要意义。

外交与外交关系的区别在于外交强调的是处理国家之间关系的一种手段，外交关系注重的是对外交往的国家之间的关系。对一国而言，有外交活动不一定有外交关系，但有外交关系就一定存在外交活动，外交关系通常通过法律的形式表现出来，并为国家的对外政策服务。

3. 外交关系法

外交关系法是指适用于外交关系领域的国际法原则、规则和制度的总称。内容主要包括：外交代表机关的派遣和接受；外交代表机关的等级与职务；外交代表机关和外交人员的特权和豁免；外交代表机关与接受国或接受国际组织之间的关系等。

外交关系法是国际法最古老的分支之一，外交制度随着国家的建立而产生，在国家交往过程中，不断确立了一些原则、规则，来适应国家对外交往活动的需要，但这些原则、规则都处于极为分散的状态，并没有专门的规范，国家之间依靠已经形成的国际习惯来处理外交活动。随着民族国家主权概念的加强，国家经常性的对外交往的需要，常驻外交使团变得不可缺少，规制对外交往活动的统一法则的确立显得十分必要，第二次世界大战后，国际社会开始订立了一系列关于外交关系的条约，外交关系法成为最早获得统一和公认的一个国际法部门。

外交关系法是适应国家进行外交活动的需要而产生和发展的。

外交关系法的历史源远流长，传统外交关系法的渊源主要是国际习惯。1961年4月18日签订的《维也纳外交关系公约》全面规定了适用于国家之间外交关系的原则、规则和制度。该公约共计53条，分别对国家之间外交关系的建立、使馆的职务、使馆馆长的派遣和接受、使馆馆长的等级、使馆和外交代表的特权和豁免、享有外交特权和豁免的人员对接受国的义务等问题，予以明确规定。中国于1974年11月25日加入该公约，但对其中一些条款予以保留。

（二）外交机关与外交人员

外交机关是指负责执行国家对外政策，与他国保持与发展外交关系，进行外交活动的国家机关的总称。一般分为国内的外交机关和派往国外的外交代表机关。

1. 国内的外交机关与外交人员

国内的外交机关包括国家元首、政府和外交部门。这些机关根据本国宪法和法律规定，各有自己的职权范围，在国际法上代表本国与外国建立和保持外交关系，进行外交活动。

（1）国家元首。国家元首是国家在对外关系上的最高代表，在对外关系上职权由本国宪法规定，一般包括以下方面：派遣和接受外国使节；批准和废除条约；宣布战争状态和媾和等。按照国际惯例，一国元首在外国时，除享有各种礼仪上最隆重的接待和最高荣誉外，还享有全部外交特权与豁免。国家元首在大多数情况下是个人，比如共和国的总统、主席，君主国的国王，特殊情况下也有集体元首形式，比如瑞士的联邦委员会。历史上，国家元首通常是一个国家的有效统治机关，国家的对外关系也往往表现为国家元首之间的关系。不过近代以来，这种情况发生了变化，许多国家的国家元首只起到宪法上的一种形式作用，不再拥有国家的实质管理权，国家权力集中在政府手中，如日本的天皇。不过，国家元首依然在国际上代表一国的国际人格。在国际法上，国家元首拥有“全权代表权”，即他不仅在国际交往中代表国家进行行为，而且他的一切法律行为都被视为该国的国家行为。我国的国家元首是中华人民共和国主席，并同全国人民代表大会常务委员会结合起来行使职权，主要包括：接受外国使节；派遣和召回驻外全权代表；批准和废除同外国缔结的条约和重要协定等。根据国际法，外国必须对所有国家元首给予最高礼遇。通常情况下，国家元首在外国享有完全的外交特权和豁免，但是他不能滥用这种特权，否则受访国没有义务容忍他继续停留。如

1967年法国总统戴高乐在加拿大进行正式访问时发表的演讲被认为是对加拿大魁北克省分离主义运动的支持，人们认为这是对加拿大内部事务的干涉，于是戴高乐不得不终止他的正式访问。

（2）政府。政府是国家的最高行政机关，也是国家对外关系的领导机关。政府在对外关系方面的职权由宪法和有关法律规定，一般包括以下方面：领导外交工作，管理对外事务、就对外关系的重大问题发表声明、同外国政府或国际组织的代表进行谈判、签订国际条约和协定、签发某些本国外交代表的全权证书、任免一定等级的外交人员等。政府首脑在对外关系上居于重要地位。按照国际法，政府首脑在国外时，享有完全的外交特权和豁免。一般无需全权证书即可直接进行外交谈判、参加国际会议、签订条约以及同其他国家政府首脑一同发表宣言、公报。

各国政府的名称不一，有的称为内阁，有的称为部长会议，我国规定为国务院。政府首脑也依次分别称为内阁首相、部长会议主席和国务院总理。

根据我国宪法和法律的规定，国务院在对外关系方面的职权包括：领导外交部的工作；管理对外事务，同外国缔结条约和协定；任免外交部副部长，驻外使馆参赞和驻外总领事等人员；核准某些协定等等。

按照国际法，政府首脑在外国时一般享有完全的外交特权和豁免，同时，他也不能滥用这种特权。

（3）外交部门。外交部门是执行国家对外政策、处理日常外交事务的专门机关。外交部门是政府设立的主管外交事务的专门机关，负责国家的对外事务、执行国家对外政策和处理日常外交事务。大部分国家将该部门称为外交部，但是也有的国家使用不同的名称。如在美国称作“国务院”，在英国称为“外交与联邦事务部”，在日本为“外务省”。外交部的首长一般称为外交部长，在美国是国务卿，英国是外交与联邦事务大臣，日本是外相。

外交部门的职权主要有：负责执行国家对外政策与有关决定，处理一般外交事务；领导和监督驻外使领馆、驻国际组织使团和出席国际会议的代表团的工作和活动、与外国或国际组织的使馆和使团等保持联系和进行谈判、保护本国及本国公民在国外的合法权益等。本国政府和政府部门同外国政府或同外国使领馆的关系，一般都是通过外交部门进行。外交部门首长具体领导外交部门贯彻国家的对外政策和处理日常事务，如同外国代表团谈判、签订条约、参加国际会议等。与国家元首、政府首脑相同，外交部门首长在外国时享有完全的外交特权和豁免，在外交活动中无需出示或提交全权证书。

我国主管外交事务的部门为外交部，首长称外交部长。

2. 驻外的外交代表机关和外交人员

派往国外的外交机关，亦称外交代表机关、外交使团、外交使节等，可分为常驻机关和临时性机关两大类。常驻外交机关一般是一国派驻另一国或国际组织的处理日常外交事务并保持对外关系的机构，如使馆、常驻某国际组织的代表等。而临时的外交机关只是一国派遣到他国或国际组织的执行临时外交任务的外交使团，既可能是为某一特定事项与他国或国际组织进行交涉，也可能是执行礼仪性的任务，如参加外国的国庆典礼等。

主要的驻外外交代表机关：

（1）使馆与外交代表。

①使馆。使馆是一国在另一国的常驻外交代表机构，互设使馆是两国间正式建立外交关系的具体表现。根据公认的习惯法规则，国家之间外交关系和使馆的建立，必须经过双方协议。协议的方式可以是缔结条约、互换照会或者发表联合公报等，由有关国家协商决定。比如1979年我国与美国建交时就采用了联合公报的形式。

根据国家主权原则，同哪些国家、按照什么条件、采取什么方式建立外交关系和互设使馆等都应由各国自行决定。我国根据自身的国情，一贯坚持以承认中华人民共和国政府为中国唯一合法政府，台湾是中国领土不可分割的组成部分为条件，与外国谈判建立外交关系和互设使馆。

国家间达成互设使馆的协议后，即可依协议互派使节。现在各国依照平等和相互的原则，使馆彼此设于对方的首都，且互派的使馆馆长等级是相同的。如果两国关系改善或恶化，双方均可提出外交关系升格或降格。

在习惯国际法的基础上，《外交关系公约》第3条规定了使馆的主要职务：a. 在接受国内代表派遣国。b. 在国际法许可的限度内，在接受国国内保护派遣国及其国民的利益。c. 与接受国政府办理交涉，进行谈判。d. 以一切合法手段调查接受国的状况及发展情形并向派遣国政府报告。e. 促进派遣国与接受国友好关系以及发展两国间的经济、文化及科学等各方面合作。

此外，在国际法许可和接受国同意的情况下，由本国政府授权，使馆还可以执行其他职务，如执行领事职务，受托保护第三国侨民及其利益等。

②使馆人员。一般来说，使馆人员的组成主要包括两大类，一类是具有外交职衔的人，被统称为“外交代表”，包括使馆馆长和外交职员；另一类则是使馆的行政与技术人员、事务职员以及私人仆役等，他们不具有外交官职位。

a. 使馆馆长。使馆馆长是由派遣国委派负责领导使馆工作的人。在19世纪，因各国对使馆馆长的等级划分不统一而经常发生位次的争执。1815年的《维也纳议定书》将外交使节划分为大使、公使、代办三个等级，从而统一了划分规则。这种划分方式为1961年的《维也纳外交关系公约》采纳。该公约规定使馆馆长分为三级，即大使（教廷大使）；公使（教廷公使）；代办。以大使、公使或代办为首长的驻外代表机关，相应地称为大使馆、公使馆或代办处。虽然馆长有不同的等级，但除关于位次和礼仪事项外，各使馆馆长不应因其等级不同而在接受国有任何差别待遇。

大使又称特命全权大使，是由一国元首向另一国元首派遣的最高一级使馆馆长和外交代表。大使可以随时请求谒见接受国的国家元首，进行直接谈判。享有完全的外交特权与豁免，也享有高于其他两级馆长的礼遇。教廷大使是由罗马教廷向一些国家派遣的代表罗马教皇的相当于大使一级的教廷使节。在一般国家里，教廷大使与大使位次相同，而在信奉天主教的国家给以教廷大使以优先地位，视其为外交团的当然团长。这在《维也纳外交关系公约》中也有所反映。对于该公约有关教廷使节的条款，我国在1975年加入《公约》时作了保留。

公使亦称特命全权公使，是一国元首向另一国元首派遣的第二级使节，他是公使馆的馆长，代表本国及国家元首常驻接受国办理外交事务。公使享有仅次于大使的礼遇，不能随时请求谒见接受国的国家元首，进行直接谈判。由罗马教廷派遣的相当于公使一级的使节称教廷的公使。

代办是由一国外交部长向另一国外交部长派遣的最低一级使馆馆长。他代表本国及外交部与接受国办理外交事务，仅可随时请求谒见接受国的外交部长，其所受的礼遇低于大使和公使，是代办处的馆长。代办的派遣在现代国际关系中并不常见，多在两国关系不正常或严重分歧时才采用，但一旦问题得到解决，两国间关系恢复正常，经彼此间达成协议也可将代办升为大使。

b. 外交人员。外交人员是指在使馆内除使馆馆长以外办理外交事务具有外交职衔的人员，一般包括各类参赞、武官、秘书、随员。

参赞是使馆内协助馆长办理外交事务的高级外交官，是馆长关于国际法和外交事务的顾问。依其专业性不同，参赞可分为商务参赞、文化参赞、新闻参赞、科技参赞等。在馆长离职期间通常是由参赞担任临时代办（即代理馆长）代理馆务。

武官是派遣国武装力量的代表，是各国的军事外交官，他们一般由各国国防和军事部门进行委派，常驻在各国驻外使馆中，服从各国使馆馆长的领导。武官是使馆馆长的军事顾问，在军事交往和谈判中辅佐馆长进行工作。按职别可分为国防武官、军种武官、副武官。国防武官为首席武官，其等级与参赞相近；军种武官可分为陆军武官、空军武官和海军武官。

秘书是使馆内秉承馆长意旨办理外交事务以及文书的外交官，位于参赞与随员之间，分一、二、三等秘书。

随员又称专员，由外交部派遣的办理各种外交事务的最低一级外交官，有各方面的随员，如财政随员、新闻随员、科技随员、工业随员、农业随员、粮食随员等。

包括使馆馆长在内，上述各类人员都是正式的外交代表，他们持外交护照。为了使外交代表能够有效地执行其职务，外交代表均享有全部的外交特权与豁免。但是，外交代表在进行活动时，应尊重接受国的法律，不得滥用其特权地位。

c. 其他人员。除了外交代表以外，使馆内还存在着一类不具有外交职衔的人员，负责使馆日常运作所必需的一些事务。这些人员包括：行政和技术人员，是使馆中从事行政及技术工作的人员。他们负责处理使馆内日常行政和技术性事务，如办公室负责人（称使馆主事）、登记员、速记员、译电员、打字员、翻译、无线电技术员、会计等。服务人员，是使馆中从事后勤服务工作的人员，包括司机、传达员、厨师、门卫、维修工、清洁工等勤杂人员。私人仆役，指充当使馆人员佣仆而非为派遣国雇用之人，为使馆人员的私人服务员，如保姆等。私人仆役不在使馆人员编制之列。

③使馆人员的派遣和接受。《维也纳外交关系公约》对使馆人员的派遣和接受问题做了原则性的规定。

首先，派遣国对使馆馆长的任命必须事先征求接受国的意见。在接受国明确表示同意后，派遣国才会通过正式的程序予以任命并派遣。当然，接受国也可以拒绝接受该人员而且不用说明理由。这是国家主权的行为，只针对个人，不能视为对派遣国的不友好行为。使馆馆长一般是派驻某一特定国家，但如果争得有关各方同意，也可以兼驻两国或多国，也包括国际组织。

其次，对于陆、海、空军武官的派遣，接受国有权要求派遣国提名，由其决定同意与否。其他使馆人员，原则上由派遣国自由选派，无须事先征得接受国的同意。不过如果委派具有接受国国籍或第三国国籍的人为使馆人员，应事先征得接受国同意。

使馆馆长到达接受国后，应立即拜会接受国外交部长，商定递交派遣书或委任书。一般来说，使馆馆长都会携带一份加封的国书和一份未封口的国书副本。他将副本递交接受国的外交部，表示他已经到达；正本的国书则由其亲自向接受国国家元首递交。根据《维也纳外交关系公约》的规定，使馆馆长在呈递国书后或在向接受国外交部或另经商定之其他部通知到达并将所奉国书正式副本送交后，即视为已在接受国内开始执行职务。我国实践采纳前一种。

根据《维也纳外交关系公约》的规定，接受国可以随时不加解释地通知派遣国并宣告使馆馆长或使馆任何外交职员为“不受欢迎的人”，也可以如此宣告使馆任何其他职员为“不能接受的人”。

从国际实践来看，主要有两种情况：一种是使馆馆长或武官的人选在征求接受国同意时被拒绝，或者对其他人员不予接受。此种情况下，接受国应在其到达接受国国境前宣布他为“不受欢迎的人”或“不能接受的人”。一般来说，大多数国家都拒绝接受本国公民充任外国的使节。另一种情况是外交人员和其他人员就任后从事了与其身份不符的行为而被接受国宣布为“不受欢迎的人”或“不能接受的人”。这种情况下，这类人不再被视为使馆人员。派遣国应斟酌召回该人员并终止其在使馆中的职务。

④使馆人员职务的终止。使馆人员的职务可能因为很多不同的原因终止，通常都与派遣国和接受国的决定有关。根据《维也纳外交关系公约》和有关国际实践，终止的原因主要有以下几种：a. 任期届满。b. 派遣国召回。c. 接受国要求召回。d. 派遣国与接受国外交关系断绝。e. 派遣国或接受国发生革命，产生新政府。f. 使馆人员死亡。

（2）特别使团。特别使团是一国经另一国的同意或邀请，派往另一国，代表派遣国进行谈判或完成某项特定外交任务的临时机构。特别使团由派遣国的一名或几名代表组成，其中一名为团长。特别使团也可以包括外交人员、行政与技术人员和服务人员。派遣国的代表和外交人员原则上应具有派遣国的国籍。任命接受国的国民或第三国国民为代表或外交人员时，应征得接受国同意，并且接受国可随时撤销此项同意。

特别使团制度长期以来表现为习惯规则，1969年联合国大会通过的《特别使团公约》把这一制度作了系统的编纂和发展，对特别使团的派遣、组成、职务、外交特权与豁免等作了规定。

①特别使团的派遣。派遣国需在事先通过外交途径或者其他双方同意或共同接受的途径取得接受国的同意。派遣同一特别使团前往两个或两个以上国家，应在分别征得每一个接受国的同意时说明此事。两个或两个以上国家派遣联合特别使团，应在征求该接受国的同意时说明此事。

②特别使团的职务。特别使团的职务由派遣国与接受国协议约定，通常是进行谈判或完成某项特定的任务，如参加接受国的重要庆典、进行某项谈判、议定某项条约等。一般地，特别使团到达后，一经与接受国的外交部

或经商定的其他机构正式接触即开始执行职务。当关系国协议终止、任务完成、为其指定的期限届满、派遣国通知结束或召回特别使团等情况出现，特别使团的职务应即停止。特别使团也适用接受国对使馆人员的“不受欢迎的人”和“不能接受”的制度。

③特别使团的外交特权与豁免。特别使团及其各类人员大体上分别享有《维也纳外交关系公约》中规定的使馆及其相应的各类人员的外交特权与豁免，但也有些不同。例如，特别使团的房舍不可侵犯，但在遇到火灾或其他严重的灾难而无法获得使团团长明确答复的情况下，接受国可以推定获得同意而进入房舍；使团外交人员的司法及行政豁免的例外中，比照使馆外交人员，又增加了有关人员公务以外使用车辆的交通肇事引起的诉讼，接受国可以管辖。

特别使团及其人员对接受国的义务也与使馆及其人员的相应义务基本相同。

### （三）外交特权与豁免

#### 1. 外交特权与豁免的概述

（1）外交特权与豁免的概念。外交特权与豁免是指使馆和使团及其人员在接受国所享受的一定的特殊权利、优惠待遇和一定豁免的总和。

外交特权与豁免并不完全是一个内容。外交特权是由于其所处的与外交相关的特殊地位而享有一般人所不能享有的特殊权利。外交豁免是因其特殊地位而对其不行使国家的管辖权并免除其事实上义务的履行。但这两个概念的界限是很难截然区分的，它们常交织在一起，何况从某种意义上讲，豁免也属于一种特权。因此，一般都将其统称为“外交特权与豁免”。

长期以来关于外交特权与豁免的规则和内容多属于国际习惯，或由国内法加以规定。直到1961年，《维也纳外交关系公约》才正式以公约形式统一了各国的实践，比较系统、完整地规定了外交特权与豁免的各项内容和适用范围。

（2）外交特权与豁免的根据。为什么要给以外交人员以外交特权与豁免？对于这个问题，法学界有三种学说：①治外法权说。该学说认为，使馆虽然处在接受国领土上，但在法律上应被视为派遣国领土，因此不受接受国管辖。②代表说。该学说认为外交使馆和使节之所以享有特权与豁免，是因为其作为国家代表的身份，而国家彼此间平等，相互之间没有管辖权。③职务需要说。该学说把外交特权与豁免归因于执行职务的需要，认为使馆和外交人员只有在接受国享有特权与豁免，才能在不受当地干扰和压力的条件下，自由地代表本国顺利地执行其各项职务。《维也纳外交关系公约》兼采职务需要说与代表说，将二者有机结合起来解释给以外交特权与豁免的根据。公约序言指出："此等特权与豁免之目的不在于给予个人以利益而在于确保代表国家之使馆能有效执行职务。"这是当今普遍接受的观点。

2. 使馆的特权与豁免以及使馆的义务

依《维也纳外交关系公约》，使馆作为一国派驻另一国的外交代表机构，主要享有以下特权与豁免。

（1）使馆的特权与豁免。

①使馆馆舍不得侵犯。使馆馆舍指供使馆使用和供使馆馆长寓邸之用之建筑物或建筑物之各部分，以及其所从属之土地。所谓使馆馆舍不得侵犯，依公约第22条的规定，包括三层含义：a. 未经馆长许可，接受国官吏不得进入。公约甚至未对诸如火灾、瘟疫等紧急情况作例外的规定。b. 接受国应"采取一切适当步骤"对馆舍加以特别保护，使其免受侵入或损害，若违反这一规定，接受国应承担国际责任。c. 接受国不能对馆舍进行任何司法程序，也不得对馆舍内的设备、财产、交通工具进行搜查、征用、扣押或强制执行。

②使馆档案及文件不得侵犯。公约第24条规定："使馆档案及文件无论何时，亦不论位于何处均属不得侵犯"。"不论何时"，包括两国发生武装冲突或断绝外交关系时在内。"不论位于何处"指不论是在馆舍内还是在馆舍外，也不论是否在外交信袋之内，均不得侵犯。

③通讯自由。依公约第27条规定，使馆通讯自由包括三方面内容：a. 使馆为一切公务目的有使用外交信使及明、密码通讯的权利。但使馆非经接受国同意，不得装置并使用无线电发报机。b. 外交信使人身不可侵犯，不受

逮捕或拘禁。c. 来往公文和外交邮袋不可侵犯，不得开拆、检查、扣押和毁坏。

④免纳捐税、关税。按照公约第23条、第28条和第36条的规定，使馆免纳的捐税、关税包括：使馆所有或租赁之馆舍，免纳国家、区域或地方性捐税，但为其提供的特定服务应付之费用如水、电、煤气费等，不在免除之列；使馆办理公务所收的规费及手续费免征一切捐税；使馆公务用品准许入境并免除一切关税及扣除了贮存、运送及类似的服务费用以外的一切其他课征。

⑤使用国旗和国徽。使馆及其馆长有权在使馆馆舍、使馆馆长寓邸和交通工具上使用派遣国的国旗和国徽。

（2）使馆的义务。使馆在其行为活动中必须遵守公认的国际法原则和规则，并对接受国负有一系列的义务。

1）不得将馆舍用于与使馆职务不相符合的用途。这在国际实践中主要表现为：①不得在使馆内拘留人。即不得利用使馆馆舍拘留或拿捕任何人，如发生拘留人的事件，接受国有权要求将人交出。②不得在使馆内庇护人。世界上大多数国家不承认使馆拥有庇护权，一般不允许在使馆内庇护当地政府通缉的人。如遇有罪犯避入馆舍，或不享有外交特权与豁免的人在使馆内犯罪，接受国要求交人时，使馆应予交出。关于外交庇护，一些拉丁美洲国家间缔结的有关庇护条约给予了承认，这当然只在拉美国家间适用，不影响一般国际法的规定。

2）洽商业务，应与接受国外交部或另经商定的其他部门直接进行。

3. 外交人员的特权与豁免以及外交人员的义务

（1）外交人员的特权与豁免。

①人身不可侵犯。公约第29条规定："外交代表人身不得侵犯。"该条有两方面的含义：a. 接受国不得对外交人员进行人身搜查、侮辱、拘禁、逮捕，即使触犯了接受国法律，也应通过外交途径解决，而不能采取逮捕或扣留的方式。但这并不排除对这种人员行凶时进行的防卫，也不排除当其破坏驻在国的法律而进行犯罪时采取必要的措施加以制止。b. 接受国对外交人员应特示尊重，有义务采取必要措施对外交代表加以保护，防止其人身自由或

尊严受到侵犯。接受国对侵犯外交人员人身者，应予严惩或引渡给有关国家惩处。

②寓所、文书、信件、财产不可侵犯。寓所即外交人员的私人寓所，指与馆舍相分离的、馆长以外的外交人员的私人住宅。这里的寓所与住所不同，寓所要广泛些，可以包括外出时临时居住的处所。寓所和馆舍享有同样的不可侵犯权，这是从人身不可侵犯引申出来的。公约规定，外交人员的私人文书和信件同样不可侵犯。财产主要是指外交人员寓所中的私人财产，也包括供其个人使用的物品、汽车等。

③管辖的豁免。依公约第31条，外交人员不但对接受国刑事管辖享有豁免，而且对民事和行政管辖也享有豁免。

a. 刑事管辖豁免。外交人员触犯接受国刑律时，免受接受国当局司法管辖，接受国不得对他加以传讯、起诉和审判。这种豁免是绝对而无例外的。但这并不意味着外交人员可以无视接受国法律、规章，也不是说他犯罪可以不受惩处，仅是指接受国对其违法犯罪行为不得行使管辖权，而应通过外交途径与派遣国交涉解决。我国《刑法》第11条规定：“享有外交特权与豁免的外国人的刑事责任问题，通过外交途径解决。”这同公约的精神是一致的。

b. 民事管辖豁免。外交人员对接受国的民事管辖也享有豁免。接受国不得因债务问题对外交代表提起诉讼或进行判决。但民事管辖的豁免有以下例外：i. 关于私有不动产之物权诉讼；ii. 以私人身份参与继承事件的诉讼；iii. 关于外交代表于公务范围以外所从事的专业或商业活动引起的诉讼。此外，公约第33条第3款规定，如外交代表主动提起诉讼，就不能对与主诉直接相关的反诉主张管辖的豁免。凡遇上述情况，外交人员不能援引民事管辖的豁免为理由，主张享有豁免权。

c. 行政管辖豁免。公约规定：外交人员对接受国的行政管辖享有豁免权。如：外交人员不需作户籍登记，不服兵役和劳务；外交代表死亡、子女出生等都不须履行接受国的有关行政手续。1931年丹麦使馆秘书死亡后免验尸体，就是免受行政管辖的例证。

d. 无作证义务。公约第31条第2款规定：外交人员无以证人身份作证之义务。但在一定条件下，如某一外交人员为某一案件的目击者，此事又不涉及使馆，经派遣国同意，外交官也可出庭作证。

管辖豁免亦可放弃。外交人员管辖的豁免可以由派遣国放弃，而且放弃必须是明示的。对管辖豁免的放弃可以是刑事的，也可以是民事的或行政的，应该分项单独放弃，特别是在民事或行政诉讼程序上管辖豁免的放弃与判决执行豁免的放弃，更须分别进行。应特别强调一点，外交人员享有的上述管辖豁免个人不得随意放弃，而必须由派遣国明示放弃才有效力。

④免纳捐税。捐税豁免是一个极复杂而细致的问题。由于社会制度和国情不同，各国具体做法也各不相同，国际上一般认为捐税可分为直接税和间接税。直接税指对纳税人的收入、财产征收的捐税及对消费者直接征收的捐税；间接税指计入商品或劳务价格中的捐税。一般原则是对外交人员应免征直接税，而不免征间接税。

按照公约规定，外交人员免纳一切对人或对物课征的国家、区域或地方性的捐税，如个人所得税、公用房地产税、汽车税、娱乐税、印花税、购买税等等。但公约同时作了例外的规定，如私有不动产应纳之捐税、遗产税、继承税、不动产登记费、抵押税以及前述之间接税等。由于各国税收制度不同，许多国家都要求在免税问题上达成协议，而公约第34条在这方面提供了以上基本统一的规则。

⑤免除关税和查验。外交人员及其家属的私人用品入境时免征关税，而且其私人行李免受查验。但有重大理由推定其中装有不在免税之列的物品，或接受国法律禁止出、入境或检疫条例加以管制的物品时，则可以检查。而检查时须有外交人员或授权代理人在场。

⑥其他特权和豁免。外交人员免于适用接受国所施行的社会保险办法，并免除一切劳务和各种公共服务；免除军事募捐、征用等军用义务。

（2）外交人员的义务。和使馆一样，外交人员及其他享有特权与豁免的人员，在其行为活动中必须遵守公认的国际法原则和规则，并对接受国负有一系列的义务。

首先，要尊重接受国的法律、规章，例如治安规则、交通规则、卫生规章等。其次，不得干涉驻在国的内政，即外交代表必须避免做出任何直接或间接地干涉接受国内政的言论和行动。比如不得公开批评接受国领导人及其政策，不参加亦不支持反对接受国政策的集会、游行示威活动等。再次，外交代表不应在接受国内为私人利益从事任何专业或商业活动。常驻使团、特别使团及其人员对接受国负有的义务与使馆及其人员应负之义务大体相同。

（四）《中华人民共和国外交特权与豁免条例》

1986年9月我国颁布了《中华人民共和国外交特权与豁免条例》，这是我国第一部由国家最高权力机关制定的外交特权与豁免方面的法律文件。该条例依照《维也纳外交关系公约》，参照国际习惯及新的发展并结合我国具体情况和外交实践，对外交特权与豁免的根据、内容、适用及用语含义作了明确规定。总体来看，条例与公约在实体内容与主要精神上基本一致。但该条例结合我国具体情况和新的国际实践又对《公约》内容做了完善和补充。

1. 条例扩大了特权与豁免的适用范围

该条例规定，在中国境内享有外交特权与豁免的人员除使馆人员、外交信使、途经中国的驻第三国的外交人员外，还有持有中国外交签证或外交护照（仅限于互免签证的国家）来中国的外交官员；经中国政府同意给以特权与豁免的其他来华访问的外国人士，以及来中国访问的外国的国家元首、政府首脑、外交部长及其他同等身份的官员。

2. 体现了我国国情和主权的结合

条例第2条规定，使馆外交人员原则上应具有派遣国国籍，若委派属中国或第三国国籍的人为使馆外交人员，则必须征得中国主管机关的同意，中国主管机关可以随时撤销此项决定。又如第19条规定，使馆和使馆人员携运自用枪支、子弹入境，必须经中国政府批准，并且按中国政府的有关规定办理。

3. 强调了对等原则

条例第26条规定，如果外国给以中国驻该国使馆、使馆人员以及临时去该国的有关人员的外交特权与豁免，低于中国本条例给以该国驻中国使馆、使馆人员以及临时来中国的有关人员的外交特权与豁免，则中国政府根据对等原则，得给以相应的外交特权与豁免。条例还规定，来中国参加联合国及其专门机构召开的国际会议的外国代表、临时来中国的联合国及其专门机构的官员和专家、联合国及其专门机构驻中国的代表机构和人员的待遇，按中国已加入的有关国际公约和中国与有关国际组织签订的协议办理。

## 二、领事关系法

### （一）领事关系概述

领事是一国根据与他国的协议派驻该国某一城市或地区，以保护派遣国及其公民和法人在当地的合法权益的代表。领事关系与外交关系既有联系又有区别。

1. 二者联系

两者的联系在于：①两者都是执行派遣国对外政策的常驻国外的机关。②两者都是根据协议而建立，使馆馆长和领馆馆长同由派遣国国家或政府派遣。③均受派遣国外交部的领导。在国外，领事还须受外交使馆的领导。④领事关系与外交关系有一定联系，同意建立外交关系即包括同意建立领事关系，但断绝外交关系，并不当然断绝领事关系。在两国尚未建立外交关系的情况下，领事关系的存在可对促进两国外交关系的建立起一定作用。⑤按国际实践，外交使节同时执行领事职务；另一方面，在本国与驻在国正式建交的情况下，领事亦可兼办外交事务。

2. 二者区别

两者的区别在于：①名义、地位不同。外交使馆是全面代表派遣国，同接受国外交部就涉及两国关系的带有全局性的重大问题进行交涉，并可拜见国家元首；而领事馆则是在其职务范围内同接受国地方当局进行交涉，它不能直接同接受国中央打交道，如确有必要，须经由其使馆进行。②职务不同。使馆所保护的利益对派遣国来说，是属于全局性的重大利益，而领事的主要职责则是保护派遣国关于商务及侨民的具体利益。③工作地域范围不同。使馆可及于接受国全境，而领事一般以其辖区为限，仅与该地方当局进行交涉。④享受特权与豁免的程度不同，包括礼仪上的待遇不同。总的讲，领事与领馆享受的特权与豁免要比外交代表与使馆少。

早在古希腊时期，就有了领事的萌芽，但一般认为领事制度起源于中世纪后期。19世纪中期以后资本主义处于上升时期，国际贸易、航海和航运普遍发展，领事制度受到更大重视并得到了发展。随着资本主义向外侵略扩张，领事制度成为它的一种重要工具。西方大国在这一时期，不但把领事制度带到了东亚各国，而且在这些国家，特别是在中国攫取了领事裁判权，形成“国中之国”。所谓领事裁判权，是指一国领事根据不平等条约享有的按照其本国法律对其本国侨民行使司法管辖的片面特权。领事裁判权制度严重侵犯驻在国的主权，干涉驻在国的内政，在这方面中国受害最深。直到第二次世界大战结束后，领事裁判权才被废除。

在20世纪60年代以前，国际上存在着大量关于领事关系的双边条约，但并无一个普遍适用的国际条约。1963年4月22日在联合国主持下制定的《维也纳领事关系公约》是国际上第一个全面规定领事关系一般规则的国际公约。公约于1967年3月19日生效，到1990年底已有131个国家参加了该公约。我国于1979年7月3日加入该公约。

（二）领馆人员

1. 领馆人员的类别

领馆人员分为领事官员、领事雇员和服务人员。领事官员指执行领事职务的人员，包括领馆馆长；领事雇员指行政和技术人员；服务人员包括汽车司机、传达员等。私人服务员不在领馆人员之列。

领事有两种：专职领事和名誉领事。专职领事又称派任领事，就是国家正式派遣的领馆馆长。按其职位可分为四级：总领事、领事、副领事和领事代理人。我国曾有一个时期仅采用前三级，如50年代与苏联、民主德国的领事条约均如此规定。1980年我国与美国签订的领事协定采用了公约规定的四级。名誉领事又称选任领事，指一国政府选任执行领事职务的兼职官员。多从当地的本国侨民中选任，也可以在接受国的国民中选任。通常都选用律师或商人担任。名誉领事不属于派遣国国家人员编制、不领取薪金、其报酬从领馆手续费、规费中支付。名誉领事有名誉总领事和名誉领事两级，我国目前既不委派、也未接受名誉领事。

2. 领事的派遣

（1）领事的委派与接受。领事由派遣国委派，并由接受国承认准予执行职务。任命领事的职权属何机关，由派遣国国内法规定。有的国家规定由国家元首任命，如美国；而我国总领事由国务院任命，其他等级的领事，如领事、副领事和领事代理人都由外交部任命。

派遣国任命时，应将领事委任书通过外交途径送至接受国外交部，由其发给“领事证书”，或在领事委托书上批写“领事证书”字样后，方可开始执行职务。对领事人选接受国是否同意，一般通过是否发给领事证书来表示，而无需再预先征求对方意见。如接受国不同意可拒发领事证书。

公约规定，接受国可随时通知派遣国，宣告某领事人员为不受欢迎的人或宣布其他领馆馆员为不能接受的人，并视情形于必要时，“撤销关系人员之领事证书或不复承认该员为领馆官员”。采取上述措施，接受国无须说明其理由。

（2）领事的到达和就任。领事馆馆长前往接受国赴任，派遣国应先通知接受国，领事馆所在地的接受国地方当局一般均予以迎接。迎接的规模和迎接官员职位的高低取决于领馆馆长的职任、两国的关系和当地的惯例。领馆馆长到达任所后，一经接受国承认即算就任。领事馆馆长就任后，一般要发就任通知书，进行适当的拜会和举行就任招待会。非馆长的领事就任，也应通知接受国，但接受国一般不派人迎接。

3. 领事的职务

根据1963年《维也纳领事关系公约》第5条的规定，领事的职务有13项之多，其主要内容可归纳为：①保护，即保护本国及其侨民和法人在接受国的利益。②促进，即促进本国与接受国间的商业经济、文化和科学关系的发展，并在其他方面促进两国间的友好关系。③调查，即以一切合法手段调查接受国内商业、经济、文化及科学活动的改善及发展情形，向派遣国政府具报，并向有关人士提供资料等。④办证，即办理护照、签证、公证、认证以及侨民的出生、死亡和婚姻登记事项。⑤帮助，即给以本国侨民以及进入接受国境内的本国飞机，船舶及其人员以所需要的帮助。

此外，公约规定，一国受第三国（与驻在国断绝领事关系，或不存在领事关系）的委托，并经接受国同意后，可代表该国执行领事职务。

（三）领事特权与豁免

1. 领馆的特权与豁免

根据1963年《维也纳领事关系公约》的规定，领馆的特权与豁免主要有以下几方面。

（1）领馆馆舍在一定限度内不可侵犯。领馆馆舍是指专供领馆使用的建筑物及各部分和其所属土地。所谓“领馆馆舍一定限度内不可侵犯”，是指专供领馆工作之用的那部分馆舍未经许可不得进入，而馆舍的其余部分不包括在内；此外，遇紧急情况时，如火灾和其他灾害须迅速采取措施的场合，可推定领馆馆长已经同意而采取保护行动。依公约规定，接受国对馆舍负有特殊责任，应采取一切措施避免任何扰乱领馆安宁或损害领馆尊严之事件的发生。公约还规定，领馆馆舍、设备及其财产在一般情况下应免受征用。但在确有必要征用时，则可征用，然后应给以赔偿，并应采取措施，避免对领馆职务的执行造成妨碍。

（2）领馆档案及文件不可侵犯。领馆档案及文件无论何时，也不论位于何处，都不得侵犯。

（3）通讯自由。此项特权与使馆的规定基本相同，包括三方面的内容：①领馆享有使用一切适当方法，包括外交、领事信使、外交或领馆邮袋及明、密码电信在内的通讯的权利，但非经接受国许可，不得装置和使用无线电发报机。②对领馆的来往公文不得侵犯。③领馆邮袋不得予以开拆或扣留。但如有重大理由怀疑邮袋所装之物品并非公文时，可请求派遣国指派一人在当场开拆，如对方拒绝，可将邮袋退回原发送地点。④与派遣国国民通讯和联络。由领事职务性质决定，领事官员可以与本国驻接受国的国民自由接触和联系，并有权按接受国法律的规定，探访受监禁、羁押或拘禁的派遣国侨民并进行交谈和通讯，可以为其安排法律代表等。⑤其他特权与豁免，包括行动自由，免纳捐税、关税，使用国旗、国徽的权利，等等。

2. 领馆人员的特权与豁免

依1963年《维也纳领事关系公约》的规定，领馆人员的特权与豁免有：

（1）人身自由的一定保护。根据公约第40、41条的规定，接受国对于领事官员应表示适当尊重，应采取一切适当步骤，保护其人身自由和尊严免受任何侵犯。除非领事人员犯了严重罪行或为了执行有确定效力之司法判决，一般不得予以逮捕或羁押候审。如对领事官员提起刑事诉讼，其应出庭，但接受国应照顾到该员所任职务。

（2）一定的管辖豁免。领馆人员就其执行职务所涉事项无担任作证或提供有来往公文及文件之义务。但对他们的私人行为不给以管辖的豁免。在民事诉讼方面，领馆馆员凡以私人身份所订之契约，以及第三者因车辆、船舶、飞机在接受国内造成意外事故而要求损害赔偿之诉讼均不在豁免之列。

（3）捐税、关税和查验免除。领馆人员免纳一切国家、区域或地方性的捐税，但间接税、遗产税不在此列。领馆服务人员以其服务所得的工资免纳捐税。公约还把免税的范围扩大到领事雇员及与其构成同一户口之家属。免纳关税的物品指他们的私人自用品，包括定居的物品，但消费品不得超过本人直接需要的数量。领馆人员及与其构成同一户口之家属的私人行李免验，只是在某种特殊情况时，才可依一定程序加以查验。

（4）其他特权与豁免。免除外侨登记和居留证的义务；免除工作证的义务。免予适用社会保险办法；免除个人劳务及捐献、屯宿等军事义务。

### （四）《中华人民共和国领事特权与豁免条例》

1990年10月30日我国颁布了《领事特权与豁免条例》，这是我国第一部对领馆及领馆人员享有的特权与豁免作了专门规定的法规。

该条例规定的领馆及各类型人员享有的特权与豁免同1963年《维也纳领事关系公约》的基本精神是一致的，规定的主要内容也是大致相同的。但条例也兼顾到我国的实际情况和我国现行的政策、法规精神，对上述公约未作规定或规定不够明确的地方作了必要的补充，使其更明确、更具体。例如，条例第12条规定："领事官员不受逮捕或者拘留，但有严重犯罪情形，依照法定程序予以逮捕或者拘留的不在此限。领事官员不受监禁，但为执行已经发生法律效力的判决的不在此限。"第14条规定："领事官员和领馆行政技术人员执行职务的行为享有司法和行政管辖豁免。领事官员执行职务以外的行为的管辖豁免，按照中国与外国签订的双边条约、协定或者根据对等原则办理。条例还较公约更具体地规定了不适用民事管辖豁免的情况：①涉及未明示以派遣国代表身份所订的契约的诉讼；②涉及在中国境内的私有不动产的诉讼，但以派遣国代表身份所拥有的为领馆使用的不动产不在此限；③以私人身份进行的遗产继承的诉讼；④因车辆、船舶或者航空器在中国境内造成的事故涉及损害赔偿的诉讼。进口枪支、子弹出入境，必须经中国政府批准，并且按照中国政府的有关规定办理。"条例还把"家属"定义为"共同生活的配偶及未成年子女"，显得更加明确具体。

## 思考题

1. 谈谈外交关系与领事关系的区别与联系。
2. 试比较外交特权和豁免与领事特权和豁免之间的异同。

# 第十一讲　条　约　法

内容摘要

条约法是规范国际法主体之间的条约法律关系。本讲主要介绍国际法上有关条约法的规定，内容涉及条约的概述、条约的缔结与生效、条约的遵守与适用以及条约的终止与无效。

## 一、概述

### （一）条约的概念和特征

1. 条约的概念

国际法上的条约是指国际法主体间为明确彼此间的权利义务关系而缔结以国际法为准的书面协议，是国家间进行交往的重要的法律形式。

国际条约是国际法最主要的渊源。

2. 特征

条约具有下述主要的特征。

（1）条约在国际法主体间缔结。条约必须是国际法主体之间缔结的，即缔约者必须具备国际法主体资格。一方不是国际法主体所签订的协议，或非国际法主体间签订的协议都不是条约。目前，条约主要是国家间缔结的。正在争取独立的民族以及政府间国际组织，在一定的范围内是国际法的主体，它们之间以及它们与国家之间缔结的协议现在也被视为条约。同时条约是国际法主体间签订的，条约的缔约主体至少有两个，一个国家的单方面行为不能构成条约，例如一国发表的声明、宣告等不是条约。

（2）条约以国际法为准。条约必须符合国际法，否则不具有法律约束力。条约的缔结程序和内容必须符合国际法的规则并且以国际法加以规范。同时条约中所规定的权利义务，应是国际法上的权利义务。

（3）条约的内容是规定缔约方的权利和义务。任何国际条约都是国际法主体为了确立相互之间的权利义务关系，以解决现实存在或将来的问题而缔结。一项国际协议是否依据国际法为当事方创设权利义务，是判断该协议是否属于条约的要件之一。如果一项协议仅仅表明当事方对某一问题的立场、态度和政策，那么这种协议就称不上条约；相反，如果一项协议名称不是条约，但实际规定了缔约方的权利义务，那么它也是国际条约，比如1984年12月9日，中英两国政府签订的《关于香港问题的联合声明》，虽然没有使用“条约”这个名称，但是其第6条明确规定：“中华人民共和国与联合国政府同意上述各项声明和本联合声明的附件均将付诸实施。”这就充分表明了中英双方同意承担一定义务的愿望，符合条约的一般特征。

（4）条约的形式主要是书面的。作为缔约各方意思表示的一致，条约一般应采用书面形式缔结。因为条约涉及缔约方相互间的权利义务关系，而书面形式是规定缔约方权利义务关系最常见、清楚和可靠的方式，能够清楚地表达缔约各方的缔约意图，明确地规定彼此间的法律关系，有利于条约的有效履行。

（二）条约的名称和分类

1. 条约的名称

“条约”一词有广义和狭义两种意义。广义的“条约”是符合上述定义的、不论以何种名称出现的国际书面协议；狭义的“条约”则是以条约为名称的国际书面协议。在国际法上，关于条约的名称没有一个确定的标准，缔约方可以自由选择所缔约条约的名称。根据国际实践，比较常见的条约名称有：

（1）条约。条约是广义条约中最正式的一种，用以规定缔约方间最基本或最主要的法律关系或法律地位，需要经过比较繁琐的程序缔结，有效期也比较长。如和平条约、友好条约、同盟条约、边界条约、通商航海条约、领事条约等。

（2）公约。公约通常指许多国家为解决某一重大问题而在会议上或在国际组织主持下谈判缔结的多边条约。例如，在联合国主持下签订的《联合国海洋法公约》（1982）。

（3）协定。协定多指缔约方为解决某一方面的具体问题而达成的协议。如航空协定、贸易协定等。

（4）议定书。通常指辅助性的法律文件，所规定的事项比协定更具体一些。

（5）宪章、盟约和规约。这类名称通常用于建立国际组织的国际协议，属于多边条约的性质，如《联合国宪章》《国际法院规约》等。

（6）换文。换文通常是两国政府就某一特定事项分别发出或交换两个或两个以上内容相同或相似的文件，其中一个文件做出明确的要约，另一个文件对这个要约做出明确的承诺，从而双方就该事项达成意思一致——缔结条约。换文的程序比较简单，便于解决具体问题，所以在条约中所占比例比较大，在联合国登记的条约中至少有1/3是换文。

（7）宣告或声明。宣告或声明常用来指两个或两个以上的国家就某一重大问题举行会谈或会议，在会谈或会议后公开发表的有关会谈或会议的文件。宣告或声明的情况比较复杂，能否构成条约，应该依当事方的意思和文件的内容来判断。如果明确规定了当事方的权利和义务，该宣言或声明就是条约，如1984年中英两国《关于香港问题的联合声明》。

此外，专约、文件、谅解备忘录和联合公报等也可以做条约的名称。

2. 条约的分类

根据不同的标准，条约可作以下分类。

（1）按缔约方数目标准，可分为双边条约和多边条约。双边条约是指仅由两个缔约方签订的条约，既可能是两国间签订的条约，也可能是多个国家，但分为两个当事方之间签订的条约，如1947年《对意和约》，缔约一方是意大利，缔约的另一方是包括苏联、美国、英国、中国在内的20多个国家；多边条约是由多个缔约方签订的条约。

（2）按条约的法律性质标准，可分为造法性条约和契约性条约。契约性条约是缔约方订立的解决当前的一个具体问题而规定具体行为规则的条约；而造法性条约是缔约方签订的以创设或变更一般国际法原则、规则和制度为目的的普遍性国际条约。在实践中，这两类条约很难严格区分。

（3）按缔结条约程序，可分为缔约程序复杂的条约和缔约程序简单的条约。比较复杂的缔约程序通常包括：①谈判；②签署；③批准；④交换批准书；⑤公布。简单的缔约程序只需要经过谈判和签署。为了方便国家间的交往，这种简化程序的条约在现代缔约实践中比较流行。

（4）按条约内容标准，条约可分为政治、经济、文化、科技、法律、边界等类别。

### （三）条约的结构与文字

#### 1. 条约的结构

关于条约的结构，国际上没有必须遵循的统一格式。通常比较正式的条约由以下五部分组成。

（1）名称。

（2）序言。序言主要载明缔约方的名称、缔约目的、全权代表的姓名和权限等。序言对条约的解释是有作用的。

（3）正文。这是条约的主体部分，具体规定各缔约方的权利和义务。

（4）最后条款。主要规定条约的有效期、生效、第三国的加入、文字、签字时间与地点等。

（5）签名。即缔约方的全权代表的签名。

在以上五部分之外，有的条约可能还有附件。附件内容通常是技术性规定或补充规定。这些附件是否构成条约的组成部分，主要根据缔约方的意图而定，通常在条约中有明确规定。

#### 2. 条约的文字

关于条约的文字，国际法上没有统一的规定。根据主权平等的原则，每个国家都有权使用本国文字缔结条约。双边条约通常用缔约双方的两种文字写成，两种文本具有相同的法律效力。多边条约由于参加国众多，条约的正式文本不可能由所有国家的文字写成，这就产生了确定作准文字的问题。在中世纪的欧洲，绝大多数多边条约用拉丁文写成。到了19世纪，作准文字通常是法文。第一次世界大战以后，几种文字可以同时成为作准文字。例如，《联合国宪章》的作准文字有五种：英文、法文、俄文、中文和西班牙文。《联合国海洋法公约》在以上五种作准文字外，还增加了阿拉伯文。在这种情况下，各种作准文本具有相同的法律效力。

（四）条约法及其编纂

条约法是关于条约的缔结、效力和解释问题的法律原则、规则和规章的总称，其作用在于调整和规范国际法主体间的条约关系。在很长时间里，条约法主要是国际习惯，经过国家很长时间的实践才得以确立。1969年《维也纳条约法公约》的制定使条约法成文化，将习惯条约法转变为成文条约法，并且发展了条约法，被认为是成功的国际法编纂和良好的条约法法典。

## 二、条约的缔结

（一）缔约能力和缔约权

关于条约的缔结，有两个概念应加以区别：缔约能力和缔约权。缔约能力（或称为缔约资格）是指在国际法上合法缔结条约的能力，是国家和其他国际法主体作为国际人格者的固有权利；而缔约权则是指国家和其他国际法主体内部某个机关或个人缔结条约的权限。前者主要由国际法决定，只有国家和政府间国际组织、争取独立的民族等国际法主体才具有缔约能力；缔约权由国家和其他国际法主体的内部法律决定，各国和其他国际法主体内部的有关法律可以有不同的规定。

（二）缔约的程序

缔结条约要经过哪些程序，国际法上没有统一的规则。根据条约实践，缔结程序一般包括谈判、签署、批准和交换批准书。

1. 谈判

谈判是有关各方为了就条约的内容达成一致协议而进行的交涉的过程。谈判是缔结条约的开始阶段，以拟订条约约文为主要任务。谈判的方式经常是通过正常外交途径进行，即由派驻他国的外交代表和接受国政府的代表直接接触进行，也可在由所有有关国家代表参加的专题国际会议中进行。

谈判一般由有缔约权的国家机关进行。重要的条约可以由国家元首亲自进行谈判，但通常都是由政府首脑、外交部长、驻外使节或特派全权代表进行谈判。国家元首、政府首脑和外交部长由于其对外代表国家的特殊地位，在谈判时一般无需出示全权证书。一国驻外使节同驻在国政府谈判条约时也无需出示全权证书。1969年条约法公约第7条第2款作了这样的明文规定。但在实践中，上述人员参加谈判也有提交全权证书的事例。如1960年周恩来总理谈判签署中缅边界条约、中柬友好和互不侵犯条约时出示了全权证书。而其他负责进行条约谈判的特派全权代表则须提交全权证书。国际组织的代表参加谈判须出示该组织的主管机关颁发的“授权证书”。

全权证书是一国主管当局所颁发，指派一人或数人代表该国谈判、议定或认证条约约文，表示该国同意受条约拘束，或完成有关条约之任何其他行为的文件。全权证书必须是书面的，通常由国家元首签署，外交部长副署，并明确规定谈判代表的权限。

谈判开始时，全权代表互换全权证书或由全权证书委员会审查全权证书的真实性及内容，特别是授权范围。有时全权证书也可以稍迟发出，但至迟应在条约签字以前出示。如果一个条约是由未经授权的人员所为，除非当事国事后确认，否则不产生法律效力。

谈判达成协议后，即可起草条约约文。在双边条约的情况下，条约约文可以由一方提出，对方修改或另提，也可以共同起草。在多边条约的情况下，可以由各方共同起草，也可以由国际组织或专门委员会负责起草。

条约起草完毕，进入条约约文议定阶段，即谈判各方对条约的形式和内容加以确定以便形成正式的条约约文。1969年条约法公约第9条规定，约文的议定应经参加起草该条约约文的全体国家的同意；国际会议议定条约约文，以出席和投票的国家2/3多数表决通过，除非这些国家以同一多数决定适用另一规则。在实践中，协商一致有时成为议定约文的方式。

条约约文一旦形成，谈判暂告结束，各方代表向其本国政府请示，同意后即可签署。

2. 签署

签署是指缔约各方代表在条约约文或在载有条约约文的最后文件上署上各自姓名。签署是缔约程序中重要的一环，在条约法上具有三种不同的意义：①认证条约约文，即确认约文是作准的和最后的；②表示国家初步同意，但须经批准才承受条约的拘束；③确定国家同意承受条约的拘束。1969年条约法公约第12条规定有三种情况：①条约规定签署有这种效果；②另经确定，谈判国协议签署有这种效果；③该国使签署有这种效果的意思可见于其代表的全权证书，或在谈判过程中由此表示。

条约在正式签署前，可以由谈判代表草签。草签只表明全权代表对条约约文已认证，并不具有法律效力，需待本国政府核准。草签时，中国人只需签姓，外国人签姓的第一个字母。本国政府核准后，若对约文有异议，可以要求重新谈判，不受草签约束。

签署通常在一定的仪式下进行。根据国家主权平等原则，双边条约的签署通常采用轮换制，即签署条约时，签字是左右相对，左方为首位，右方为次位，双方全权代表在本国保存的文本的首位签字，另一方在次位签字，依次轮换。多边条约无法采用轮换的方法，各国按照它们国名的字母顺序依次签字，或没有任何次序。

3. 批准

批准是一国确定其同意受条约拘束的行为，一般是条约经过签署后使条约发生拘束力的程序。

从缔约的实践来看，绝大多数的条约都规定条约需要批准。如果没有明确规定，通行的观点是条约须经缔约方的批准。许多国家的国内法规定，特定的条约必须经过批准。如根据我国《缔结条约程序法》第7条规定，条约和重要协定的批准由全国人民代表大会常务委员会决定。这里的条约和重要协定指：①友好合作条约、和平条约等政治性条约；②有关领土和划定边界的条约、协定；③有关司法协助、引渡的条约、协定；④同中华人民共和国法律有不同规定的条约、协定；⑤缔约各方议定须经批准的条约、协定；⑥其他须经批准的条约、协定。

批准是国家的主权行为。国家对其授权代表签署的条约一般地予以批准。但国家没有必须批准的义务。在国际实践中曾有拒绝批准或长期不予批准的事例，如1919年美国总统威尔逊亲自签署的《凡尔赛合约》，因美国参议院的否决而没能批准；1999年，美国参议院拒绝批准1996年《全面禁止核试验条约》。拒绝批准的法律后果是条约不生效或对拒绝批准国无效。

正式认可行为是国际组织使用的与批准相应的表示同意接受条约拘束的方式。

4. 交换批准书

条约在批准后，一般还需要互换批准书。互换批准书是缔约双方相互交换各自批准条约的证明文件，使该条约产生法律效力的行为。

批准书一般由国家元首或国家权力机关签署，外交部长副署，通常由三部分组成：①序文，声明国家权力机关已经审查了该条约；②主文，载明条约的约文或仅是条约的名称、序言等；③结尾，声明该条约已经批准，正式宣告条约将予以遵守。

### （三）条约的加入

加入是指没有在条约上签字的国家表示同意接受条约约束的一种正式国际法律行为。双边条约不发生加入的问题，因为第三国如果希望接受条约的拘束，三个国家可以另订一个条约，而不必采用加入的方式。加入主要适用于开放性的多边条约，尤其是造法性的国际公约。

多边条约一般都有加入条款。加入条约时，既可以加入已生效的条约，也可以加入尚未生效的条约。一旦加入，加入方即成为条约的缔约方，除条约另有规定外，与原始缔约方享有同样的权利，并承担同样的义务。

我国《缔结条约程序法》对于加入多边条约的程序作了明确规定。根据该法第11条规定，加入属于该法第7条第2款所列范围的多边条约和重要协定，由外交部或者国务院有关部门会同外交部审查后，提出建议，报请国务院批准；由国务院提请全国人民代表大会常务委员会做出加入的决定。加入书由外交部长签署，具体手续由外交部办理。加入不属于该法第7条第2款所列范围的多边条约、协定，由外交部或者国务院有关部门会同外交部审查后，提出建议，报请国务院做出加入的决定，加入书由外交部长签署，具体手续由外交部办理。

（四）条约的保留

1. 保留的概念

保留是指“一国于签署、批准、接受、核准或加入条约时所作之片面声明，不论措辞或名称为何，其目的在于摒弃或更改条约中若干规定对该国适用之法律效果”。保留是以国家主权平等原则和缔约自由同意要件为根据的，是在条约得以缔结或其广泛性与条约的严格性、完整性之间的一种平衡和妥协的工具或手段。

2. 保留的提出

一项保留要发生效果，必须是允许的。1969年条约法公约以消极方式规定了禁止保留的情形。根据该公约第19条，有下列情形之一者，不得提出保留：①该项保留为条约所禁止；②条约仅准许特定的保留而有关的保留不在其内；③该项保留与条约的目的与宗旨不相符。除上述三种情形之外的保留都是允许的。

提出保留的时间是一国签署、批准、接受、核准或加入条约时。如果一国在表示接受条约约束时没有提出保留，那么在此之后则无权再提出保留。

3. 保留及其法律效果

（1）保留。保留是一国单方面做出的，对于保留，其他的缔约国可以做出同意或反对的意思表示，即有权决定本国是否接受该保留造成的对有关权利义务排除或变更的拘束。《维也纳条约法公约》作了下述规定。

①条约明文准许保留的，一般不需要其他缔约国事后予以接受。②如果从谈判国有限数目以及条约的目的和宗旨可见，该条约在全体当事国的全部

适用是每一当事国同意受该条约拘束的必要条件时，保留须经全体当事国接受。③条约若是一个国际组织的组织约章，保留一般须经该组织的有权机关接受。④不属于上述情况的，由缔约国决定是否接受一项保留。保留经另一缔约国接受时，就该国而言，保留国即成为该条约的当事国；保留经另一缔约国反对时，不妨碍条约在保留国和反对保留国之间生效，除非反对保留国明确表示反对条约在两国间生效；一国表示同意受该条约拘束而附有保留的行为，只要至少有一缔约国接受该项保留，就成为有效。

（2）保留的法律效果。有效成立的保留的法律效果，只及于保留国与其他缔约国之间的关系，并不影响其他缔约国相互之间的关系。

①在保留国与接受保留国之间，按保留的范围，修改了该保留所涉及的一些条款所规定的权利义务关系。例如1958年《领海与毗连区公约》中规定，一切船舶享有领海无害通过权，有些国家对该条提出保留，主张军舰不享有领海无害通过权，军舰通过一国领海时须事先征得沿海国同意。对于接受这一保留的国家与保留国之间，保留国不受该条款的拘束，即保留国有权要求外国军舰通过其领海须事先征得其同意。

②在保留国与反对保留国之间，若反对保留国并不反对该条约在保留国与反对保留国之间生效，则保留所涉及的规定，在保留的范围内，不适用于该两国之间。以上述保留为例，反对该保留的国家，与保留国之间既不适用军舰享有领海无害通过权的规定，也不适用军舰通过一国领海须事先征得沿海国同意的规定。

③在未提出保留的国家之间，按照原来条约的规定，无论未提出保留的国家是否接受另一缔约国的保留。在上述保留事例中，在未提出保留的国家之间，无论它们是否接受有关军舰不享有领海无害通过权的保留，仍适用一切船舶享有领海无害通过权的规定。

我国是《维也纳条约法公约》的缔约国，并于1990年颁布了《中华人民共和国缔结条约程序法》。该法对缔约权、条约的起草、全权代表的委派、双边条约的签署、批准、核准、多边条约的加入和接受、条约的文字、保存、登记、公布等，都做出了相关的规定。

（3）撤回保留及撤回对保留的反对。除条约另有规定外，保留可以随时撤回，无须经业已接受保留的国家的同意。对保留提出的反对亦可随时撤回。撤回保留及撤回对保留的反对都应通知有关当事国，撤回自接受保留国或提出保留国收到通知时起开始发生效力。

4. 保留的程序

保留、明示接受保留和反对保留都必须以书面形式提出并致送缔约国及有权成为条约当事国的其他国家。撤回保留或撤回对保留提出的反对也必须以书面形式提出。如果保留是在签署待批准的条约时提出的，保留国应在批准条约时确认该项保留，遇有这种情形，该项保留应视为在其确认之日提出。

我国在参加多边条约时，也曾对一些条约提出过保留。这些保留主要涉及将争端提交仲裁或国际法院解决的条款。

## 三、条约的生效和效力

### （一）条约的生效

1. 条约的生效

条约的生效是指一个条约在法律上成立，各当事国受该条约的拘束。条约的生效在国际法上没有统一的规定，而由各当事国自行决定。条约生效的日期和方式一般依照条约的规定，或依照各谈判国的约定。通常，条约都载有生效条款。

条约生效的日期和方式有：①条约经签署后生效。有些条约规定条约自签署之日起生效，如果缔约各方在不同日期签署，则一般以后以签署日为生效日；有些条约规定签署后经过一定的时间生效；也有的条约规定签署后须经缔约双方相互通知已完成各自使条约生效的法律程序后生效。②经批准通知或交换批准书后生效。条约经批准后，一般在互相做出已经批准的通知，或交换批准书后生效，或在做出批准的通知或交换批准书后经过一定的时间才生效。③交存批准书或加入书后生效。多边条约经常规定一定数目的国家交存批准书或在交存一定数目的批准书和加入书后经一定时间生效；也有些多边条约要求在所规定的一定数目的国家中必须包括若干具备一定条件的国家，才能生效。④条约规定于一定的日期生效。有些条约明确规定了某一特定具体日期作为生效的日期。在条约无规定、谈判国也无约定的情况下，条约在经确定所有谈判国都已同意受该条约拘束时才生效。

2. 条约的有效期

条约的有效期长短不一，一般都在条约中明文规定。根据条约实践，条约可分为无限期和有限期两种。无限期的条约，除非再订新约，该条约一直继续有效。造法性的多边条约、边界条约一般都是无期限的，如《联合国宪章》《维也纳外交关系法》等。有限期的条约，其具体期限由各个条约明文规定。有效期届满时，条约有两种情况：一种是按照条约规定或另订协议予以延长；另一种是自动失效。

（二）条约的效力

1. 条约对缔约国的效力

（1）条约的遵守。条约一经生效，即对缔约国有拘束力。缔约国应遵守条约，并善意履行。“条约必须遵守”是一项古老的习惯法规则。

（2）条约的执行。对于在国际上已生效的条约，缔约国应采取必要措施，保证条约在其领土内得到执行。这是条约必须遵守原则所要求的。条约在国内的执行以各国国内法的接受为前提条件。

如果条约与国内法发生冲突，实践中有四种解决办法：①国内法优于条约。这种做法极为少见，如阿根廷。②国内法与条约地位相等。如果冲突，采取两项原则：一是和谐解释的原则；二是后法优于前法的原则，如美国和德国。③条约优于国内法，如法国。④条约优于宪法，如荷兰。

（3）条约的适用。条约的适用涉及时间范围和空间范围以及条约的冲突三个方面。

①条约适用的时间范围。条约一般都自生效之日起开始适用。条约法规定，条约对在条约有效期中发生的、并在条约规定范围内的一切事实都适用。原则上，条约没有追溯力，即不能适用于在该约生效之前已完成的事实，除非缔约国有特别的规定或用其他方法确定该条约有追溯力。

②条约适用的空间范围。一项条约适用的空间范围可以依据各缔约国的协议以及有关当事国的意思决定。如果当事国没有相反的意思，则一般认为条约适用于各该当事国的全部领土。实践中，有些国家在签订某项条约时，将通过某种方式明确该条约对其领土的适用范围。

对我国来讲，条约适用的空间范围当然包括我国全部领土。但是，依据1984年《中英联合声明》和1990年《中华人民共和国香港特别行政区基本法》的规定，中华人民共和国缔结的国际协定，中央政府可根据香港特别行政区的情况和需要，在征询香港特别行政区意见后，决定是否适用于香港特别行政区。这样，中国缔结的条约不一定都适用于香港特别行政区。澳门的情况也是如此。

（4）条约的冲突。在几个条约就同一个事项的规定相互矛盾时，就引起了条约间的冲突。解决条约的冲突一般采取以下几种方法：

①先后就同一事项签订的两个条约的当事国完全相同时，不论是双边还是多边条约，一般适用后约取代前约的原则，即适用后约，先约失效。②先后就同一事项签订的两个条约的当事国部分相同，部分不同时，在同为两条约当事国之间，适用后约优于先约的原则。在同为两条约当事国与仅为其中一条约的当事国之间，适用两国均为当事国的条约。③适用条约本身关于解决条约冲突的规定。有些条约本身有关于解决条约冲突的规定。例如《联合国宪章》规定，宪章规定的会员国的义务和会员国根据其他条约所负的义务有冲突时，宪章规定的义务居优先地位。而1963年《维也纳领事关系公约》规定，公约不损害其他条约在当事国之间的关系。若该公约的规定与缔约国缔结的其他条约的规定相冲突，应适用其他条约。

### （三）条约对第三国的效力

某个条约的第三国是指不是这个条约当事国的国家。根据《维也纳条约法公约》规定，条约未经第三国同意对第三国既不创设义务，亦不创设权利。

（1）如果一个条约有意为第三国创设一项义务，必须经第三国以书面形式明示接受，才能对第三国产生义务。按照这一规则，第三国承担的条约义务实际上不是由条约直接产生的，而是第三国书面接受了这个条约所规定的义务的结果，如果第三国不以书面形式明示接受，第三国就可以不承担这项义务。国际实践中，曾有个别特殊条约为第三国创设了义务，例如：《联合国宪章》规定，在维持国际和平及安全的必要范围内，非联合国的会员有遵守宪章相关原则的义务。

（2）当一个条约有意为第三国创设一项权利时，原则上仍应得到第三国的同意。但是，如果第三国没有相反的表示，应推断其同意接受这项权利，不必须以书面形式明示接受。《联合国宪章》中有些条款也为第三国创设了权利，如规定非会员国为争端当事国时，在一定条件下，可以将争端提请大会或安理会注意。另外，开放性多边条约都为非缔约国创设了加入该条约的权利。

（3）条约使第三国担负义务时，该项义务一般必须经条约各当事国与该第三国的同意方得取消或变更。条约使第三国享有权利时，如果经确定原意为非经该第三国同意不得取消或变更该项权利，当事国不得随意取消或变更。

## 四、条约的无效、终止和暂停施行

### （一）条约的无效

条约的无效是指缔结条约时即不具备国际法所规定的必要条件，致使条约不能有效成立。

1. 条约无效的理由

根据1969年条约法公约第46条至第53条的规定，条约无效有以下几种情况。

（1）违反国内法有关缔结权的规定。一般各国宪法或有关法律，都对国家机关的缔约权限和缔约程序作明确的规定。如果违反这些规定，可能导致条约无效。如一国宪法规定条约的批准需获得国会同意，但该国国家元首无视这一规定，不经国会同意而批准的条约无效。但是，这种违反必须是显而易见的，且违反的是具有根本重要性的国内法规则。

（2）错误。当缔约方的意思表示与条约内容有着重大差别，即缔约方表示同意接受条约约束所依据的对相关事实或情势的认识是建立在错误的基础之上时，可能致使条约无效。国际实践中因条约中的错误而造成条约无效的情况较为少见，通常仅发生于边界条约中。

错误可以分为两种情况：第一，缔约一方或双方对有关事实或情势有错误的认识而缔结的条约，如划界所依据的地图存在错误；第二，缔约一方或双方无第一种错误，但在表示其意思时使用了错误的词句，如专有名词的拼写。如果错误仅与条约约文用字有关，可对约文作适当更正，不影响条约的效力。

（3）欺诈。如果条约是因一谈判国的欺诈行为而诱使缔结的，另一国可以援引欺诈为理由而主张条约无效。

因欺诈而致使条约无效须符合以下条件：①缔约当事方故意欺诈的意图；②在客观上实施了欺诈的行为，如欺诈方以书面、文字或口头陈述故意提供与事实不符的地图、照片、图表、文件等；③受欺诈方缔结条约是受欺诈的结果；④受欺诈方主观上无过错等。但在国际实践中，由于欺诈行为难以认定，国家或国际组织很少援引欺诈为理由主张条约无效。

（4）贿赂。根据1969年《条约法公约》第50条的规定，如果缔约一方参加谈判的代表是因对方直接或间接贿赂而同意接受条约拘束的情况下，缔约方可以援引条约是出于本方代表被贿赂而缔结为理由，撤销承受条约拘束的同意。因贿赂而致使条约无效须符合以下条件：①贿赂行为的存在；②贿赂行为可以归责于另一缔约方；③贿赂行为与谈判代表同意订约存在因果关系。

（5）强迫。在条约关系中，缔约一方可能会在另一方的强迫之下订立条约。真正同意是条约有效的一个条件。通过行为或威胁对一国代表实施强迫而取得该国同意受拘束的条约，以及违反《联合国宪章》中所包含的国际法原则以武力威胁或使用对一国实施强迫而缔结的条约无效。另外，通过政治或经济压力强迫一国缔结的条约，显然也应该是无效的。

（6）与国际强行法规则冲突。根据1969年《条约法公约》第53条的规定，条约在缔结时与一般国际法强行法规则抵触者无效。

不平等条约是否无效？关于不平等条约，国际上是有争议的，没有一致的意见。有的学者认为，这是一个含义不清的政治概念，不是法律上的概念。但也有学者认为，不平等条约是客观存在，条约法不应忽视它。1969年条约法公约也没有规定。不平等条约大体具有两个基本特征：第一，条约通常是在使用武力或威胁使用武力的情况下缔结的；第二，条约中所规定的义务存在极大的不平等性。按照现代国际法的理念，不平等条约应该是无效的。

2. 条约无效的后果

条约无效的后果有相对无效和绝对无效两个方面。相对无效的条约并非自动失效，而是可以失效；绝对无效的条约则是自动失效。强迫、违反强行法的条约绝对无效。条约被确定无效后，其规定无法律效力，而且它们自始无效，而不仅仅是从援引或确定失效之日起无效。

（二）条约的终止和暂停施行

条约的终止是指一个有效的条约由于条约法规定的原因的出现，不再继续对当事方具有拘束力。条约的暂停实施是指由于法定原因的出现，一个有效条约所规定的权利和义务在一定时期内暂时对于当事方不具有拘束力。二者的区别在于：终止后条约不再对当事国产生法律效果；而暂停施行后条约可以恢复对当事国的法律效果，并非永久停止。

条约的终止和暂停施行与条约的无效的区别也是清楚的：条约的无效是由于条约具有原始的瑕疵引起的，且自始不能产生国际法所承认和保证的法律效果；而条约的终止和暂停施行是业已生效的条约由于法定原因引起其发生的法律效果终止或暂时停止。

1. 条约终止和暂停施行的原因

根据1969年条约法公约第54～64条的规定，条约终止和暂停施行的原因可以概括为以下三方面。

（1）条约规定终止或暂停施行。按照缔约自由的原则，缔约国有权在条约中约定终止或暂停施行的任何原因。现代条约，尤其是多边条约，大多规定条约终止条款。从条约实践来看，导致条约效力终止的情况有：

a. 条约期满。条约通常规定有效期，有效期满后条约自动失效。实践中更常见的做法是，缔约一方若希望终止条约，应在条约规定的终止期满前一定的期限内，通知其他缔约方终止该条约，否则该条约继续有效。

b. 条约解除条件成立。如《防止及惩治灭绝种族罪公约》第15条规定，该公约在其缔约国数目不足16国时自最后一项解约通知生效之日起失效。

c. 单方面解约或退出。单方面解约多用于双边条约。双边条约的一个当事国提出解约，如果对方在一定期限内不提出反对，该条约即终止。而单方面退出多用于多边条约。多边条约的一个当事国提出退约，如果其他国家在一定期限内不提出反对，该条约对退出方终止其效力，而对其他当事国继续有效。

条约中明文规定暂停施行的条款不多，比较常见的如国际组织的组织文件中暂停会员国资格条款以及有关人权的条约中暂停履行部分义务条款。

（2）条约当事国嗣后共同同意该条约终止或暂停施行。条约生效后，经全体当事方的同意，条约可以终止或暂停施行。共同同意可以是明示的，如全体当事方在另一个条约中明确规定如此，也可以是默示的，如当事一方提出终止条约，另一方并不提出异议。

（3）一般国际法规定的原因。除了上述两方面的原因之外，由于一般国际法原则或规则所确认的一些原因也可以使条约终止或暂停施行。这方面的原因包括：

a. 条约当事方丧失国际人格。当一国分裂为数国或并入其他国家而丧失其国际人格时，它所缔结的双边条约即行终止，除非有一个新国家继承该国对该条约的权利和义务。

b. 条约嗣后履行不可能。条约缔结后，如果实施条约所必不可少的标的物永久消失或毁坏，以致不可能履行条约时，当事国可因此为理由终止或退出条约。如果不能履行属于暂时性的，则当事国只能暂停条约的实施。并且，如果这种履行的不可能是由于当事方本身违反国际法而造成的，则当事国须承担相应的国际责任。

c. 条约长期不适用。条约缔结后，缔约一方如果长期不予适用，而其他当事方不提出异议，默认这种状况继续下去，就可以使条约终止。

d. 嗣后出现与条约不相容的强行法规则。按照条约法公约第35条规定，与强行法规则冲突的条约自始就是无效的。而如果条约缔结时与当时存在的强行法规则并不冲突，但是后来出现了一个与条约不相容的新的强行法规则，根据公约第64条规定，该条约自新的强行法规则产生之时起无效而终止。

e. 条约履行完毕。有的条约的目的是执行一项具体的义务，一旦该项义务执行完毕，条约的目的即告达成，条约随即失效。条约因缔约各方分别将条约规定的权利义务完全履行完毕而终止是条约终止的最常见情况。

f. 情势根本变更。情势根本变更是指在缔结条约时有一个假定，即条约的有效以缔约时所能预见到的情势不变为条件，如果条约缔结后，出现了在缔结条约时不能预见的根本性变化的情况，则缔约国可以终止或退出该条约。

g. 一方违约。条约当事国一方违约时，他方可以终止该条约或暂停该条约的施行。这是作为对对方不法行为的一种对抗，但应满足必要和成比例原则。《维也纳条约法公约》规定，因一方违约，缔约他方有权终止或暂停施行该条约，但条约当事国一方的违约必须是重大的违约，包括：条约当事国一方非法片面终止条约；违反条约规定，且这项规定是实现条约的目的和宗旨所必要的。一方并不严重的违约不能导致另一方的废约。

h. 单方面解约或退约。条约是经过全体缔约国一致同意才缔结的，在条约有效期内，各缔约国负有忠实履行条约的义务。除条约明文规定允许一方退约或解约外，一般不经其他缔约国的同意，不得单方面终止或退出条约。根据《维也纳条约法公约》的规定，只有经确定某一条约的当事国原意为容许有废止或退出的可能，或由条约的性质可认为含有解约或退出的权利，当事国才可以单方废止或退出该条约。在这种情况下，当事国必须提前12个月做出其废止或退出条约的意思表示。

i. 断绝外交或领事关系。缔约国间外交或领事关系的断绝并不影响彼此间由条约确定的法律关系，但是外交或领事关系的存在是适用条约所必不可少的则称为例外。

j. 战争。战争对条约的影响依条约的性质和缔约国的意向而定。有些条约随战争的爆发而终止或暂停施行，如使交战的缔约国间的政治条约如和平友好条约、双边的商务条约如贸易条约终止，但有些条约继续有效，如边界条约、关于战争法规的条约、建立客观制度的条约等。

2. 条约终止和暂停施行的程序

《维也纳条约法公约》规定，条约当事方之一在终止、退出或暂停施行条约时，必须将其主张书面通知该条约的其他当事方，通知中应说明拟对条约采取的措施及其理由。如果其他当事方在接到通知满3个月后未提出反对，做出通知的当事国就可以实行其所拟采取的措施。如果其他当事国提出反对，则该条约各当事国应通过和平解决争端的方法予以解决。如果在提出反对之日以后12个月内不能依上述方法解决，任何一方可提请国际法院解决，或双方提交仲裁，或请求联合国秘书长开始强制和解程序。但对于《维也纳条约法公约》的此项规定，特别是争端解决方法的规定，包括中国在内的一些国家做出了保留。

3. 条约终止和暂停施行的后果

如果条约中含有关于条约终止的后果的规定则按照条约本身的规定执行。在条约并无规定且条约当事国也没有约定条约终止或暂停施行的后果的情况下，一般根据以下规则进行：①解除各当事国继续履行条约的义务；②不影响各当事国在该条约的终止前由于实施该条约所产生的任何权利、义务或法律情况；③在暂停施行期间，各当事国应避免足以阻挠条约恢复施行的行为。

## 思考题

1. 国际实践中是如何缔结条约的？

2. 条约保留问题是条约法上的一个重要而且复杂的问题，试述条约保留制度的主要规则，并分析有何利弊。

# 第十二讲　国 家 责 任

内容摘要

国家责任是国家对国际不法行为的责任。本讲主要涉及国家责任的概念、构成要件、国家责任的免除以及承担方式。

## 一、国家责任的概念及作用

（一）国家责任的概念

国际法上的国家责任也称国家的国际责任，是指国家违反所承担的国际义务而应承担的法律后果。

（二）国家责任的作用

（1）通过追究国家责任可以纠正国家的不法行为。
（2）确立正确的国际行为规范，维持正常的国际关系秩序。
（3）追究行为国的国家责任使受害国的利益得到合理赔偿。

## 二、国家责任的构成要件

国家责任是国家违反所承担的国际义务而应承担的法律责任。引起国家责任应该满足两个基本要素：一是客观上，该行为违背了该国所承担的国际义务；二是主观上，责任的归属可归于国家，也就是该行为可以视作为是国家行为。只有违背国际义务并且根据国际法可归于国家的行为才产生国家责任。

（一）违背国际义务

1. 国际义务的来源

一国的行为违反了该国所承担的国际义务时，这种行为就构成国际不法行为，这个义务可能来自国际习惯，也可能来自国际条约或其他国际法渊源。

2. “行为”的含义

一国违反国际义务的行为可以是积极的作为，也可以是消极的不作为。

需要注意的是，导致国家责任产生的国际义务一般必须是在有关行为发生时对该国有效的义务。如果一项条约已经终止，那么不履行该条约义务的行为就不能构成不法行为。

（二）行为归因于国家

在国际交往实践中，不可能要求一国对其境内的所有人从事的一切活动所产生的后果都承担责任。根据国际法规定，只有国家的行为才产生国家责任，但国家本身并不能采取行动，而只能由其代理人或代表进行。一般是通过具体的政府部门、政府官员或其他代表行使的，也就是说，国家只能对以国家或政府名义所从事的、由国家正式授权并控制的行为对外承担法律责任。所以，归因的问题实际上是应该把谁视为代表国家行事的人，什么行为能构成国家的行为。

依照国际法，可归因于国家而成为该国的国家行为包括以下几种情况。

1. 国家机关行为

经授权的国家机关以国家名义从事的行为应视为国家行为。国家机关包括立法机关、行政机关和司法机关。

2. 军队的行为

作为国家的武装力量，军队是国家权力的重要代表和象征。在国际关系中，军队既是国家利益的捍卫者，又是国家利益的代表者，军队的行为与国家责任密切相关。军队在执行国家赋予的任务中，违反国际法即产生国家责任。

3. 国家元首和政府首脑的行为

由于国家元首和政府首脑的身份特殊，他们的私人行为和官方行为，在实践中一般难以区分。作为国家的代表，他们在外国享有司法豁免权，因此，对于他们的行为，一般不区分是公务行为还是私人行为，一般都视为国家行为。

4. 政府官员的行为

政府官员对他国造成损害的行为不当然引起本国的国家责任。他们以政府官员身份所从事的公务行为被视为国家的行为。他们的私人行为所引起的法律责任则由其个人承担，国家不负责任。

外交使节作为国家的代表，他们的行为与一般的政府官员的行为有所不同。他们的外交代表的地位使他们在国际法上享有特殊的待遇，他们不受驻在国的管辖。因此，派遣国对其外交代表的一切行为负责。外交代表的行为视为国家的行为。

5. 个人行为

一般来说，个人的行为或者是一群人的行为不能归因于国家。但是，如果行事的私人与国家之间存在着特定的实际联系或私人行为与国家本身的行为有关。比如：私人如果经国家授权行使政府权力要素并在特定情况下以此资格行事，则其行为应视为国家行为；私人的行为如果实际上是按照国家的指示或在其指挥或控制下行事的，则其行为应归于国家；本来不归于国家的私人行为但被国家确认为国家行为的行为，责任当然由该国家承担；如果国家没有尽“适当注意”义务防止私人从事国际侵害行为和事后没有予以救济，就必须对私人行为的后果负责。

6. 越权或违背指示的行为

国家机关、国家官员或经授权行使政府权力的个人或实体逾越权限或违背指示，如果他们是以官方身份或名义行事，即使是在隐蔽的或不适当的私人动机下进行的，其行为应该视为国家行为。

7. 另一个国家或国际组织交由一个国家支配的机关所做的行为

另一个国家或国际组织的某一机关如果交由一个国家支配，并行使该支配国的政府权力，即使从国家组织机构上看，这些机关是属于别国或国际组织的，但其行为应视为支配国的国家行为，而不是其所属国的行为。在实践中，如果一个国家的部队交由另一个国家支配，对于该部队的行为，给予命令的支配国就应当负责。这里的前提条件是，该部队必须是名副其实地置于该国的实际控制之下，而名义上的指挥而无实际上的控制，不能视为该国的行为。

8. 叛乱运动或其他运动的行为

叛乱运动一般包括国内骚乱、反殖民化斗争、革命和反革命行为等等。叛乱运动中经常可能出现威胁外国大使馆或外国国民的情况，会造成外国公有或私有财产遭受损失，这些损失是由叛乱团体的行为造成的，那么发生叛乱运动的国家是否需要承担国家责任？

一般规定：如果叛乱组织经过运动成立新政府，那么叛乱期间的行为在国际法上应该视为是该国的行为，国家承担国家责任；如果叛乱组织在该国的部分领土内建立起新国家，那么行为可归责于新国家。

## 三、国家责任的免除

国家责任是由于国家实行了违背其国际义务的国际不法行为，但是，并非一国的任何违背国际义务的行为都产生国家责任。在国际交往的某些情况下，一国的行为虽已具备了国际不法行为的构成要件，但由于存在某种客观原因或条件，可免除行为国的国际法律责任。根据国际实践，联合国国际法委员会在《国家对国际不法行为的责任条文草案》第五章中规定了以下几种免责情形。

（一）同意

一个国家以有效方式表示同意另一个国家实行某项与其所担负的国际义

务不相符合的特定行为时，可免除行为方本应承担的国际责任。

需要强调的是，“同意”不得违反国际法基本原则所确立的国际义务，任何国家不得以所谓获得有关国家的同意为理由而从事与整个国际社会承认的基本法律规则背道而驰的行为，历史上帝国主义强国借“同意”之名，对小国、弱国行侵略之实，干涉内政的例子不胜枚举。当代国际法强调任何国家利用他国同意所进行的灭绝种族和危害人类行为，或是侵犯他国主权、独立和领土完整的军事干涉和武装侵略行为，都不得免除国际法律责任。

此外，如果行为方的行为超出了同意方的同意范围（包括时间范围、地域范围、事项范围等），行为方仍应承担法律责任。例如某国同意外国渔民在特定期间内到本国领海或专属经济区某部分区域捕捞某些鱼种，被允许的外国渔民只有在此期间、地域并捕捞议定的鱼种，才可以排除行为的不法性。再如甲国飞机经乙国同意飞越或飞入乙国境内指定的航道，但在飞行过程中对乙国地面造成人身伤害和财产损失，则甲国仍需承担相应责任。

（二）对抗措施

对抗措施是一国针对他国所实施的国际不法行为而相对应采取的对抗行为，有关对抗措施的行为方可免除国家责任。对抗措施包括一般的对抗措施和自卫行为。

1. 一般的对抗措施

一般的对抗措施是受害国针对他国不法行为采取相应的非武力措施，如经济制裁、断绝外交关系等。

2. 自卫行为

自卫行为则是由于受到他国的武力侵略和武装攻击，为了捍卫国家主权和领土完整而采取的武力反击行为，自卫行为属于当代国际法禁止使用武力原则的例外。

由于这两种行为都不是故意和恶意的，而是被迫不得已的自保行为，因此不构成国际不法行为。为了防止滥用，对抗措施与自卫行为的适用在国际法上也要受到限制，必须有针对性并且适度。

（三）不可抗力和偶然事故

一个国家做出的不符合自身所承担国际义务的行为是不可抗力或是无法控制也无法预测的外部偶然事件所引发，以至该国实际上无法履行该项国际义务，或者不可能知道自己的行为违反了国际法的有关规则，有关行为的不法性应被排除，该国不承担国际法律责任。如由于地震而给外国和外国人的生命财产造成损害，或一国军用飞机或军舰由于故障失控或风暴而未经许可进入他国领空领海等情形。

因不可抗力或偶然事故而免除国家责任一般应该符合三个条件：①有关行为必须是由不可抗拒的力量或无法预料的事件所造成；②该力量或事件超出了有关国家的控制范围；③这种情况是该国实际上不可能履行义务。

（四）危难与紧急情况

1. 危难

危难是指代表国家执行公务的机关或个人，在遭遇极端危急的情况下，为了挽救其生命或受其监护的人的生命，作为唯一的选择，不得已而做出的违反本国国际义务的行为，该行为的不法性应予以排除。比如某国的公务人员遭到歹徒的追杀，在别无他法的情况下，未经同意避入他国驻该国的使馆。

2. 紧急情况

紧急情况是指一个国家在本身遭遇严重危及本国的国家生存和根本利益的紧急情况下，为了应付或消除这种严重紧急状况而采取措施所作出的违背国际义务的行为。比如，一国的某城市发生特大火灾，市政府在别无选择的情况下紧急将某外国领馆拆除以形成防火带。还有实践中常在债务案件中作为缓期付款的理由。

## 四、国家责任的承担方式

一个国家违反了国际义务，实行了国际不法行为，就该对这个行为负责，承担一定的法律后果，在国际实践中，承担国家责任的形式主要包括以下几种。

（一）停止不法行为

当一个国家从事了国际不法行为，不管发生了怎样的后果，首先都有义务停止这个不法行为。停止不法行为的作用主要是终止一个仍在进行中的国际不法行为，以保证被侵犯的国际法原则和规则能够继续有效和得到遵守。

（二）赔偿

赔偿是国际法上最为普遍采用的国家责任形式，是指犯有国际不法行为的国家对造成的损失予以相应的货币或物质补偿。

责任国有义务对国际不法行为所造成的损害提供充分的赔偿，这个损害可能是物质上的损害即对国家或其国民的财产或其他利益造成的经济上可评估的损害，也可能是精神上的损害即对国家或国民的人格或尊严等造成的精神伤害。

赔偿作为一个集合概念，往往指各种形式的赔偿，比如，恢复原状、赔款、道歉、保证履约等等。在国际关系实践中，根据特定国际不法行为的实际情况，赔偿方式可以单独适用，也可以与其他方式综合适用。

1. 恢复原状

恢复原状是指将被侵害的事务恢复到不法行为对其侵害前存在的状态。受害国根据国际法有权要求从事国际不法行为的国家赔偿造成的损失，恢复原状。恢复原状是最直接的一种赔偿形式，在实践中，赔偿首先应当考虑的是将事物归还其本来面目。恢复原状会受到一定限制，恢复原状要在事实上可行，如果恢复原状不可能，则这种方式就不能适用。这种责任形式适用于被侵害事务尚存并保持完好或虽被损坏但可以恢复原状的方法做成替代物的情况。比如归还非法没收或掠夺的财产、历史文物和艺术珍品，恢复被非法移动的边界界标或非法毁坏的边界建筑物，修复被不法行为损坏的外交馆舍等。

2. 补偿

在恢复原状不可能或不足以赔偿不法行为造成的损害时，责任国有义务提供补偿。补偿是国际实践中最经常采用的一种赔偿方式，以金钱的形式表现。

3. 抵偿

抵偿的方式是针对受害国的“精神损害”或者叫“非物质损害”，因为这一方面的损害一般不能仅仅通过金钱的补偿得以充分救济，具体形式就包括了承认不法行为、表示遗憾、正式道歉等等，最常见的抵偿方式就是赔礼道歉，是指犯有国际不法行为的国家向受害国承认错误，给受害者以精神上满足的责任承担形式，在国际实践中被普遍采用。赔礼道歉在国际实践中可表现为书面、口头或具体行为等多种方式，如以专门文书、电函向受害国道歉，派遣特使前往受害国表示歉意，向受害国的国旗、国徽行礼致敬等。此外，对肇事人采取刑事处分，也可以视为一种抵偿。

（三）保证不再重犯

保证不再重犯是指行为国保证不再重犯、重复某种国际不法行为，不再违反其承担的特定国际义务。不重复不法行为是责任国对受害国做出的一种承诺和保证，经常与赔礼道歉等方式一起使用。这种方式把重点放在未来，具有预防性。

（四）限制主权

国家主权是国家独立自主地处理内外事务的权力，是国家本身所固有的最重要属性。

作为最为严厉的一种国际法律责任承担形式，限制主权只适用于实施了最严重国际不法行为即犯有发动侵略战争侵犯他国主权、独立和领土完整，破坏国际和平与安全，危害人类等严重国际罪行的国家。

根据对主权限制范围的不同，限制主权可以分为全面性限制主权和局部性限制主权。全面性限制主权一般是指对实施严重国际不法行为的责任国在一定时期内实行军事占领或军事控制。比如，在第二次世界大战后，为惩罚侵略者和防止侵略势力东山再起，同盟国根据国际协定对德国和日本实行了军事管制，将德国和日本的最高权力交由盟国管制委员会代为行使。局部性限制主权是指对实施严重国际不法行为的责任国的某些方面的主权予以限制，但对该国的其他主权并不限制。比如海湾战争后，安理会对伊拉克的部分主权予以限制，如销毁和限制伊拉克所拥有的核武器和生化武器。

## 思考题

1. 国家责任法是国际法的重要分支，许多国际事件都可以运用国家责任法的有关理论去解释和认识。试回答判断国际不法行为的依据是什么？

2. 解除行为不法性的情形有哪几种？并比较它们的异同。

3. 赔偿的方式有几种？它们之间的关系如何？

# 第十三讲　国际争端的解决

## 内容摘要

和平解决国际争端是现代国际法的一项基本原则。在国际交往的各个领域都可能发生争端，现代国际法提倡所有争端都只应以和平的方法来解决。本讲主要涉及现代国际法规定的和平解决争端的方法，以及采取各种方法的规则和程序。

## 一、国际争端概述

### （一）国际争端的概念

1. 概念

国际争端是指国际法主体之间，主要是国家之间由于存在政治利益或法律权利的冲突，或是对有关事实认识不一致而产生的争端。

2. 特点

（1）国际争端的主体主要是国家，彼此地位平等。

（2）国际争端产生的原因错综复杂。

（3）国际争端影响到国家之间的正常交往，关系到国际和平和稳定，解决不好就会导致严重的后果，甚至发生战争。

（4）国际争端的解决方式具有特殊性。

（二）国际争端的种类

传统的国际法根据国际争端的性质将国际争端分为法律性质的争端、政治性质的争端以及事实争端。

1. 法律争端

所谓法律性质的争端，是指争端当事国提出的要求和论据是以国际法为根据的争端，比如有关条约的解释、有关法律的适用等等，这些争端可以根据国际法予以裁判，因此称为“可裁判的争端”，法律争端一般可以通过国际仲裁和国际法院的法律方法来解决。

2. 政治争端

所谓政治性质的争端，是指由于国家或民族间的政治利益的冲突而发生的争端，通常涉及当事方的独立和主权、国家荣誉和民族感情等重大问题，所以，不能通过法律方法来解决，而只能通过政治的方法（又称外交途径）来解决，称之为“不可裁判的争端”。

在国际关系和国际法实践中，由于国际争端的性质、内容以及产生的原因错综复杂，上述两种性质的争端往往相互交错，很难截然分开。比如，国家间的边界争端一般是由于划界条约所引起，直接与条约的解释或适用等法律问题相关，但又涉及有关国家的独立与主权、领土完整、国家安全、民族感情等重大政治问题，解决不当会导致激烈的武装冲突或区域性的战争。

政治的解决方法可以适用于任何性质的争端，只要当事国同意，都可以采取政治的方法来解决国际争端。

3. 事实争端

所谓事实争端，是指争端当事国对于某项事实、某种情况的真相存在不同认识而引发的争端。纯粹的事实争端可以通过调查、和解等方式得到和平解决。然而，通常而言，事实争端总是和政治法律争端相伴而生，单纯的事实争端并不常见。

（三）国际争端的解决方法

1. 非强制的方法

非强制的解决方法也称和平解决争端的方法，是指冲突双方在自愿的基础上平等互利地解决争端。这也是现代国际法所积极提倡的方法。非强制的方法包括政治方法和法律方法。

2. 强制方法

强制方法是一个国家为了迫使另一个国家接受他所要求的争端解决办法而采取的带有某些强制性的方法，包括战争、平时封锁、反报和报复。

（1）战争。在现代国际法中，使用武力或威胁是违反国际法基本原则的行为，不能作为解决国际争端的合法手段。

（2）平时封锁。平时封锁是指一国在和平时期使用军事力量封锁他国的港口、海岸，禁止船舶进出，以迫使被封锁国就范，接受封锁国提出的条件的行为。这种在和平时期对他国使用武力的强制方法在现代国际法上构成对他国使用威胁或武力，侵害其领土完整和政治独立的非法行为，是现代国际法所禁止的。

（3）反报。反报是指一国以同样的或类似的行为作为对某国不礼貌、不友好或不公正的行为的回应。反报的目的是迫使对方改变其不礼貌、不友好或不公正的行为，只要对方改变了这些行为，反报就应停止了。作为强制方法之一的反报，通常被认为是行为国的合法的对抗措施，只要不违反国际法，反报是允许的。

（4）报复。报复是指一国在因他国的不法行为遭受损害时所采取的相对应的强制性对抗措施，如相互扣押对方船只、冻结对方资财、停止执行与对方缔结的某些双边协定等。现代国际法虽然没有禁止报复，但报复的手段必须是国际法所许可的，不允许对他国使用威胁或武力，侵犯任何国家的领土完整和政治独立。报复的目的是迫使对方停止其不法行为，一旦对方停止了该行为，报复便应停止。

反报和报复均为一国针对另一国损害行为而采取的反击，其不同之处在于：反报是在受到并不违法行为的损害时使用，而报复则是在受到国际不法行为的侵害时使用。

（四）国际争端解决的基本原则

现代国际法规定：国家之间在交往和合作过程中，一旦发生争执或纠纷，当事国应当通过和平的政治方法或法律方法加以解决，禁止任何使用武力或武力威胁的方法。和平解决国际争端是国际法的一项基本原则，它既是国家的义务，也是国家的权利。

## 二、国际争端的政治解决方法

和平解决国际争端的政治方法是由有关国家通过外交途径进行的，因此也被称为外交方法，包括当事方自行解决争端的谈判和协商、非争议第三人介入的斡旋与调停，以及调查与和解等具体方法。

解决国际争端的政治方法有以下特点：①适用于各种类型的国际争端解决；②由争端当事方直接进行，在整个争端解决过程中当事方都可以按自己意志行事，主权和尊严能够得到充分尊重；③不影响当事方同时或在其后采用其他争端解决方法。

### （一）谈判与协商

谈判与协商是指由争端的各当事方进行直接交涉，通过共同协商达成协议来解决彼此间争端的外交方法，是解决国际争端的最基本、最常用和最有效的方法。

用谈判的方法解决国家之间的争端在历史上很早就出现了，当国家产生后，只要出现争端，首先考虑的都是两国之间进行谈判，以解决争端。相比于谈判，协商是20世纪50年代起发展并流行的方式，与谈判有许多共同之处，含义相近，实践中也经常互相使用。区别在于：①谈判一般是在争端发生之后，而协商可以是在争端之后为解决争端而进行的接洽，也可以是争端发生前为避免争端就潜在问题进行的信息交流和意见沟通过程；②谈判一般是当事国双方参与，而协商并不排斥第三方的加入；③对谈判结果的遵守是出于法律上的承诺，而协商结果的遵守更多的是基于自愿和道义上的约束。

利用谈判与协商方法解决国际争端的优点在于：当事方可以直接交涉，

直接会晤，澄清事实、阐明观点，谈判与协商过程没有第三方介入，争端当事方可以开诚布公地交换意见，消除隔阂和误会，增进相互了解和信任，相互让步，以寻求双方都能接受的解决办法。

通过谈判和协商的结果有三种：一种是争端一方让步，放弃自己的主张和要求，接受争端另一方的意见；另一种是争端各方互相让步、互相妥协，找出双方都能接受的解决争端的方法，谈判和协商成功，达成和平解决争端的协议；第三种是争端各方坚持己见，互不让步，造成谈判破裂，只能采用其他的争端解决方法。

我国一贯主张和坚持以谈判与协商的方法解决国际争端。比如，通过谈判与协商，我国与日本、美国的关系实现了正常化。中英和中葡关于香港和澳门问题的圆满解决，都是和平解决国际争端的范例。

### （二）斡旋与调停

斡旋与调停是在争端当事国不愿意通过谈判或虽经谈判但未能解决争端时，由第三方协助当事国解决争端的方法。

1. 斡旋

斡旋是指由第三方设法促成各争端当事方开始谈判或是重新开始或继续业已中断或未曾达成协议的谈判，而斡旋者本身不参与谈判。

2. 调停

调停是比斡旋更进一步的方法。作为调停人的第三方不仅促成而且直接参加争端当事方的谈判，并提出争端解决方案或参考性条件，帮助争端各方达成协议。

斡旋与调停的区别在于第三方是否参加谈判。

斡旋和调停也是除谈判或协商以外最经常使用的和平解决国际争端的政治方法。

### （三）调查与和解

1. 调查

调查又称查明事实，是根据争端当事国的协议组成调查委员会，协助当事国解决因事实不清引起的争端的方法。调查委员会提出的报告只限于说明事实真相，对当事国没有法律约束力。

调查委员会一般由五名委员组成，争端双方各委派两名委员，其中一名为本国国民，另一名从其他国家的常设仲裁法院仲裁名单中选任，然后由这四名委员共同选任委员会主席。五名委员必须具有不同国籍。

2. 和解

和解又称调解，是指当事国将争端提交给一个和解委员会来查明事实并提出解决办法，促成当事国和平解决争端。和解委员会的报告和建议没有法律约束力，争端当事国没有必须接受的义务。和解本身包括了调查程序，调查是和解的前提。但是和解比调查更进一步，因为它不仅要查明事实，而且要提出实质性的争端解决的建议或方案。

和解委员会设立委员五人，当事双方各提名一人，得在其本国国民中选任，其余三人由双方协议，委派第三国国民充任。委员的任期为三年，可以连任。

## 三、国际争端的法律解决方法

### （一）概述

1. 概念

和平解决国际争端的法律方法是指争端当事国采用法律程序解决它们之间的争端，法律程序包括仲裁和司法解决两种。

2. 特点

（1）基于政治性争端不可裁判的原则，法律方法只适用于解决法律性争端，也就是有关法律权利冲突的争端，纯属国家主权范围内的政治性争端一般不采用法律方法解决。

（2）法律方法是由临时设立的或常设的机构进行，此种机构必须具有相对完善的组织或程序规则。

（3）仲裁裁决和法院判决对当事国有法律拘束力，当事国有义务加以遵守。裁决和判决是终判，不得上诉。

法律方法是解决争端的最后方法，采用法律程序之后，争端当事方一般不得在诉诸其他争端解决方法。

（二）仲裁

1. 仲裁的概念

仲裁又称公断，又指争端当事方自愿把争端交给它们自行选任的仲裁者裁决并承诺服从其裁决的一种解决国际争端的法律方法。

仲裁是国际法上一种很古老的制度，早在古希腊、罗马时期，就曾经采用仲裁解决国际争端；到了欧洲中世纪，教皇常常被邀请作为仲裁人。18世纪末，随着资本主义生产方式的建立和发展，仲裁在欧美各国关系中得到广泛发展，19世纪后期起，仲裁制度成为西方国家之间解决国际争端的重要方式，逐渐发展成为现代国际法上一个很重要的和平解决国际争端的方法。

2. 仲裁的内容

1899年和1907年的《和平解决国际争端公约》、1928年的《和平解决国际争端总议定书》，都将其作为解决争端的方法加以规定。1958年联合国国际法委员会拟定的《仲裁程序示范规则》，对国际仲裁的内容作了系统阐述。

（1）仲裁协议。仲裁协议是当事方之间在争端交付仲裁及相关事项上达成的协议，是进行国际仲裁的基础和法律依据。仲裁协议中包括仲裁庭的组成、仲裁程序、裁决的效力、仲裁地点和费用以及其他当事方认为需要约定的内容。仲裁协议可以有三种方式：①仲裁条约，是指缔约国订立的将彼此争端交付仲裁的专门条约。它是一般性的，不针对某一具体专案，可以是双边的也可以是多边的。常设仲裁机构往往由这类条约成立。②仲裁条款，是指缔约国在条约中设立一个条款，规定将以后履行条约过程中所产生的争端交付仲裁。③专案仲裁协定，是指争端发生之后，当事国将该争端交付仲裁的特别协议。

（2）仲裁庭。仲裁庭的组成原则上由当事国约定，一般由奇数个仲裁员构成，最少1人，通常是3～5人。仲裁员由当事国选定，通常是双方各选择数目相等的人选，然后双方共同选定1人作为首席仲裁员。仲裁庭必须依照仲裁协议的规定进行工作，任何违背仲裁协议的行为都可能使仲裁被中止或导致仲裁裁决无效。

（3）仲裁适用法律。当事方应就仲裁的事项和范围作出规定，并约定仲裁适用的法律。在国家间的争端仲裁中，如果没有对适用法律作特别约定，则应适用《国际法院规约》规定的国际法。

（4）仲裁程序。交付仲裁的当事国应就仲裁适用的程序做出约定。如果没有特别约定程序，或约定仲裁庭对于程序有特定要求，则一般由该仲裁庭确定仲裁程序。

（5）仲裁裁决。仲裁裁决对于当事国具有法律拘束力，并为终局性决定。当事国应在裁决规定的期限内执行裁决中的义务。

3. 国际常设仲裁法院

仲裁已被广泛运用作为解决争端的方法，出现了一些常设的国际仲裁机构，其中为解决贸易投资方面争端设立的占大多数。这些仲裁机构通常不是专门以国家作为当事主体，其当事人可以包括国家、法人和自然人。国际常设仲裁法院是专门受理国家间仲裁案件的常设仲裁机构。

国际常设仲裁法院是根据1899年《和平解决国际争端公约》于1900年在海牙设立的常设的国际仲裁机构。它由从事行政事务性工作的常设行政理事会和国际事务局以及一份“仲裁员名单”构成。

常设理事会由荷兰外交大臣任主席，成员包括缔约各国驻荷兰的外交代表。理事会负责监督和指导事务局的工作，制定有关的规则和章程。国际事务局是常设仲裁法院的书记处，负责日常的工作和法院仲裁文件的登记、转达、档案管理。“仲裁员名单”由缔约的每个国家各自遴选的4名精通国际法并享有崇高道德声誉的法学专家组成。各国提名不限于本国国籍的人。仲裁员可以连选连任，任期6年。

法院的仲裁程序。当事国将争端仲裁协议提交仲裁法院时，可以在仲裁员名单中各自选定1～2名仲裁员，再由这些选定的仲裁员选定首席仲裁员。仲裁一般经过书面程序和口头程序两个阶段，然后仲裁庭进行秘密评议并以多数票做出裁决。裁决为终局性的，但如果争端方对裁决的意义和范围不明，可以在裁决做出3月内请求仲裁庭做出解释。

自1900年成立以来，常设国际仲裁法院共裁定了约50起案件，其中有20起是近10年完成的。近年来，国际社会司法方式解决争端的需求日益加强，常设仲裁法院工作有了很大加强，1993年召开了第一次全体仲裁员大会，1994年被接纳为联合国大会观察员。法院制定了一系列有关文件，对国际仲裁和有关的国际法规则的发展产生了很大影响。这些文件包括：《两国间争端任择仲裁规则》（1992）、《当事人双方仅有一方是国家的任择仲裁规则》（1993）、《国际组织与国家之间纠纷的任择仲裁规则》（1996）、《和解任择规则》（1996）、《调查委员会查明事实程序任择规则》（1997）等。

（三）司法

目前，国家之间已建立了一些国际司法机构。这些机构的性质、目的和审理案件的管辖范围各有不同，旨在解决国家间争端的国际性司法机关，目前典型的有联合国国际法院和国际海洋法法庭。

1. 国际法院

国际法院即联合国国际法院，根据作为《联合国宪章》一部分的《国际法院规约》，于1946年成立。国际法院是联合国的司法机关，也是当今最普遍最重要的国际司法机构，是法律方法解决国际争端的主要机构。

（1）国际法院的组成。

法院由15名法官组成。15人中不得有两人为同一国家的国民。法官不代表任何国家，不能担任任何政治或行政职务，也不得从事任何其他职业性活动。法官不受任何政府的制约，也不受联合国机构的制约。法官在联合国大会和安理会中分别独立进行选举，只有在这两个机关同时都获得绝对多数票时方可当选。安理会常任理事国对法官选举没有否决权。法官任期9年，可以连选连任。法院的院长和副院长从法官中选举产生。

专案法官。法官对于涉及其国籍国的案件，不适用回避制度，除非其就任法官前曾参与该案件。在法院受理的案件中，如果一个当事国有本国籍的法官，他方当事人也可以选派一人作为“专案法官”，参加本案的审理。如果当事双方都没有本国籍的法官，则双方都可各选派一名“专案法官”参与该案件的审理。这种临时的专案法官在该案审理中与正式法官具有完全平等的权利。

书记处，设书记官长、副书记官长和工作人员。正副书记官长由法官提名并选举产生。书记处负责处理法院的文书、档案、日常工作和对外联系等。

（2）国际法院的管辖权。国际法院有诉讼管辖和咨询管辖两项职权，其中诉讼管辖是其最主要的职权。

诉讼管辖权。法院在行使诉讼管辖权时，涉及“对人管辖”和“对事管辖”两个方面。

第一，对人管辖。国际法院的对人管辖是指谁可以作为国际法院的诉讼当事方。根据法院规约，有三类国家可以作为国际法院的诉讼当事国：a. 联合国的会员国；b. 非联合国的会员国但为《国际法院规约》的当事国；c. 既非联合国的会员国也非《国际法院规约》的当事国，但根据安理会决定的条件，预先向国际法院书记处交存一份声明，表示愿意接受国际法院管辖、保证执行法院判决及履行相关其他义务的国家。作为诉讼当事国，这三类国家的地位是相同的。国际组织、法人或个人都不能成为国际法院的诉讼当事国。

第二，对事管辖。国际法院的对事管辖是指什么事项能够成为国际法院的管辖对象。根据法院规约，国际法院管辖案件的范围有三个方面，或者说国际法院的对事管辖权可由以下方式建立：

第一种是自愿管辖。对于任何争端，当事国都可以在争端发生后，达成协议，将争端提交国际法院。法院根据当事国各方的同意进行管辖。

第二种是协定管辖。这是指在现行条约或协定中，规定各方同意将有关的争端提交国际法院解决。提交法院的争端及范围等可以通过在条约中设立专门条款，也可以在订立条约的同时，再订立专门的协定加以规定。

第三种是任择强制管辖。《国际法院规约》的当事国，可以通过发表声明，就具有下列性质之一的争端，对于接受同样义务的任何其他当事国，接受法院的管辖为当然具有强制性，而不需要再有特别的协定。这些争端是：对于条约的解释、违反国际义务的任何事实、违反国际义务而产生的赔偿的性质和范围等。这里“任择”是指当事国自愿选择是否做出声明；一旦做出声明，在声明接受的范围内，国际法院就具有了强制的管辖权，而不需其他协定。目前，世界上有60个左右的国家做出这类声明，但都附有各种保留。中国政府于1972年撤回了国民党政府1946年做出的接受国际法院的强制管辖的声明。

咨询管辖权。根据《联合国宪章》和《国际法院规约》，国际法院除诉讼活动外，还有提供法律咨询的重要职能，称为法院的咨询管辖权。联合国大会及大会临时委员会、安理会、经社理事会、托管理事会、要求复核行政法庭所作判决的申请委员会以及经大会授权的联合国专门机构或其他机构，可以就执行其职务中的任何法律问题请求国际法院发表咨询意见。其他任何国家、团体、个人，包括联合国秘书长，都无权请求法院提供咨询意见。法院做出的咨询意见虽然没有法律拘束力，但对于有关问题的解决以及国际法的发展都具有重要的影响。

（3）国际法院的诉讼程序。

起诉。当事国向法院提交案件的方式依管辖依据的不同而异。自愿管辖时，当事国双方协商后提交特别协议；也有经当事国一方将案件提交法院后，得到他方认可而形成协议，称为“法院延期”。协定管辖和任择强制性管辖时，当事国一方以包括阐明管辖权依据的申请书方式提交案件，由法院通知争端对方。

书面程序和口头程序。法院确定管辖权后，将命令争端各方限期提出诉状、辩护状、证据及其他文件资料。法院在审理中，还可命令争端方限期提交答辩状或复辩状等法律文书。书面程序结束后，法院将进行口头程序。法院可讯问代理人、证人、鉴定人、律师及其他有关人员。除法院另有决定或争端当事方另有要求外，口头程序应公开进行。

附带程序。或称特别程序，由法院在特定情况下采用。包括初步反对主张、临时保全、参加或共同诉讼、中止诉讼等。

初步反对主张是指当事国对于法院的管辖权或对请求方提请或参加诉讼权利的反对。反对是否成立由法院裁定。

临时保全是指诉讼过程中，经当事国请求法院批准采取的必要和紧急措施，以保护争端方利益。包括对某些行为的禁止、财产的冻结或扣押等。

参加或共同诉讼是指第三国参加诉讼。这又包括两种情况：a. 第三国认为案件诉讼可能影响其法律性质的利益，从而提出请求参加诉讼，由法院决定是否准许；b. 诉讼涉及条约解释时，诉讼当事国以外该条约其他缔约国有参加诉讼的权利，如果其参加了诉讼，法院判决中对于该条约的解释同样对于该参加国具有拘束力。

中止诉讼是指在判决最后宣告前，争端各方已达成不再继续诉讼的协议，法院停止该诉讼。

（4）国际法院的判决。国际法院对所审理案件，除中止诉讼的情况外，都做出判决。在书面程序和口头程序后，法院法官进行秘密评议并起草判决书，通过三读后进行表决。表决时法官不得弃权。判决书以多数法官同意票通过。任何法官不论是否同意多数意见，都可以将其个人意见附于判决之后。个人意见实际上有两种：一种是同意判决的结论，但不同意判决所依据的理由，此称为“个别意见”；另一种是既不同意判决结果也不同意判决所依据的理由，此称为“反对意见”。

判决书在法院开庭宣读，并自宣布之日起对各当事国发生拘束力。

国际法院的判决是终局性的。判决一经做出，即对本案及本案当事国产生拘束力，当事国必须履行。如有一方拒不履行判决，他方得向安理会提出申诉，安理会可以做出有关建议或决定采取措施执行判决。1946年以来，除极个别的情况外，各国都服从了国际法院的判决，并忠实地执行了判决的内容。

当事国对判决的意义或范围发生争执时，可以请求国际法院做出解释。当事国在判决做出后，如发现能够影响判决的、决定性的且在诉讼过程中不可能获知的新事实，可申请法院复核判决，复核程序与诉讼程序相同。申请复核至迟应于新事实发现后的6个月内，并在判决之日起不超过10

年内提出。自1946年成立以来，国际法院已审理了100多个案件。其中80%是国家之间的诉讼案件，20%是联合国机关或专门机构要求发表咨询意见的案件。

冷战结束以来，提交国际法院的案件数量增加了，案件表上年均十几个案件，1991年甚至有23个案件。通过这些案件的审理和判决，不仅成功地解决了一些国家间的争端，也对国际法许多原则和规则的确立产生了巨大的影响，促进了国际法的发展。

2. 国际海洋法法庭

国际海洋法法庭是根据《联合国海洋法公约》设立的，它是在海洋活动领域的全球性国际司法机构。海洋法法庭的建立，不排除国际法院对海洋活动争端的管辖，争端当事国可以自愿选择将海洋争端交由哪个机构来审理。

法庭由21名法官组成。每个缔约国可以提出不超过两个法官候选人，在全体缔约国会议上，用无记名投票方式选举产生，获得最多票者依次当选。法庭设在德国汉堡。

关于法庭的对人管辖范围，根据公约规定，海洋法法庭的诉讼当事人可以是：①公约所有缔约国；②管理局和作为勘探、开发海底矿物资源合同人的自然人或法人；③规定将管辖权授予海洋法法庭的任何其他协定的当事者。公约把自然人和法人作为诉讼当事方是因为根据《联合国海洋法公约》规定的“平行开发制”，与管理局签订合同开发国际海底矿产的各国自然人和法人可能成为有关海底开发争端的主体。但同时，公约对当事人一方为自然人或法人的争端，在将争端提交海洋法法庭时，也做出了两项补充或限制。其一是规定“须用尽当地救济”。其二是自然人和法人的担保国或国籍国应邀参加司法程序。

关于法庭管辖权的任择强制管辖性质，《海洋法公约》规定，一国在签署、批准或加入本公约时，或在其后任何时间，可以自由用书面声明方式选择海洋法法庭的管辖。只有争端各方都选择了法庭程序，法庭才有管辖权。这与国际法院的任择强制管辖权是相似的。在承认法庭的管辖权的国家之间，争端各方可以用特别协定或以申请书方式提起诉讼。如果当事一方不出庭或对其案件不进行辩护，争端他方可请求法庭继续进行审理并做出判决。法庭判案适用《联合国海洋法公约》和其他与该公约不相抵触的国际法原则规则。

（四）国际仲裁与司法解决的比较

国际仲裁与司法解决作为国际争端的法律解决方法，两者既有相同的地方，也存在明显区别。

1. 二者的相同点

①管辖依据均是基于当事方的自愿。

②判决的效力相同——都是终局性的，对争端当事国具有法律约束力，不得上诉。

2. 二者的区别

①职能不同。仲裁的职能较为单一，仅限于做出仲裁裁决。国际法院则职能多样，联合国国际法院除了诉讼的职能外，还有发表咨询意见的职能；欧洲法院则有诉讼、条约解释、创立判例法等职能。

②法官的组成不同。仲裁法庭是临时组成的，仲裁员由争端当事国自愿选择。国际法院的法官是选举产生的，在任期内保持不变，法官不能由争端当事国自愿选择。

③选择法律适用方面的不同。仲裁的争端当事国可以明确约定所适用的法律；国际法院则严格按照创立时的规约和章程等，适用国际法做出判决。

④冲裁程序和司法解决程序不同。仲裁程序一般由争端当事国在协议中确定，国际法院则严格按照创立时的规约和章程等规定的程序进行审理。

由此可以看出，国际仲裁的争端当事国比国际法院诉讼的当事国拥有更多的自由裁量权。

## 四、国际组织与国际争端的解决

随着国家间交往的不断增多，国际组织在和平解决国际争端中发挥着越来越重要的作用。

（一）联合国与国际争端的解决

《联合国宪章》在关于联合国的宗旨的规定中指出“以和平方法且依正义及国际法之原则，调整或解决足以破坏和平之国际争端及情势”，并且关于联合国原则的规定中强调：“各会员国应以和平方法解决其国际争端，避免危及国际和平、安全及正义”。和平解决国际争端是联合国最重要的任务之一。《联合国宪章》明确规定了联合国各主要机关在和平解决国际争端方面的主要职权。

1. 联合国大会与国际争端的解决

联合国大会由联合国全体会员国组成，是联合国的主要机关。在和平解决国际争端中主要具有讨论权、建议权和调查权。

联合国对有关争端的讨论、建议和调查的结果可以通过决议的形式提出，决议中可以包括解决争端的方法和条件。联合国大会对和平解决国际争端所提出的建议或所通过的决议不具有法律拘束力，只有政治上和道义上的影响。

2. 安理会与国际争端的解决

安理会是联合国解决国际争端的最主要也是最重要的机关，也是唯一有权在维持国际和平与安全方面采取行动的机关。根据《联合国宪章》的规定，安理会在解决国际争端中具有以下职权：①调查；②建议适当的争端解决程序或调整方法；③进行调停、斡旋或和解；④对于足以威胁或破坏国际和平安全或构成侵略的行为，《联合国宪章》赋予安理会以具体执行权。

3. 秘书长与国际争端的解决

秘书长作为联合国组织的行政首长，在和平解决国际争端方面具有以下职权。

（1）秘书长应密切注视世界各地区潜在的冲突和争端，提请联合国有关机关和各国重视。秘书长的这一职能被公认为是最理想、最有效的预防性外交的重要组成部分。

（2）根据争端或冲突的具体情况，向争端当事国发出进行谈判或协商的呼吁，直接与争端当事国进行讨论和磋商，开展实况调查活动，参与谈判、斡旋、调停、和解或仲裁等工作。此外，还可以在必要时建议组建联合国维和部队，以及在安理会或大会的授权下统率联合国维和部队。

（3）在争端得以和平解决后，特别在争端各方就争端达成协议后，通过密切注意有关协议的实施情况来监督争端当事国执行解决争端的方法和结果。

4. 联合国维持和平行动

维持和平，在《联合国宪章》中没有明文规定，是联合国在维持和平活动和实践中不断发展起来的。

联合国维持和平行动的法律依据是《联合国宪章》第6章的规定和第7章的部分规定，由安理会或联合国大会通过决议建立的、由秘书长指挥的、使用武装或非武装的军事人员包括警察部队和文职人员进行解决国际冲突或争端以维持国际和平的一种行动。

维持和平行动的任务一般包括：观察、报告有关地区的局势；监督该地区的停火、停战；执行脱离接触协议；监督和督促有关方面的撤军；监督已达成的军事分界线或隔离区；维持当地治安；保持平民活动和从事人道主义救援等等。

联合国维持和平行动对于和平解决国际争端有着积极的意义，争端当事国可以在联合国维持和平行动所创造的比较缓和的气氛中，进行谈判和协商，或者在谈判或协商的基础上，找出争端各方都能接受的争端解决方法或结果。

### （二）区域性国际组织与国际争端的解决

《联合国宪章》第8章规定国际争端也可以通过利用区域机关或区域办法求得解决。区域机关或区域办法是指在联合国成立前或成立后根据条约建立的组织，包括为共同安全和防务而设立的组织，以及为应付当前所共同关注的某个政治、经济或社会问题而成立的团体。这类区域机关或区域办法的特点是以地理接近为基础，以条约为建立的法律根据，设有共同的机关，以合作和互助为目的。

目前世界上常用的区域办法和区域机构主要有美洲国家组织、阿拉伯联盟、东南亚联盟、欧洲共同体和非洲统一组织等。

## 思考题

1. 现代国际法认可的国际争端的解决方法有哪些?
2. 解决国际争端的政治方法和法律方法有何区别?

# 第十四讲 战 争 法

内容摘要

本讲内容主要涉及对作战手段和方法的限制，对战争受难者的保护，中立及战争犯罪。

## 一、战争法概述

### （一）战争及战争法的概念

1. 战争的概念

战争广义上泛指一切敌对的民族、阶级、国家或国家集团等政治军事集团之间的武装冲突。它既包括国家之间的战争，也包括国家内部的武装冲突，还包括民族解放运动中的独立战争等。传统国际法上的战争仅指敌对国家之间相互使用武力造成的冲突，是具有一定的规模、持续一定时间、波及范围较广的武装冲突；现代国际法扩展了战争的概念，称为战争与武装冲突或者使用武力，主要是指两个或两个以上的国家或国家集团等国际法主体使用武力所引起的敌对或武装冲突行为及由此产生的一种法律状态。

战争是国家之间的武装冲突所造成的法律状态。这个定义包含三方面的内容：其一，战争是国家之间的行为。其二，战争是武装冲突的结果。其三，战争是一种法律状态。

战争和武装冲突的主要区别在于：第一，战争的主体主要是国家，而武装冲突则不限于国家，还包括民族、宗教团体和叛乱团体。第二，战争是由武装冲突造成的法律状态，武装冲突只是由于使用武力而产生的事实状态。第三，战争中交战双方与第三国存在明显的中立关系，适用中立法。但武装冲突双方与第三国的关系不是明确的，中立法不一定能够适用。

2. 战争法的概念

战争法是以条约和惯例为形式，用来调整交战国之间及交战国与中立国之间法律关系的原则、规则和制度的总体。现代战争法作为使用武力的法律规则也适用非战争的武装冲突和国内战争，因此又称武装冲突法或战争与武装冲突法，它是国际法的一个组成部分。违反战争法情节严重的，就构成战争犯罪。其目的是限制战争行为，保护中立国和非交战国的合法权益，保护平民并使战斗员和战争受难者免受非法伤害，以减少战争的残酷性和它的不良影响。因此，现代战争法体现了以下基本原则。

（1）战争行为合法原则。战争只有两种战争是合法的：一是自卫与独立战争；二是按照与联合国宪章相符合的方式使用武力，如“联合国采取的维和行动”。

（2）国际法义务原则。即使在“军事必要”和国际条约无明文规定的情况下，也不能解除当事国遵守国际法的义务。

（3）国际人道主义原则。在战争中禁止或限制使用某些作战方法、手段和大规模杀伤性武器，保护妇女和儿童，保护平民、战俘和战地伤病者等武装冲突受难者，不能攻击含有危险力量的工程和装置等。

（4）保护文物与文化遗产、艺术、科学、宗教、医疗和慈善设施原则。

（5）尊重中立国合法权益原则。

（6）惩治战争罪、侵略罪（反和平罪）和反人道罪（反人类罪）和灭种罪等原则。

（二）战争的开始与法律后果

1. 战争的开始

战争是一种法律状态，战争开始就是交战国之间的关系从和平状态向战争状态的转变。传统国际法认为战争应以宣战的形式开始。宣战的方式通常有两种：一种是说明理由的宣战声明；另一种是附有条件的最后通牒，当对方在限定期限没有接受通牒中的条件，即开始采取战争手段。关于战争开始的具体时间，凡是经过宣战开始的战争，宣战之时或宣战文件上指明的时间即为战争开始的时间；未经宣战的战争，对其开始的时间的认定，国际尚无明确具体的规定。宣战作为一项法律程序，它宣告了交战国之间的关系进入了战争状态，并可使中立国获悉战争状态的存在。

2. 战争的法律后果

（1）外交与领事关系的断绝。外交和领事人员应得到离境的便利，在离境前仍享有外交特权和豁免；使、领的馆舍、财产和档案等，可以委托中立国照料。

（2）条约关系的变化。交战国间的条约关系因战争而发生下述重要变化。

在交战国为当事国的条约效力根据以下情况决定：①凡以维持共同政治行动或友好关系为前提的条约，如同盟条约、互助条约或和平友好条约立即废止；②一般的政治和经济类条约，如引渡条约和商务条约等，除条约另有规定外，也停止效力；③关于规定缔约国间固定或永久状态的条约，如边界条约和割让条约等一般应继续维持，除非这类条约另有规定或缔约方另有协议。

交战国与非交战国为当事国的多边条约的效力有两种情况：一种情况是条约本身明文规定，该条约在战时中止其效力；另一种情况是普遍性的多边条约或有关卫生和医药的条约不因战争开始而终止，但其中与交战行为相冲突的条款可以停止执行，待战后恢复效力。

最后，关于涉及战争的条约效力：凡规定战争行为规范的条约于战争开始后不仅有效，而且恰恰必须适用，当事国应严格遵守。

经济贸易关系的中断。交战国之间不论是政府间还是民间的经济贸易行为都因战争而中断。交战双方认为对方的国民及财产均带有敌性，私人间的商业关系受到严令禁止。

交战国人民及其财产带有敌性。战争发生后，交战国认定对方的财产和人民带有敌性。在交战国境内的敌国财产，如果是公产、不动产（除使领馆外）可以没收和使用，但不能加以变卖。动产可加以没收，军事性质的敌产可加以破坏。至于敌国人民的财产，原则上不加侵犯，但可以加以限制（如禁止转移、冻结或征用）。敌国人民（包括自然人和法人）带有敌性，但一般允许他们在一般适当时期内离境。敌国之公司法人，如是国家公司，则视同敌国财产，如是私人公司，则视作敌国人民的私人财产。

## 二、战争法的基本内容

### （一）对作战方法和作战手段的限制

#### 1. 禁止或限制使用的作战手段和方法的概念和基本原则

所谓作战的手段是指所使用的武器；而所谓作战方法则包括如何使用武器及其他作战方法。限制作战手段和方法的理论较早见于格劳秀斯的《战争与和平法》中的战事“节制”规则。格氏依据人道、宗教和政策的理由，主张杀害敌人应为保护自己所必要或由于敌人所犯的罪行；除军事必要外，财产不应损坏等。他在这方面的讨论成为他的著作中最为人欣赏和最成功的一部分，而且，后来逐渐成为国际战争法的一部分。限制作战手段和方法的国际法规则是以发端于1907年的一系列海牙公约为基础，并在以后不断发展而形成的，因此，也被称作战争法中的“海牙公约体系规则”。其基本原则有下述几项。

（1）限制原则，即各交战国和冲突各方对作战方法和手段的选择都应受到法律的限制。例如，战争法明确禁止有毒、生物和化学武器的使用；当然，对“使用核武器是合法还是非法”的问题，还没有明确定论，但通常认为只有当一个国家在其生存受到威胁时使用核武器，才是合法的。

（2）比例原则，即作战方法和手段的使用应与预期的、具体的和直接的军事利益成比例，禁止损害过分的攻击，以及引起过分伤害和不必要痛苦的作战方法和手段。

（3）区分原则，即将和平居民与武装部队中的战斗员与非战斗员、有战斗能力的战斗员与丧失能力的战斗员、军用物体与民用物体等区分开来，在战争中加以区别对待。

（4）“军事必要”和“条约无规定”不能免除交战国义务的原则，即交战国不能以“军事必要”和“条约无规定”为借口，不遵守战争法规。

（5）战争必须顾及人道主义要求的原则。国际人道主义法主要是关于战时保护伤病员、战俘或平民，限制战争所使用的方法及手段的法律，包括1949年四个《日内瓦公约》和1977年该公约的两个《附加议定书》，它们对于所有国家、所有交战方均有约束力。

2. 对作战手段和方法限制的主要内容

（1）禁止具有过分伤害力和滥杀滥伤作用的武器使用。第一，极度残酷的武器。极度残酷的武器一般是指在给战斗员造成极度痛苦后并使之死亡的武器。第二，有毒、化学和生物（细菌）武器。主要有：窒息性瓦斯或毒气弹、生物（细菌）武器、有毒化学品武器等。第三，核武器。原则上，核武器是禁止使用的，但只有当一个国家在其生存受到威胁时使用核武器才是合法的。

（2）禁止不分皂白的作战手段和作战方法。根据1977年《日内瓦公约第一附加议定书》明确规定，所谓不分皂白的作战手段和作战方法，是指不以特定的军事目标为对象的攻击；使用不能以特定军事目标为对象的作战方法或手段；使用任何将平民或民用物体集中的城镇、乡村或其他地区内许多分散而独立的军事目标视为单一的军事目标的方法或手段进行的攻击；可能附带使平民生命受损失、平民受伤害、平民物体受伤害或三种情形均有而且与预期的具体和直接的军事利益相比损害过分的攻击。另外，对含有危险力量的工程或装置，如堤坝和核发电站，即使这类物体是军事目标，也不应成为攻击的对象，因为这种攻击可能引起危险力量的释放，从而在平民居民中造成严重损失。

（3）禁止改变环境的作战手段和方法。禁止改变环境的作战手段和方法主要是指禁止使用旨在可能改变自然环境，并引起广泛、长期而严重损害的作战手段或方法。如使用某种方法改变气候，引起地震、海啸、破坏自然界的生态平衡和破坏臭氧层等。

（4）禁止背信弃义的战争手段和做法方法。根据1977年《日内瓦公约第一附加议定书》第37条的规定：“禁止诉诸背信弃义行为以杀死、伤害或俘获敌人。以背弃敌人的信任为目的而诱取敌人的信任，使敌人相信其有权享有或有义务给予适用于战争与武装冲突的国际法则规定的保护的行为，应构成背信弃义行为。”背信弃义的情况主要有：假装有在休战旗下谈判或投降的意图；假装因伤或因病而无能力；假装具有平民、非战斗员的身份；使用联合国或中立国家或其他非冲突各方的国家的记号、标志或制服而假装享有被保护的地位。

3. 海战和空战中的某些特别规则

（1）海战的特殊规则。海战中的规则主要包括：关于战场、战斗员、军舰和商船的规则；海军轰击的规则；潜艇攻击的规则；使用水雷和鱼雷的规则等四方面。

关于战场、战斗员、军舰和商船的规则。海战主要是在交战国沿海（沿海内水和领海）及其专属经济区内进行，也可在公海上进行。但在专属经济区或公海上进行战争不得侵犯中立国和非交战国的合法权利，不得妨碍国际航行。海军部队包括战斗员和非战斗员，不论是编入各类舰艇的还是编入海岸要塞的战斗员，均为海战战斗员，都享有与合法战斗员同样的权利，同样受战争法规和惯例的保护并承担同等义务。军舰是海战的主要工具，也是攻击的目标。在海战中，交战国只能使用属于自己的船舰攻击敌舰，禁止使用其他船只。禁止私掠船，私掠船又称海盗船，海战中禁止使用经过本国政府允许发给特别许可证的武装私人商船。关于商船。商船如改充为军舰，就具有军舰的地位，但应符合1907年《商船改充军舰公约》（第7公约）的规定。商船为了防御目的而配备武装是允许的，但若是主动攻击敌国舰船，则将失去国际法的保护。

关于潜艇攻击。由于德国第一次世界大战期间实行“无限制潜艇战”，即不经警告就对敌国或中立国商船进行潜艇攻击，这导致了对潜艇利用的一系列限制性规定的出台。主要是1922年《关于在战争中使用潜水艇及有毒气体的华盛顿条约》和1936年《关于潜艇作战规则的伦敦议定书》中的规定：潜艇不得专为破坏通商之用；拿捕商船前，应先进行临检，只有对拒绝临检或拿捕后不按指定的航线行驶者才得攻击；在确有必要破坏商船时，须先将商船上的人员置于安全地方；如果潜艇不能合法拿捕，就应放弃拿捕和攻击。

关于海军轰击。1907年《战时海军轰击公约》（第9公约）规定：禁止以海军轰击未设防的城市、海港、村庄、房舍及建筑，不得以港口设置自动海底触发水雷为设防；轰击处在不设防地点的军事设施前应通知有关当局限期拆除；在不超过当地的资力的前提下，海军可向地方当局征集当时必需的粮食和生活用品，被拒绝时方可轰击；轰击时必须尽力保全一切非军事用途的宗教、艺术、科学、慈善事业建筑、历史古迹、医院及伤病员收容所。

关于水雷和鱼雷。为了保护国际航运和中立国的合法权利，1907年《敷设自动水雷公约》（第8公约）规定：禁止敷设没有系缆的自动触发水雷，但失去控制一小时后失效者除外；禁止敷设虽有系缆，但离开系缆后仍能危害的水雷；禁止敷设射击不中后仍具有危险的水雷；禁止以断绝贸易通航为目的在敌国沿岸或港口敷设自动触发水雷；使用系缆自动触发水雷也应尽力避免威胁海上和平航行的安全。

（2）空战的特殊规则。空战是指“包括由飞行器（气球、飞艇、飞机、水上飞机、直升机）所进行的，并用来反对敌人的所有军事行动的观察行为和摧毁行为”空战规则的主要问题是如何限制和减少空中轰炸的残酷伤害。目前，空战规则分散规定于一些国际法文件及草案中。

1899年和1907年的《禁止从气球上投掷投射物和爆炸物的海牙宣言》规定：禁止用气球或类似方法投放投射物和爆炸物。

1923年海牙法学家委员会草拟的《空战法规草案》提出：只有军事航空器才能参战。

1907年《关于1906年7月6日日内瓦公约原则适用于海战的海牙公约》（第10公约）中适用于空战的规定：轰击只能针对军事部队、军事工程、军事建筑物或仓库、军事工厂和用于军事目的的运输线，要尽量避免轰炸宗教、艺术、科学和慈善事业的建筑物、历史纪念碑、医院、医院船及收容伤病员的其他场所。

1937年《关于把潜艇作战规则推行于水面舰只和飞机的尼翁协定》规定把潜艇作战规则适用于空战。

1977年《日内瓦公约第一附加议定书》第49条第3款规定“本段规定（即关于进攻的定义和适用范围）适用于可能影响平民居民、平民个人或民用物体的任何陆战、空战和海战。”和第51～56条和第59条所规定的对平民、民用物，文物和礼拜场所、自然环境、不设防地的保护，以及对含有危险力量的工程和装置的保护的规定均适用于空战。

尽管目前还没有专门适用于空战的条约规则，但陆战和海战中有关人道主义保护的规则同样也适用于空战。同时，在战争的胜负越来越决定于空战和空战的残暴性与日俱增的情况下，建立一个独立的空战规则是国际社会和国际法学界的紧迫任务。

（二）对平民、交战者和战争受害者的待遇

1．对平民的保护

对平民的待遇主要有以下两方面。

（1）对交战国境内敌国平民的保护。应允许敌国平民安全离境。对未离境者，应保障其基本权利，不得将他们作为军事攻击的对象，禁止对他们实施报复，保障他们的合法权益，不得强迫他们提供情报，不得施以体刑和酷刑，禁止进行集体惩罚和扣作人质，给以维持生活的机会，对妇女、儿童给予特别的保护，防止施暴和给予必要的援助。

（2）对占领区内被占领国平民的保护。占领当局只能在占领区行使军事管辖权，应对占领地的平民给予人道主义的待遇。根据1907年的《海牙第四公约》和1949年的《关于保护平民的日内瓦公约》和1977年的两个附加议定书，不得剥夺平民的生存权；尊重平民的人格、尊荣、家庭、宗教信仰；不得对平民施以暴行、恐吓和侮辱；不得把平民扣作人质，进行集体惩罚或谋杀；不得驱逐平民，不得强迫提供情报或为其军队服务；不得侵占平民的粮食和医药供应，不得废除被占领国的法律等。

2. 对交战者的保护

交战者是指交战双方的武装部队，包括正规军和非正规军。

（1）武装部队。武装部队包括该交战国的全部战斗员和非战斗员。根据1977年第一附加议定书的规定，武装部队应有三个特征：①由向政府或当局负责的司令部统率；②受内部纪律制度制约；③应强制遵守国际法规则。

武装部队的人员，除医生、牧师外，都是战斗员，有权直接参加战斗，战斗中如被敌方俘虏，就成为战俘，享受战俘待遇。

（2）非正规武装部队。包括民兵、志愿军和游击队等战斗力量。

民兵和志愿军是由人民自发临时组织的，一般不是由国家法令组织，没有由国家任命的指挥官统率，没有统一的制服和标志。但根据1907年的《海牙陆战法规和惯例章程》的规定，民兵和志愿军应具有下列特征：①有对部下负责的指挥官领导；②使用可以在一定距离内识别的和固定的标志；③公开携带武器；④遵守战争法规和惯例。

非正规武装部队只要具备上述特点，在交战中便与正规武装部队一样享受战争法的保护和人道主义待遇。

游击队主要是指在敌占区内活动的战斗人员，只要他们在对方看得见的期间和范围内公开携带武器和遵守战争法规，就是合法的战斗人员，享受战争法的保护。

志愿军是外籍人员自愿参加战斗并受所在国政府和最高司令部统一指挥的武装人员。根据国际惯例，志愿军享有与被支援国正规武装部队同样的合法地位，享受同样的待遇。

至于在非国际性武装冲突中在一国内部出现的反政府武装力量（如起义军等），根据1977年的第二附加议定书，他们享受同样的人道主义待遇。

（3）军使。军使是奉交战一方的命令，前往敌方进行谈判的代表。《海牙陆战法规和惯例章程》规定：军使以白旗为标志。军使及其随员（翻译、号手、鼓手等）享有不可侵犯权。但如果军使滥用其职权，便丧失其不可侵犯权了，敌方的司令官就有权加以暂时扣留。为防备军使利用其使命刺探军情，敌方有权采取必要的保护措施。派军使进行谈判，是交战一方的权利，但对方没有接待军使的义务。

（4）侦察兵。侦察兵是指交战国派到敌方或敌占区侦察军情的人员。侦察兵必须穿军服，这是侦察兵的基本特点，也是侦察兵和间谍的基本区别。侦察兵是合法的战斗人员，如果被俘，享受战俘待遇，但间谍是没有这个待遇的。

3. 对战俘的待遇

战俘是指在战斗或武装冲突中落在敌方权力之下的合法交战人员。

1949年的《关于战俘待遇的日内瓦公约》和1977年的第一附加议定书均重申和发展了传统国际法关于战俘待遇的规则，其主要有下述内容。

（1）战俘不应受侮辱、虐待、报复和杀害。

（2）战俘的衣、食、住应能维持在保障其健康的水平。

（3）战俘的医疗应有保障。

（4）战俘的宗教信仰应受尊重。

（5）战俘保有其被俘时的衣物、财产和民事权利。

（6）战俘应被允许和家庭通信。

（7）战俘拘留所应设在比较安全的地方。

（8）战事停止后战俘应即释放和遣返。

4. 伤病员和战争受难者的待遇

有关伤病员和战争受害者的待遇的国际公约主要有1864年、1906年、1929年和1949年先后签订的关于改善战争中武装部队伤者病者境遇的公约。这些公约对战争中伤者病者和受难者的待遇作了详细的规定，其主要内容是：

（1）凡军队所属的军人及其他正式随军服务人员因伤、病或其他原因丧失战斗力者，收容他们的交战国应不分国籍、性别、种族、宗教和政治主张一律给予尊重、保护和治疗，不得加以歧视，严禁施以暴力或杀害。凡交战国不得已而丢弃伤者病者于敌军时，应在军事考虑许可的范围内，留下一部分医疗人员及器材。

（2）交战国的伤病员陷入敌手后，享受医疗保护和战俘待遇。

（3）每次战斗后冲突各方设法搜寻伤者病者，予以照顾和保护。对落在其手中的敌国伤病员或死者的情况应通过情报局转达所属国。

（4）对固定医疗队和医务所，在任何情况下均不得加以攻击，除非该医疗队或医务所被利用进行军事行动。

## 三、战时中立

### （一）战时中立的概念

战争时期，非交战国不参加战争的任何一方，保持不偏不倚的立场，此地位即为战时中立。

任何非交战国都有权在交战各国之间宣布中立，不卷入战争的任何一方，这是它的自主权利，除非受条约义务约束。任何非交战国都没有义务保持中立，除非受条约义务约束。中立地位可以明示表示（如发表声明），也可以默示表示（如事实上遵守中立），一经表示中立，在交战国和中立国之间就开始适用中立法。

战时中立与永久中立是两个不同的概念。战时中立是非交战国在战争时期选择的态度和立场，非交战国随时可以宣布中立，也可以宣布取消中立；但永久中立则不同，永久中立国是根据条约而承担永久中立义务，永久中立地位经他国保障，不能单方面废除。

战时中立又与和平时期的中立政策不同，前者是一种法律地位，后者只是和平时期某些国家所奉行的政策，这种中立政策没有产生法律权利和义务。

### （二）战时中立制度

在战争时期，中立国和交战国都承担着不作为、防止和容忍三种义务。

不作为就是自我制约，不从事或介入交战任何一方的行为。根据1907年《陆战时中立国及中立国人民之权利和义务公约》和《海战时中立国之权利和义务公约》的规定，中立国不得直接或间接帮助交战国的任何一方，不得提供军队、供给或担保贷款，或向交战国提供避难场所。交战国不得在中立国领土从事战争行为，不得在中立国领水或领空进行敌对行为，也不得将中立国领水或领空作为作战基地或军队远征的出发点。

防止就是防止违反中立义务的行为发生。中立国有义务防止在其领土或管辖范围内为交战国准备作战行动，如招募兵员、备战或在其领土或领水内设置军事设施。防止任一交战国在其领土、领水或领空内或利用其资源以从事敌对行动，防止交战国在其领域内武装或改装船舶。交战国有义务采取措施，防止虐待留在交战国境内的或在其所占领的敌国领土内的中立国外交代表和人民，防止其军队及人民侵犯中立国及其人民的财产与权利。

容忍就是容忍对方加于自己造成一定损害的行为。中立国容忍交战国对其船舶临检和搜索，对其船上载运的战时禁制品加以拿捕、审判和处罚。交战国容忍中立国与他方交战国保持外交和商务关系，容忍中立国把其港口提供给他方交战国为临时庇护或维修船舶之用。

## 四、战争结束及其法律后果

### （一）战争的结束

战争状态的结束通常包含两个内容：一是停止敌对行动，二是结束战争状态。

1. 停止敌对行动

敌对行动的停止不同于战争状态的结束。只是一种临时的、为实现最终和平所作出的过渡性安排；敌对行动的停止的情形主要有：停火与休战、停战和无条件投降等。

（1）停火。停火只是交战过程的一种暂时性或局部性的行动。

（2）停战。停战是双方通过协议实行的。停战可能像停火那样短暂，也可能时间比较长，可能约定期限，期限一满，军事行动就恢复。也可能没有期限，军事行动随时可能恢复。停战可能是全面的，也可能是局部的，全面的停战也可能导致军事行动的长期结束。

（3）投降。投降是交战一方承认战败而要求停止战斗的行为。投降可能是全面的也可能是局部的。全面的投降会导致战争的结束。

2. 结束战争状态

结束战争状态则意味着交战问题的最终解决和恢复彼此间的和平状态。战争状态的结束是交战国间一切战争行动的终止和与战争有关的一切政治、经济、领土及其他问题的全面的和最终的解决。战争结束的方式有三种：参战双方缔结和平条约、单方面宣布结束战争、参战双方联合声明等。

（1）缔约和约。“和约”指结束战争的“和平条约”，是结束战争状态的最通常和最正式的一种形式。和约一般由交战各国（含战胜国和战败国）在和平会议或外交会议上签订，是结束战争的重要国际文件。

（2）单方面宣布战争结束。一般是由战胜国单方面宣布的。

（3）联合声明。由交战双方发表联合声明，宣布结束战争状态。

（二）战争结束的法律后果

（1）外交关系恢复。两国派遣外交代表，恢复正常的外交关系。

（2）条约关系恢复。战争发生后，两国的政治条约已失效，经济条约已停止生效。战争结束后，政治性条约可能经重订而恢复效力，经济性条约可能恢复效力。原交战双方所参加的多边条约又重新对它们发生效力。同时，双方还可能在正常的外交关系上签订新的条约。

（3）国际交往全面恢复。战争时期，交战国间的政治、经济、文化、军事等联系已中断了，随着战争状态结束，这些关系又重新恢复。

## 五、战争犯罪及其法律责任

（一）战争犯罪

1. 战争犯罪的概念

传统国际法中的战争犯罪，仅指交战国军队违反战争法规和惯例的行为，包括使用有毒或其他被禁止的武器，杀害或虐待战俘，攻击、掠劫和屠杀平民等行为。因为在传统国际法上国家有战争权，因此发动或从事战争的行为本身并不构成对国际法的违反或国际罪行。

但是，自1928年《巴黎非战公约》规定废弃以战争作为推行国家政策的手段，特别是1949《联合国宪章》规定不得以与宪章不符的方式非法使用武力以来，任何非法从事战争或使用武力的行为都是违背国际法的，并可能构成战争犯罪，这种发展变化扩大了战争犯罪的范畴。基于此，也有人将传统国际法中的战争犯罪的概念称为狭义用法，即是指“违反战争法规及战争惯例的犯罪行为”。而扩大了范畴的战争犯罪的概念称为广义的用法，从广义上讲战争犯罪的犯罪主体包括国家、组织、机构和个人。

2. 战争犯罪的种类

根据《纽伦堡国际军事法庭宪章》的规定，战争犯罪包括破坏和平罪、战争罪和反人道罪三种罪行。

（1）破坏和平罪（侵略罪）。就是计划、准备、发动侵略战争或从事违反条约或保证的战争，或参与这些罪行的共同计划或阴谋。

（2）战争罪。就是违反战争法规和惯例的罪行，包括虐待或放逐占领地的平民、杀害或虐待战俘、杀害人质、掠夺公私财产以及毁灭城镇或乡村的罪行。

（3）反人道罪（反人类罪）。就是在战争发生前或在战进行中，对平民进行谋杀、灭绝、奴化、放逐及其他非人道行为。

在现代战争法，战争犯罪是指违反国际法基本原则，策划、发动侵略战争，破坏和平，违反战争法规和惯例，违反人道主义准则的各种犯罪行为。

（二）惩办战争罪犯的国际法原则

现代国际法惩办战争罪犯所适用的国际法有以下原则：

（1）从事构成违反国际法的犯罪行为的人承担个人责任，并因而受惩罚，

（2）不违反所在国的国内法不能作为免除国际法律责任的理由。

（3）被告的地位不能作为免除国际法责任的理由。

（4）政府或上级命令不能作为免除国际法责任的理由。

（5）被控有违反国际法罪行的人有权得到公平审判。

（6）违反国际法的罪行是：破坏和平罪、战争罪和反人道罪。

（7）共谋上述罪行是违反国际法的罪行。

（8）战争罪犯无权要求庇护。

（9）战争罪犯不适用法庭时效原则。

国际法上对战争犯罪的审判和惩罚开始于纽伦堡审判和东京审判。第二次世界大战以后，盟军对发动侵略战争的德国和日本实施了军事占领，对战争罪犯进行了庄严的国际审判，不仅形成和发展了战争罪行的国际法规范，还形成了国际刑事诉讼的制度和规则。

## 思考题

1. 战争与武装冲突的区别是什么？
2. 如何理解国际法中的个人承担刑事责任？
3. 如何区别作战的手段和方式？

# 参 考 文 献


[1] 王铁崖. 国际法［M］. 北京：法律出版社，2008.

[2] 邵津. 国际法［M］. 北京：北京大学出版社，2014.

[3] 周忠海. 国际法学原理与案例教学［M］. 北京：中国人民大学出版社，2006.

[4] 周建海. 国际法学［M］. 北京：法律出版社，2000.

[5] 詹宁斯·瓦茨. 奥本海国际法［M］. 北京：中国大百科全书出版社，1995.

[6] 张晓芝. 国际法学［M］. 西安：西安交通大学出版社，2005.

[7] 李斌. 现代国际法学［M］. 北京：科学出版社，2004.

[8] 程晓霞，余民才. 国际法［M］. 北京：中国人民大学出版社，2008.

[9] 周鲠生. 国际法［M］. 北京：中国商务出版社，1995.